U0061561

香港抗戰
英雄譜 增訂版

陳敬堂 著

中華書局

□ 責任編輯：黎耀強
□ 裝幀設計：夏 凡
□ 排　版：時 潔　陳美連
□ 印　務：劉漢舉

香港抗戰英雄譜（增訂版）

□
著者
陳敬堂

□
出版
中華書局（香港）有限公司
香港北角英皇道 499 號北角工業大廈一樓 B
電話：(852) 2137 2338　傳真：(852) 2713 8202
電子郵件：info@chunghwabook.com.hk
網址：http://www.chunghwabook.com.hk

□
發行
香港聯合書刊物流有限公司
香港新界荃灣德士古道 220 - 248 號
荃灣工業中心 16 樓
電話：(852) 2150 2100　傳真：(852) 2407 3062
電子郵件：info@suplogistics.com.hk

□
印刷
美雅印刷製本有限公司
香港觀塘榮業街 6 號 海濱工業大廈 4 樓 A 室

□
版次
2014 年 1 月初版
2023 年 3 月增訂版
© 2014 2023 中華書局（香港）有限公司

□
規格
特 16 開（230 mm×170 mm）

□
ISBN：978-988-8809-71-4

增訂版序

　　香港是一個小地方，在八年抗戰中能夠扮演一個什麼角色？說它重要，誇大吧！早年台灣出版了一套抗日戰爭的巨著，根據國軍檔案編撰，全書 120 冊，囊括所有大小戰役及受降等史事。這書卻沒有香港抗戰部分。初時以為這書偏重正面戰場，自然沒有敵後戰場那部分。其後有機會負責東江縱隊港九大隊口述歷史的工作，接觸了一些老戰士和相關學者，才知道這段歷史幾乎湮滅、被遺忘了。

　　當然，對比其他戰場，香港敵後抗敵，實在算不上什麼。但這算不上什麼的地方，為何又要周恩來親自過問和直接指揮呢？這顯然事出有因。經查考毛澤東、周恩來、朱德、劉伯承和中共中央文件選集，找到了一點線索，對這段歷史有一點新的看法。根據毛澤東游擊戰的理論，分析研究這段歷史，首先完成了〈香港游擊戰場的歷史地位〉，指出香港敵後戰場有其國際性、政治性和軍事性的地位。其後，有機會訪問直接參加大營救行動的楊奇先生，受其啟發，寫成了〈周恩來與香港大營救〉一文，在中國中共文獻研究會和南開大學共同舉辦的「第四屆周恩來研究國際學術研討會」宣讀，以營救中國文化精英一事，探索周恩來直接領導的統一戰線實例及其效果。文章引起參加會議的學者關注，熱烈討論。有個別學者會後更進一步研討，在文獻單位工作的學者且邀請我為他負責的刊物撰寫一篇香港抗戰的文章。遂應約完成了〈中共中央領導的香港游擊戰〉一文，在《黨的文獻》2015 年第 5 期發表。這文從個別英雄抗戰貢獻的層面，上升到部隊作戰的全局，中國共產黨如何領導國人抗戰的層面。香港回歸後，很多人談香港敵後游擊戰，只局限於個別人物傳記，沒有明言這敵後抗戰是中國共產黨領導的，這豈非瞎子摸象，貶低這段歷史的地位？香港敵後游擊戰

不是一個零星戰鬥的小戰場，而是中共中央領導們運籌帷幄，周密部署，調兵遣將，關係抗戰和革命全局的大戰略，是中共在香港革命史中的重要一頁。

《香港抗戰英雄譜》在 2014 年出版，現已沽清。因應內容增訂了兩篇文章，在原書名之後加上「增訂版」三字，以示與初版不同。本書服膺學術探究的精神，從較高的視野探索香港游擊戰的歷史，希望能引起讀者對中國共產黨在香港革命歷史的興趣，並了解史事的全貌，故將這兩篇文章放於書前。

自序

英雄，誰是英雄？在茫茫人海裏，你有機會遇上嗎？

武林高手，力戰群雄，擊倒對手，算是英雄嗎？

不怕死亡，向難度挑戰，算是英雄嗎？

當然，讀者心中各有定義，不盡相同。不過，總有一些共通點，例如：英雄最少要有一些值得人們敬佩的地方，能力過人之外，最少應該有勇氣、有膽識，面對敵人的時候，有膽量挺身而出，願意為保衛家園妻小而戰，為國家民族而犧牲。國難當前，民族危亡，遠走他方，配稱英雄嗎？

讓我們重回那個年頭，看看哪些人才是值得我們敬頌的英雄！

太平洋戰爭爆發的時候，英軍兵敗如山倒，所有防線迅速崩潰。英國人的解釋是日軍突然攻擊，所以戰敗。她是這樣解釋，希望有人會相信！腦筋清醒一點的人都知道：日本發動太平洋戰爭時，已經和中國打了四年多，戰火已經燒到深圳河北岸，大量難民逃抵香港；港英政府亦已秘密分別和國民黨和共產黨談判，商議如何合作抗日。兩年前，歐洲亦爆發了戰爭，法國投降，英國遠征軍由鄧苟克倉皇撤退，英國正窮於應付德軍入侵。戰火已經燒遍了大半個地球，如果還不作戰爭準備，你會相信有這種指揮官存在嗎？因此，並不存在偷襲的機會，只是英國已無餘力應付日本，英軍在太平洋地區兵敗如山倒是可以諒解的。

英軍早日投降，關進集中營，便可減少多一點的傷亡。看看下列的數字：1941 年 12 月 8 日，日軍發動太平洋戰爭，同日進攻香港和新馬等地，香港駐軍抵抗 18 日投降，陣亡 1,200 餘人，被俘 1 萬餘人，超過八成守軍投降。馬來亞守軍 58,000 人，節節敗退，至 1942 年 2 月 1 日退入新加坡，連原有守軍 88,600 人、威爾士親王號戰列艦為核

心的新太平洋艦隊、空軍 150 架戰機，15 英吋巨炮炮台守備的「遠東直布羅陀」新加坡，守軍還未打到彈盡糧絕、死傷過半的情況，保衛戰進行了 15 天，比香港還快了三天，便宣佈投降。12 萬英、澳、印聯軍在糧彈不缺的情況下，棄械投降，被俘率亦高達八成。緬甸之戰更是窩囊得很，英軍毫無鬥志，同古 7,000 守軍連記者、平民在內，被不滿千人的日軍包圍，竟無膽量應戰或突圍，求救遠路趕至的中國遠征軍解圍。華軍勇戰殺退日軍後，英軍竟放棄聯合作戰計劃，背棄盟友，自行撤兵逃往印度，讓中國遠征軍蒙受重大損失。

不過，各地英軍投降後，當地華人並無放棄抗日，華人組織游擊隊繼續在馬來半島的叢林打擊日軍；香港游擊隊和港人更是堅持了三年零八個月，最後憑自己的力量，解放新界西貢！

港英政府隱瞞了這段歷史，從來不敢說英軍棄械投降之後，中國游擊隊英勇抗日的事跡，更不敢說英軍要靠游擊隊的幫忙，才能逃離香港集中營的醜事。直到香港回歸之後，特區政府致力恢復香港抗戰歷史的真相。2002 年初香港歷史博物館聘請筆者一人負責「東江縱隊港九大隊口述歷史」的研究計劃，希望用訪問抗日老戰士的方法，搜集和保存第一手史料。研究計劃進行了一年，共訪問了三十一位男女戰士。其後研究計劃結束，但為了與時間競賽，盡可能搶救活史料，筆者繼續用個人資源，訪問仍然健在的老戰士，並將訪問範圍從港九大隊擴展到東江縱隊，凡與香港抗戰有直接或間接關係，而記憶能力和思路清晰者，都陸續訪問，希望能盡量保存香港最寶貴的歷史。

現初步整理鄧振南、劉培、王錦、劉黑仔、黃作梅、袁庚、楊奇等七位抗戰英雄的資料，借此七人的傳記，講述三年零八個月期間粵港地區的重要抗日事跡。

日本侵略香港時，東江抗日游擊隊只有兩百多人，這支部隊抽調

精銳進入香港，開闢了敵後游擊戰戰場。香港地小、人少，這個游擊戰場在歷史上扮演一個什麼樣的角色？本書首篇先從國際性、政治性和軍事性三方面，分析香港游擊戰場在抗戰的貢獻。

西貢黃毛應村為什麼會成為抗日游擊基地，它有什麼地理條件，發展的經過又是怎樣？香港沒有軍校，習武的人也不多。香港淪陷後，當年的學生怎樣面對這變局？這裏用鄧振南的例子，說明香港青年都是熱愛國家民族的。他是西貢黃毛應村民，日軍侵港前，全家住在深水埗。他是天主教徒，在華仁讀書，同大部分同學一樣，課外活動都多采多姿。他熱愛足球，先後效力過兩支小型足球隊，有「小足球王」的美譽！但日軍來了，學業和足球比賽都停頓，父親的小店也結業，生活惶恐不安。最後回鄉參加游擊隊，日軍到黃毛應村搜捕游擊隊時，全村男丁被吊在教堂的橫樑毒打火烤，嚴刑迫供。結果父親被打至重傷，堂弟傷重至死，他也受酷刑折磨。國仇家恨，為保衛自己的家園、為保衛自己的國家民族，只有與敵人拚命。最後，他和游擊隊一起發動了解放西貢之戰，在英軍來到之前，趕走了日軍，用自己的力量解放了西貢，解放了自己的家園！

游擊戰因應地形氣候有山地游擊戰、平原游擊戰和鐵道游擊戰。毛澤東指出應該還有海上游擊戰，當時許多人都忽略了，讓日本船隻可以縱橫沿海，這是一個很大的缺憾。香港游擊戰場填補了這個缺憾！

九龍城出世的劉培，少年受到潘墨香學校老師王卓如國家民族教育影響。其長兄劉振邦更帶他到香港卜公花園，讓他看看公園大門掛有「華人與狗不得入內」的字牌，認識到英國人如何歧視華人，踐踏中國領土。1935 年，劉培十三歲，長兄被軍閥殺害。自此，立志革命。1936 年陪祖母回鄉，這時全國掀起了抗日救國的高潮，劉培遂參加抗日活動。1939 年劉培加入游擊隊。日軍進攻香港時，被派返回香港，組織護航

隊，營救文化界精英和盟國友人，開展了海上游擊戰。劉培屢立戰功，多次消滅敵人，把護航隊擴充為護航大隊，船隊縱橫大鵬灣和大亞灣。劉培的經歷反映了海上游擊戰的特色，也描繪了一個普通的香港人如何成長為一個英雄的畫卷！

王錦是東莞厚街人，少時家貧，任職雜工和茶樓伙記。日軍侵華時，痛恨日軍經常到茶樓強姦女招待員，憤而參加游擊隊，轉戰惠寶一帶山野。日軍侵港時，隨部隊入港開闢敵後戰場。後奉港九大隊之命組織海上隊，經過連場海戰，屢立戰功。部隊北撤後，進軍校培訓，學識正規戰技術。建國之後，在八‧六海戰一役，率領四艘高速護衛艇和十一艘魚雷快艇，擊沉兩艘美製戰艦，終止了蔣介石「反攻大陸」的計劃。

市區游擊戰是游擊戰的另一個形式，劉黑仔就是市區游擊戰的英雄人物。他是香港老一輩人盡皆知的英雄，大鬧金唐酒家、爆破啟德機場等事跡，廣泛流傳香港和廣東地區。因此，不乏以訛傳訛，誇張作大的故事情節。現根據當年他的上司下屬、戰友的文章和訪問記錄，用這位英雄的一生，報道香港城市游擊戰的戰況；也用這位英雄的一生，哀痛民族精英犧牲於內鬥戰場的悲劇！

有些人以為打游擊的都是亡命之徒。當然，傳統觀念好男不當兵，但當侵略者在你的家園殺人放火、姦淫虜掠的時候，你還可以袖手旁觀，視若無睹，或遠走他方嗎？資料顯示：東江縱隊和港九大隊的領導和隊員，很多都是大學生和中學生，他們就讀的學校到今天仍然是公認的名校。第五位介紹的人物黃作梅，他是皇仁畢業的高材生，因要照顧家庭，放棄入讀香港大學的機會，在港英政府任職。香港淪陷後，游擊隊派他組織國際小組，專責拯救英軍及盟國友人逃離香港。因英語出眾，負責代表游擊隊與英美盟軍合作。戰後獲英國頒發勳章，成為唯一一位受勳的共產黨人。赴英領受勳章期間，創辦新華社倫敦分社。

喬冠華離港後，回港接任新華社第二任社長。新華社香港分社歷任社長中，只有一人是具備香港學歷的，而且竟然是培養港英政府高官的皇仁書院，是不是有點意外？他的傳記是不是比小說更為傳奇？

　　香港電影有時講到公安部的力量，已經令悍匪聞風喪膽，如果是國安部的人物更加不得了。這裏第六位介紹的人物就是國安部的大特務——袁庚，他是游擊隊中少數正統軍校畢業的領導。他雖然是廣東燕塘軍校畢業，但對國民黨貪污腐化失望，返鄉在母校教書，後任職區立小學校長。因日軍侵華和國民黨迫害，走上革命的道路。袁庚領導游擊隊抗敵，屢立戰功。後被派與英美盟軍情報合作，備受盟軍讚揚！日本投降時，代表游擊隊與夏慤談判，洽談戰後香港問題。解放戰爭時期，參加過孟良崮、濟南、淮海等戰役，隨後率領炮兵團南下，兵鋒直達深圳蛇口。建國後，派往調查部受訓，曾在破湘江案立下大功，阻止了國民黨特務暗殺劉少奇的陰謀。文革期間無辜被拘禁五年，出獄後改調交通部，後負責整頓香港招商局，並創辦蛇口工業區，開始了中國改革開放的實驗，被推崇為「中國改革第一人」。袁庚讓人尊敬之處，不是他在十年之內把招商局的資產由 1.3 億元人民幣增加到 200 億，也不是他創辦了招商銀行、平安保險、中國集裝箱、赤灣碼頭等一系列賺大錢的上市企業，而是他在蛇口開始了民主改革，他支持輿論監督，始終贊同並堅持這一個觀點：「儘管我不同意你的意見，但我誓死捍衛你發表不同意見的權利。」袁庚的一生牽涉的歷史太豐富，非一篇簡短的文章所能全面介紹。不過文章資料來源主要是筆者數次訪問袁庚的記錄，屬第一手資料，相信對認識袁庚及其相關歷史，能提供一個紮實的基礎。

　　本書作結的英雄人物是楊奇，他是文化戰士，終生為國家民族的前途而奮鬥。他十八歲開始創辦《文藝青年》，到七十歲從《大公報》社長退下來為止，一生大部分時間都是辦報，先後辦了《東江民報》、《前

進報》、《正報》、《華商報》、《南方日報》和《羊城晚報》等報紙，是一位負責認真的老報人。楊奇雖然是校對出身，實則是做歷史的考證工夫。他親身參加文化人士的大營救，曾受託撰寫有關史料的文章，於是訪問當年參與其事的人物及搜集有關資料，完成文章。但楊奇並不以此為滿足，稍後有機會再度到港，任職新華社的十五年期間，利用公餘閒暇，繼續尋訪人物、搜集史料，反覆核對修改，數度增易其稿。態度認真，令人佩服！大營救的意義在哪裏？是讓文化人士知道他們陷入險境的時候，中共沒有放棄他們。他們被救離香港到達游擊區，看到游擊隊不是擁有百萬大軍、豐衣足食，反而只是兩百多人的部隊，物資短缺，在武裝戰士都吃不飽的情況下，仍然節衣縮食地照顧他們和家屬八百多人，讓他們深受感動，不單是感激中共的救命之恩，而是看到中國的未來是會掌握在游擊隊手裏，中國的前途就在他們面前的這班青年手裏。他們願意與這一班人一起為中國的前途奮鬥。「中國抗日民族統一戰線」不是口號，而是活生生的實踐事例。1947 年 5 月 1 日新華社香港分社成立，楊奇是創辦人之一，又是中國共產黨香港負責領導之一，知道香港黨組織架構和人員的歷史，為免坊間書刊繼續誤導讀者，所以特別澄清。

因限於篇幅，本書只能介紹七位英雄人物。但每一個英雄的背後都有大量人民群眾，游擊戰是人民戰爭，沒有人民群眾的犧牲和保護，游擊戰不可能繼續進行下去。所以這七位英雄人物的事跡，實際上就是香港和鄰近地區人民抗日的英雄故事，香港和中國人民抗日的英雄事跡永垂不朽！

「時窮節乃現，一一垂丹青！」

三年零八個月期間，香港和全中國內地淪陷區一樣，都有游擊隊堅持敵後，為保家衛國作出貢獻！

目錄

第三章　香港游擊戰場的歷史地位

第四章　鄧振南
——從旺角足球場打到西貢游擊戰場

第五章　劉培
——海上游擊戰先導者

第八章　黃作梅
──犧牲在國際統一戰線的烈士

第九章　袁庚
──從東江縱隊聯絡處處長到
招商局「掌門」

第十章　楊奇
——終身為人民新聞事業奮鬥的
文藝青年

第一章

中共中央領導的
香港游擊戰

太平洋戰爭爆發時，香港已經被英國殖民統治了 99 年；國民黨在香港的力量也根深蒂固、財雄勢大。但日軍佔領香港後，駐港英軍全被囚禁在集中營，港英政府管治權崩潰；國民黨人亦放棄抗日、雞飛狗走。這時，只有勢單力薄、無錢無槍的中國共產黨領導香港群眾繼續抗日，開闢敵後游擊戰場。於是，香港成為了全國唯一一個有中共游擊隊活動的敵佔國際城市。研究和描述中共游擊隊在敵後抗敵歷史的已經很多，但在一個國際大城市進行游擊戰的史蹟，過往仍然是比較少學者介紹的。

一、中共中央開闢的華南抗日游擊根據地

（1）大革命後中共在華南地區和香港的革命活動

華南地區是革命的發源地之一。1922 年 1 月 12 日，香港海員工會聯合總會舉行罷工爭取改善待遇，港英政府鎮壓，查封工會會所，逮捕罷工領導人。2 月底，十萬香港各行業工人在全國工人支持下進行了總同盟罷工，令香港完全陷入癱瘓狀態。最後港英政府和資本家屈服，答應了工人的要求。3 月 8 日，歷時 56 天的香港海員大罷工勝利結束。1925 年，上海的日本紗廠槍殺工人代表顧正紅，引發了五卅運動。6 月 23 日，廣東群眾遊行聲援，英、法帝國主義者在廣州沙面開槍開炮鎮壓，打死打傷了大量示威群眾，製造了「沙基慘案」，廣州和香港兩地工人於是罷工抗議，歷時一年有餘，令港英政府蒙受巨大的經濟損失。

當轟轟烈烈的工人運動在香港爆發的同時，農民運動亦在華南地區蓬勃發展。1923 年 1 月 1 日，彭湃領導的海豐總農會在海豐縣城正式成立。7 月，廣東省農會成立，以海豐為中心。所屬會員共 26,800 餘戶，13.4 萬人，其中海豐 12,000 戶，6 萬人。1924 年 10 月，彭湃等領導成

立了廣寧農民協會，建立了縣農民自衛軍。

　　1925 年 9 月，國民政府第二次東征陳炯明。29 日，周恩來任東征軍總政治部總主任。10 月 13 日至 14 日，參加指揮惠州戰役，攻下陳炯明重要根據地惠州。11 月 3 日，周恩來率第 1 師第 1、3 團進駐揭陽，稍後指示揭陽中共領導的工、農、學生運動骨幹，要全面開展革命群眾運動，強調工農運動是國民革命的基石。21 日，國民政府任命周恩來為廣東東江各屬行政委員，管轄惠（州）、潮（州）、梅（縣）和海陸豐下屬 25 縣行政工作。11 月下旬，周恩來令第一軍政治部李俠公將在東征戰鬥中繳獲的 400 多枝槍發給海陸豐中共黨組織，充作武裝農民之用。12 月 5 日，根據周恩來提議，中共廣東區委決定成立中共潮梅特委，書記賴先聲，組織部劉錦漢，宣傳部丁願，工運楊石魂，農運彭湃，婦運鄧穎超。1926 年 2 月 1 日，周恩來宣誓就任廣東東江各屬行政委員，次日發表就任通電。在任期間，支持工農運動，關心農民武裝建設，舉辦各種工農運動人員講習所，為東江的工農運動培養骨幹。於是，海陸豐、潮汕各地的農民運動蓬勃發展，有組織的農民達到 40 萬人，並建立了農民自衛軍、農軍等武裝組織。周恩來為東江地區的工農運動和武裝力量奠下了紮實的基礎。[1]

　　1927 年 8 月 1 日，南昌起義。周恩來、朱德、聶榮臻率領起義部隊南下，向東江地區進軍。9 月 23 日佔潮州，24 日入汕頭，取得了打通國際的出海通道。26 日到達揭陽。薛岳及陳濟棠共 2 萬軍隊到達湯坑，圍堵起義軍。27 日，起義軍總部當時收到敵軍只有千餘人的不確實情報，

1.　中共中央文獻研究室編：《周恩來年譜（1898－1949）》（北京：中央文獻出版社，1990），頁 79－89；劉錦漢：〈國共第一次合作的經歷片段〉，中國人民政治協商會議全國委員會文史資料研究委員會編：《文史資料選輯》，第 85 輯（北京：中國文史出版社，1986 年重印），頁 46－51。

決定集中全軍兵力 6,000 人殲滅這支敵軍，經激戰之後，起義軍殲敵 3,000 人，但自己亦傷亡近 2,000 人，佔全軍人數的三分之一，且彈藥將盡，無力再戰，遂向揭陽退卻。在揭陽，賀龍將 30 枝步槍和 9,000 發子彈送給揭陽縣委說：「願南昌起義的槍，在各地都能打響。」1928 年夏，揭陽工農赤衛軍成立，後來成為古大存領導的紅 11 軍的一部分。

　　1927 年 9 月 30 日，黃紹竑率兩個師進攻潮州，起義軍奮勇抵抗後，向汕頭撤退。由於汕頭亦失陷，於是撤向海陸豐。10 月 3 日，周恩來、張太雷、惲代英、賀龍、葉挺、劉伯承、聶榮臻、彭湃、郭沫若、吳玉章、林伯渠、張曙時及汕頭市委書記楊石魂開會，周恩來總結了失敗的經驗教訓，指示「武裝人員退往海陸豐，今後要作長期的革命鬥爭」。會後，起義軍隨即被陳濟棠的第 11 師和徐景唐的第 13 師截擊，總指揮部與各部失掉聯繫，至此，起義軍主力失敗。不過，患了重病的周恩來仍然繼續進行了大量複雜而細緻的組織工作，安排起義領導人和黨政工作幹部撤退，並繼續進行革命。第 24 師黨代表顏昌頤和第 74 團團長董朗執行了周恩來的指示，收集起義軍餘部一千人左右，步槍 800 多枝，短槍 40 餘枝，機關槍 6 挺，與東江人民武裝力量相結合，改編為紅 2 師，在海陸豐領導農民運動，發動農民參軍。10 月 20 日，部隊編為中國工農革命軍第 4 團。29 日攻佔海豐縣城，隨後攻佔陸豐。11 月 13 日和 18 日，陸豐縣和海豐縣相繼成立蘇維埃政府，這是中國首個成立的蘇維埃政權。中共南方局派顏昌頤、王備、黃雍等到東江，組織東江特委，擴編中國工農革命軍第 4 團為中國工農革命軍第 2 師。廣州起義失敗後，起義部隊約 500 多人到達東江地區，編為中國工農革命軍第 4 師。[2]

2.　原中國人民解放軍軍政大學編寫組編寫：〈南昌起義〉，《文史資料選輯》，第 56 輯，頁 50–58。

　　國民黨派重兵反覆清剿，東江紅軍艱苦作戰，因缺乏糧食、醫藥、彈械，部隊不斷減員，農村根據地日漸萎縮。再加以執行立三路線，盲目進攻大城市，紅軍嚴重損失。1928 年秋，廣東省委陳郁到海陸豐視察，考慮到當地紅軍的困難，決定將部隊化整為零，戰士分散到農村，和農民結合在一起，在農村落地生根，平時幫農民從事生產，戰時持槍和敵人作戰。在國民黨肆意燒殺鎮壓之下，部分農民運動成員（特別是青壯人員）被迫離開東江地區，分散到廣東各地潛伏待機，為抗戰時期建立東江縱隊提供了條件。[3] 周恩來等多位中共中央領導人曾親自領導東江地區的革命鬥爭，東江縱隊是一支繼承了南昌起義和廣州起義歷史傳統的隊伍！

　　1927 年廣州起義失敗，聶榮臻再次到達香港，不久任省軍委書記。為準備將來開展武裝鬥爭，聶榮臻在香港開辦軍事訓練班，親自講課，培養幹部。學員多數來自廣州撤退到香港的黨人，每班由幾十人到百人不等。1929 年 10 月底，聶榮臻代表省委到東江特委巡視工作，他鼓勵古大存的東江紅軍堅持鬥爭。[4] 聶榮臻離港後，中共在港組織先後三次在 1929 年、1931 年和 1934 年被港英政府破壞，各級黨組織遭受重挫。[5] 其後中華全國海員總工會的香港負責人劉達潮，借娛樂活動為名組織餘閑樂社，1935 年 7 月，獲得港英政府批准註冊，於是中共組織再次在香港出現。[6]

3.　陳敬堂：〈林伍先生訪問記錄〉（2002 年 4 月 4 日）；劉立道：〈中國工農革命軍第二師在東江〉，中國人民政治協商會議全國委員會文史資料研究委員會編：《文史資料選輯》，第 66 輯，頁 20–25。

4.　聶榮臻：《聶榮臻回憶錄》（上）（北京：戰士出版社，1983），頁 91–109。

5.　莫世祥：〈抗戰初期中共組織在香港的恢復與發展〉，《中共黨史研究》，2009 年第 1 期，頁 68。

6.　曾生：《曾生回憶錄》（北京：解放軍出版社，1992），頁 74。

（2）華南革命根據地黨和武裝力量的整頓和發展

　　廣州起義失敗之後，大量黨員被捕被殺。1936 年 9 月，北方局劉少奇鑑於大多數廣東黨組織仍然停止活動，派薛尚實到香港成立中共南方臨時工作委員會（簡稱南臨委），負責健全廣東和香港的各級黨組織。12 月，南臨委組建首屆中共香港市工委和香港海員工委，直接領導海員黨組織。[7] 1937 年 4 月，南臨委在香港辦黨員幹部訓練班，加強各地黨組織和抗日救亡運動的領導力量。[8]

　　香港淪陷之前，中共在華南地區和香港有多個黨組織存在，對領導香港敵後游擊戰發揮了重要作用。計有：（一）中共中央南方局；（二）中共南方工作委員會（簡稱南委）；（三）中共粵北委員會和中共粵南委員會；（四）中共香港市委員會；（五）八路軍駐香港辦事處；（六）中共中央南方局直接派遣到香港從事隱蔽工作的幹部。[9]

　　1938 年 10 月 12 日凌晨，日軍登陸大亞灣。翌日，中共中央電示中共廣東省委和八路軍駐香港辦事處：組織抗日武裝，建立根據地，開展游擊戰。10 月中旬，廖承志召集中共香港市委書記吳有恆、市委組織部長周伯明、中共海員工作委員會書記曾生開會，決定派曾生、周伯明、謝鶴籌到惠陽縣坪山組織人民抗日武裝。12 月 2 日，惠寶人民抗日游擊總隊在惠陽淡水周田村正式成立，共一百餘人，總隊長曾生、政委周伯鳴。在此之前，東莞縣委已在 10 月 15 日成立了東莞模範壯丁團，隊員一百多人，隊長王作堯，政訓員袁鑒文。兩支部隊經過多次襲擊日偽

7.　《廣東革命歷史文件彙集》甲 36，頁 12。轉引自莫世祥前引文。

8.　莫世祥前引文；《薛尚實》，互聯網《百度百科》。

9.　有關中共在華南和香港地區黨組織的資料，參閱陳敬堂：《寫給香港人的中國現代史 · 下冊——從西安事變到新中國成立》（香港：中華書局，2022），頁 191－194。

軍之後，聲名漸露，人數增加到八百多人。國民黨立即派大軍圍剿，中共廣東特委書記梁廣在惠陽坪山召開緊急軍事會議，會議主張東移海陸豐。因各人認為那裏有光榮的革命傳統、深厚的群眾基礎，南昌起義和廣州起義的部隊都曾經轉移到那裏，故與會大多數人同意此行動。[10] 但部隊不斷受襲，傷亡慘重，隊員銳減到一百餘人。幸好周恩來病癒從蘇聯回國，1940 年 5 月 8 日電報致港批評曾王部隊東移戰略，指責跑到國民黨大後方，「在政治上是絕對錯誤的，軍事上也必歸失敗」，指示曾、王兩部應回東（莞）寶（安）惠（陽）敵後地區，堅持抗戰。[11] 6 月 10 日至 12 日，大嶺山百花洞一戰，擊斃日軍大隊長長瀨和日敵五六十人，聲威復振。9 月，曾、王兩部按照省委決定改稱「廣東人民抗日游擊隊」，分別開闢了大嶺山和陽台山兩個抗日根據地，部隊人數發展到一千多人。[12]

　　經過數年多方面的艱苦經營，中共恢復了在廣東和香港的組織和活動，為開闢華南和香港游擊戰場，奠定了軍事、經濟、政治的基礎。

（3）精選優秀幹部增援華南

　　七七事變爆發後，9 月中共中央從延安派張文彬到廣東，正式組成中共南方工作委員會。1938 年 4 月正式成立中共廣東省委，張文彬任省委書記，梁廣任常委兼職工部長，薛尚實任組織部長。省委之下設軍事委員會，尹林平任軍委書記。[13]

---

10. 王曼：《將軍的風采——記一級紅星勳章獲得者王作堯》（廣州：花城出版社，2000），頁 29－30。
11. 曾生：《曾生回憶錄》，頁 158。
12. 曾生：《曾生回憶錄》，頁 168－206。
13. 尹林平：〈鏖戰華南敵後的東江縱隊——紀念東江縱隊成立四十周年〉，《南方日報》，1983 年 12 月 2 日。

　　中共中央非常重視華南地區的革命事業，派到華南工作的，都是精挑細選的優秀幹部，能力可以獨當一面的。廣東省委組織領導除薛尚實是由北方局劉少奇調派之外，[14] 張文彬、梁廣和尹林平都是來自江西中央蘇區，是毛澤東麾下的老紅軍，有豐富游擊戰實戰經驗。

　　張文彬是湖南平江縣人，1910 年生，1927 年入黨，曾任中國工農紅軍第五、第七軍政治委員，第三軍團政治保衛局局長，第十五軍團政治委員。1936 年 2 月，任毛澤東機要秘書。8 月 13 日，為中共中央駐西北軍的黨代表，負責領導西安地下黨，代表毛澤東與楊虎城談判。又領導西安學運，組織臨潼學生請願，對張、楊發動西安事變起了促進作用。斯諾夫人在《續西行漫記》一書稱他是「保衛井岡山的獨膽英雄」，「中共第一流青年政治家」。[15] 毛澤東派張文彬到廣東領導南方黨組織，顯示了中共中央對華南工作的重視程度。

　　與張文彬同時從延安調到廣東的還有梁廣，他是廣東工人，1925 年 6 月參加省港大罷工，1927 年 4 月加入中國共產黨。曾任中共支部書記、香港區委委員。1928 年起任中共香港市委組織部部長，在香港和國統區進行秘密工人運動。1931 年夏轉入中央革命根據地，任中華全國總工會蘇區中央執行局主任、中華全國總工會組織部部長。參與領導中央蘇區廣大工人支援紅軍反「圍剿」和根據地建設，任「中國工農紅軍警衛師」政治委員。1933 年 9 月下旬，第五次反圍剿開始，率領工人師保衛瑞金。長征時因病留在蘇區，1935 年冬赴蘇聯入列寧學院學習，兼任中國部支部書記與工會主席。1936 年後任中華全國總工會駐赤色職工國際代表。抗日戰爭爆發後自蘇聯返回延安，1938 年春派往廣東，任中共

14.　《薛尚實簡介》，引自同濟大學校長薛尚實紀念館 eeloves.com 網。

15.　孫果達、王偉：〈西安事變中的張文彬〉，《縱橫》，2011 年第 11 期。

廣東省委常務委員兼職工部部長。[16]

　　尹林平是江西貧農，1929 年冬參加興國五區沙溪鄉農民協會，任赤衛隊大隊長，1930 年 12 月參加贛西南游擊隊，後編入中央紅三軍團 7 師 21 團 3 連任副排長。1931 年 7 月在第三次反圍剿戰爭黃陂戰鬥中，率部攻佔高地，立功入黨，升為排長，再立功升副連長。9 月，進 7 師幹部研究班學習毛澤東戰略理論，把第三次反圍剿的實際經驗提高到指導思想的理論高度。[17]經過兩個多月學習後，到興國于都做群眾工作和「拔白點」。1932 年 5 月至 1933 年底，跟隨毛澤東東路軍攻佔福建漳州。戰後，毛澤東決定建立閩南紅三團，發展小山城、龍嶺為中心的農村革命根據地。尹林平留下任副團長、團長。1934 年 1 月至 1935 年秋調閩南紅二支隊，任支隊長。中央紅軍長征後，尹林平輾轉前往廈門，尋找失散隱蔽的黨員。1936 年 7 月，與廈門地下黨人重新組建中共廈門市臨時工作委員會，被選為書記。10 月，與香港薛尚實取得聯繫，1937 年底，調任香港中共南方工作委員會武裝部部長。1938 年初調中共廣東省委，任常委及兼軍委書記。尹林平擔任軍委書記後，立即召開縣委軍委負責人會議，明確規定：各地黨組織要利用各種合法形式組織民眾抗日武裝；推動國民黨當局進行民眾抗日武裝的軍事訓練；要求黨員積極參加軍事工作，努力學習軍事，爭取掌握民眾抗日武裝，加緊進行抗日武裝鬥爭的準備。並擬定了以羅浮山、桂山為抗日游擊根據地，開展游擊戰爭的計劃，積極貫徹了毛澤東關於組織抗日武裝的指示。[18]

　　派到香港八路軍辦事處工作的廖承志、潘漢年和劉少文，他們除了是經歷長征考驗的老紅軍外，更是具備流利的外語能力、豐富的統一戰

---

16. 林益：〈梁廣〉，《廣東省志》（2010 年）。轉引自 www.gddsw.com.cn。
17. 王曼、楊永：《鐵骨凌霜——尹林平傳》（廣州：花城出版社，1998），頁 22–23。
18. 王曼、楊永：《鐵骨凌霜——尹林平傳》，頁 29–89。

線經驗的老幹部。

　　廖承志父親廖仲愷追隨孫中山革命，支持聯俄容共政策，被國民黨右派暗殺。廖承志曾在 1924 年 8 月加入中國國民黨，後因不滿蔣介石反革命而脫離國民黨。1928 年 5 月，在日本早稻田大學學習時，因反對日本製造濟南慘案，被驅逐出境。回國後加入中共，11 月被派到德國漢堡做中國海員工作，任「國際海員工會」執委、漢堡國際海員碼頭工人總工會俱樂部支委、書記。1930 年冬，入莫斯科中山大學學習。1931 年春到荷蘭鹿特丹，領導中國海員工作，建立中華全國總工會西歐分會。1932 年回國，任中華全國總工會宣傳部長、全國海員總工會中共黨團書記。1933 年 9 月，參加中國工農紅軍，任川陝蘇區省委常委。1934 年，任紅軍第四方面軍總政治部秘書長，後參加長征。1937 年 4 月，任黨報委員會秘書，參加籌備出版中共中央政治理論刊物《解放》雜誌，為黨報、黨刊和通訊社做了大量工作。[19] 毛澤東和周恩來詳細研究廖承志的履歷，認為他除富於領導海員運動經驗之外，更有國民黨上層的深厚人脈關係，有利開展中國和國際抗日統一戰線。因此，1937 年 10 月，毛澤東親自選派廖承志到南京八路軍辦事處，先跟葉劍英工作一段時間，熟悉「行情」後再去香港開個分號，主要任務是：一是向海外宣傳中國共產黨和八路軍、新四軍主張和政策；二是把海外華僑和各國朋友提供的支援物資送到各抗日根據地；三是搜集國際最新動態情況，供中央領導人參考。[20]

　　潘漢年初時在上海中華書局《小朋友》週刊任助理編輯，參加了創造社。1925 年夏加入中國共產黨。1926 年底，任南昌《革命軍日報》

---

19. 〈廖承志〉，《百度百科》，http://baike.baidu.com/view/4607.htm。
20. 〈毛澤東佈置任務：廖承志在香港籌建八路軍辦事處〉，《人民政協報》，2008 年 12 月 11 日。

主編兼政治部宣傳科長。1928 年 10 月，任中央文化工作委員會第一書記，推動左翼文化運動的發展。他先後組織領導了「中國自由運動大同盟」、「中國左翼作家聯盟」、「左翼文化總同盟」等文化團體的籌建工作，成為左翼文化運動的創始人和領導人之一。潘漢年誠意請得魯迅擔任「左聯」統帥，為「左聯」的醞釀和建立創造了條件。1931 年春，中共中央任命潘漢年為「特科」領導人，負責情報及保衛工作。於是，他同時擔任秘密和統戰工作。1933 年 1 月，代表中共與福建省政府和十九路軍代表談判，10 月 26 日簽訂了《抗日反蔣的初步協定》，有助打破了蔣介石對中央蘇區的經濟封鎖。稍後又與陳濟棠代表談判，達成了就地停戰、互通情報、解除封鎖、互相通商、互相借道等五項協議，為紅軍長征突破第一、第二道封鎖線，作出了重要貢獻。1934 年 10 月隨紅軍長征，次年 1 月，出使莫斯科，與共產國際取得聯繫。1935 年，蔣介石派人到莫斯科找尋中共駐共產國際代表談判，企圖「招安」，開始了國共秘密談判，談判雖因蔣介石態度改變而中止，但中共駐共產國際代表團決定派潘漢年回國，通知中共中央。1936 年 8 月，潘漢年返抵瓦窰堡，報告蔣介石要求談判的情況。9 月 24 日，被派到上海擔任中共上海辦事處主任。10 月中旬，與國民黨代表陳立夫開始會談，為國共第二次合作奠下了基礎。淞滬會戰後，潘漢年改任八路軍駐上海辦事處主任，兼上海工委的主要負責人。上海淪陷前，執行中共中央指示，安排了宋慶齡、沈鈞儒、鄒韜奮、郭沫若等愛國民主、文化人士撤離上海。他亦奉命轉移到香港，並與廖承志一起建立了八路軍駐香港辦事處。[21]

　　1925 年，劉少文加入中國共產黨，被送往蘇聯中山大學學習，學得流利的俄語。1927 年 2 月，中共派他擔任蘇共代表團翻譯，隨代表團回

21.　〈潘漢年〉，《百度百科》，http://baike.baidu.com/view/31690.htm。

國參加大革命。11 月，劉少文負責國際聯絡工作，「是中共與共產國際聯絡的交通員」。大革命失敗時失去組織關係。1934 年 2 月，劉少文到達江西中央蘇區，任中央革命軍事委員會秘書，並主編軍事雜誌《革命與戰爭》，以及紅軍總司令部政治教導員。10 月，參加長征，在遵義會議擔任秘書工作。七七事變後被調到中共駐上海辦事處工作，擔任八路軍駐滬辦事處秘書長、副主任，先後協助兩任主任李克農、潘漢年積極團結各界愛國人士，努力擴大抗日民族統一戰線。11 月底，潘漢年撤離上海後，劉少文繼任「八辦」主任。1938 年 12 月、1939 年 9 月，在劉少文爭取下，中華職業教育社上海辦事處等愛國團體兩度組織「上海各界民眾慰勞團」慰問新四軍，為新四軍徵募龍頭細布 7,000 匹和大批棉衣、棉鞋，並爭取得紀振剛將他收存的蔣介石軍隊潰退時遺留的機槍數十挺、步槍數百支全部送交新四軍，大大提高了新四軍的戰鬥力。為指導江南等地的抗日活動，劉少文組織印發抗戰刊物如《時事叢刊》、《內地通訊》和《江南通訊》等，並以「柳華」、「鐵人」的筆名在《救亡日報》和《團結週刊》上發表文章，以示中共與敵後人民同在。1938 年 4、5 月間，他專門寫了〈怎樣把江南游擊戰爭勝利地開展起來〉、〈怎樣在抗日游擊隊中進行政治工作〉等文章在《團結週刊》上發表，並親自訓練幹部派到這些游擊隊去幫助工作，後又將這些武裝力量移交給地方黨組織。1940 年 7 月，毛澤東派劉少文前往香港，任中共港澳工作委員會委員兼中共中央交通處港澳辦事處處長，負責交通聯絡、機要、電台（直接和中共中央聯絡）和經費工作，除保持同上海、韶關、桂林、海南島等地聯繫外，還與海外一些地區建立了獨立的交通聯繫。[22]

　　因篇幅所限，本文只簡介了六位幹部的簡歷，但他們已經足以反映

22.　〈劉少文〉，《互動百科》，http://www.baike.com。

中共中央對華南地區（尤其是香港）工作的重視。這些精選幹部都曾經在中央蘇區和八路軍上海辦事處歷練，上海淪陷前後，他們才轉移到香港繼續上海未完之業。這些一時俊傑，知識、能力、工作經驗等都是上上之選。中共中央雖然沒有派遣大軍南下，但選派的每名赴港幹部，都是針對香港工作需要，能夠獨當一面的大將，力量可比十萬雄師。

二、中國共產黨規格的香港游擊戰

香港雖然是國際通商口岸，資本主義發達的地方，但敵後游擊戰仍然依足中共游擊隊的規格進行（國民黨亦有敵後游擊軍）。如按照毛澤東游擊戰理論和實戰經驗開闢敵後游擊根據地，部隊架構由縱隊、大隊、中隊以至小隊，每隊除指戰員之外，都設有政治委員或政治指導員；部隊除負責戰鬥的武工隊之外，也有一支負責宣傳工作、人數龐大的民運隊伍；部隊也出版了一份報章，作為宣傳刊物，讓群眾知道游擊隊和淪陷區並不孤立；香港亦像全國游擊區一樣的有民主政權，選舉區政府，經濟政策亦依照內地政策，保護和照顧各階層群眾利益。現分述如下：

（1）按照毛澤東游擊戰理論開闢的香港敵後游擊根據地

英軍和國民黨人都不懂如何進行游擊戰，沒有打游擊戰的能力。抗戰初期，蔣介石就曾致電中共中央，請派幹部到湖南衡山游擊幹部訓練班，協助訓練國民黨軍隊打游擊戰。於是，中共選派教官 30 多人參加了前三期講課，共為國民黨培養了 3,035 名抗日游擊戰人才。[23] 說明了國民

23.　陳敬堂：《寫給香港人的中國現代史‧下冊——從西安事變到新中國成立》，頁 163。

黨人不懂游擊戰的事實。

香港能夠成功展開敵後游擊戰的原因，是有一位追隨毛澤東的老紅軍當了游擊隊的政委，尹林平是具備豐富反圍剿游擊戰實戰經驗和理論的戰士，有開闢革命根據地經驗的幹部。毛澤東這樣教導他：處於敵後的游擊戰爭，先要建立根據地，沒有根據地是不能支持的。根據地是游擊戰爭賴以執行自己的戰略任務，達到保存和發展自己、消滅和驅逐敵人之目的的戰略基地。沒有這種戰略基地，一切戰略任務的執行和戰爭目的的實現就失掉了依託。

建立根據地的基本條件有三個：

一、一個抗日的武裝部隊；

二、戰勝敵人；

三、用一切力量，包括武裝部隊的力量在內，去發動民眾的抗日鬥爭。武裝人民，組織自衛軍和游擊隊。組織民眾團體；無論是工人、農民、青年、婦女、兒童、商人、自由職業者，將其組織在各種必要的抗日團體之內，依靠民眾的力量，發動民眾建立或鞏固當地的抗日政權。[24]

華南和香港抗日根據地就是執行毛澤東游擊戰理論而逐步完成的。廣東人民抗日游擊隊監視着日軍的行動，日軍進攻香港的同一日，游擊隊立即尾隨日軍進入香港新界地區，為建立游擊根據地完成了第一個基本條件。

接着，游擊隊打擊土匪、漢奸、特務和日軍，不斷獲勝，打出了游擊隊的軍威，在人民群眾中間建立了威信。老百姓於是認識到游擊隊不是一般欺壓他們的兵痞土匪，而是一支有政治信念和教養、保護他們的人民子弟兵。游擊隊不計代價、不取報酬的拯救英美盟軍，這都是戰勝

---

24. 毛澤東：〈抗日游擊戰爭的戰略問題〉（1938 年 5 月），《毛澤東選集》，第二卷，頁 387。

敵人的重要勝利。第二個建立根據地的基本條件亦因而完成。

　　尹林平有開闢閩南游擊根據地的實踐經驗，知道部隊沒有人民群眾的支持，便像一條沒有水的魚，是不可能生存和發展的。游擊隊派民運工作隊深入群眾宣傳，隊員三個月之內便學會了客家話（香港市區說廣州白話、新界鄉郊說客家話），很快便溶入群眾之中。[25] 他（她）們與群眾「三同」，即同食、同住、同勞動。白天與群眾上山砍柴、割草，農忙下田插秧、收割，收工回來後，還和群眾一齊割豬草餵牲口、餵雞、鴨、鵝「三鳥」。[26] 與漁民群眾接近的幹部，便同漁民一起織網打漁。游擊隊員成為了人民群眾的一份子，成為了香港人民的子弟兵。[27] 人民群眾視游擊隊員為至親，互相照顧。如民運隊員黃楓生了孩子之後，身體虛弱，不能起床。照顧她的老婆婆視她為乾女兒，叫大兒子跑了半天路到大埔墟為她購藥，深夜拿藥回家，老婆婆立即起床為她煎藥。她奶水不足，村內其他婦女幫忙哺育她的初生嬰兒，所以她在八十多歲時，仍然熱淚盈眶的說：孩子是飲百家奶長大的！稍後，她要跟隨部隊繼續抗日，無法帶孩子上路！臨走託孤，新界三門仔一戶農民願意承擔重任說：請她放心，他誓死保護這顆革命種子！[28] 這種軍民魚水情，香港游擊戰場屢見不鮮。

　　此外，也出現了很多香港人為了游擊隊犧牲的感人事蹟！他們為了保衛游擊隊員，寧願忍受敵人的酷刑毒打，死也不肯出賣半點情報。如大嶼山寶蓮寺筏可大師雖受日軍毒打、軍刀架頸迫供，仍堅決不肯泄露游擊隊副大隊長魯風的行蹤。[29] 西貢烏蛟騰村長李世藩與游擊隊相熟，知

---

25. 陳敬堂：〈張婉華女士訪問記錄〉，2002 年 2 月 2 日。
26. 楊慶：〈英雄的元朗人民〉，陳敬堂編：《香港抗戰》，頁 209。
27. 陳敬堂：〈劉培先生訪問記錄〉，2002 年 8 月 10 日。
28. 陳敬堂：〈黃楓女士訪問記錄〉，2002 年 7 月 21 日。
29. 陳達明：《大嶼山抗日游擊隊》（香港：香港各界文化促進會，2002），頁 96。

道游擊隊的軍械藏在哪裏，雖被日軍嚴刑拷問，灌水吊打，至死也沒有吐露半點情報。[30] 元朗山下村村民八人為保護游擊隊員，被日軍毒打折磨，亦拒絕供出游擊隊的行蹤。村民張金福不幸被打死在地牢裏，犧牲時年僅二十歲！[31] 西貢黃毛應村村民被日軍關在教堂裏毒打火燒迫供，村民鄧德安被燒到重傷斃命，但仍然堅決拒絕出賣游擊隊。[32] 游擊戰爭是人民的戰爭，人民願意犧牲自己來保護游擊隊，就是像游擊隊一樣的參加了衛國戰爭。人民與游擊隊連成一體，這樣游擊戰爭才能堅持下去。第三個基本條件都具備了，香港抗日根據地就是這樣嚴格地根據毛澤東戰略理論建立起來的！

（2）執行中共中央政策

1. 團結社會各階層

國民黨的資料說中共游擊隊用分田分地和沒收財產的辦法來爭取人民，這在抗日時期是禁止的。中共《中央關於南方各游擊區域工作的指示》（1937 年 8 月 1 日）明確規定：停止沒收地主土地財產，注意改善群眾的日常生活。盡可能利用一切合法的鬥爭方式，求得群眾生活的改善。如增加工資，改良待遇，減租、減息、減稅等。[33]

游擊隊十分重視人民的經濟生活，盡力協助老百姓在這艱難的歲月活下去。1943 年香港大饑荒，人民生活非常困難，游擊隊發動群眾生產自救，或上山砍柴，挑到墟上去賣，換回糧食。或自行生產，若群眾

30.　陳達明：《香港抗日游擊隊》，頁 82−83。

31.　楊慶：〈英雄的元朗人民〉，陳敬堂編：《香港抗戰》，頁 210。

32.　陳敬堂：〈鄧振南先生訪問記錄〉，2011 年 4 月 9 日。

33.　〈中央關於南方各游擊區域工作的指示〉（1937 年 8 月 1 日），中央檔案館編：《中共中央文件選集》，第十冊（北京：中共中央黨校出版社，1985），頁 298。

沒有豬苗，部隊就借給豬苗；沒有穀種，就借給穀種。又組織互助合作社，到香港九龍購買棉紗、布匹、煤油、火柴、西藥，運到內地去賣，買回生產資料和米油等生活必需品，再廉價供應群眾。當時，香港每人只配給六兩四米，活在半飢餓狀態。現在得到廉價米糧供應，得到溫飽，因此非常感激游擊隊。[34]

1938 年，劉少奇解釋游擊戰爭的經濟政策，是保護各人的私有財產，保護商人的營業自由，工廠的開工及地主土地的私有。奸商是應該取締的，但需很慎重的來執行。劉少奇強調：「為了共同抗日，應該設法減少中國人民內部的磨擦與相互的鬥爭，以免被日寇所利用；應該號召人民團結起來共同抗日，應該去調解人民之間的鬥爭與磨擦。」[35] 因此，東江縱隊（1944 年廣東人民游擊隊更改番號為東江縱隊）和港九大隊都是執行中共中央指示來處理奸商和群眾的關係。港九大隊政委陳達明說，部隊沒有一般書籍所說的盲目採取「大鋤奸」、「鎮壓」的手段。[36] 例如東江縱隊護航大隊劉培收到漁民的投訴：沙魚涌的黃珍記魚欄嚴重欺壓漁民，規定漁民的漁獲只能賣給他；漁民所需的煤油、網具和日常用品，卻只可到他那裏買。但他大秤入小秤出，賣 100 斤魚只秤得 80 斤；買他一斤米，只有 14 兩。因此，漁民極為憤恨，紛紛向劉培投訴。為保護漁民利益，劉培派出工作組，向商店宣傳游擊隊的經商政策，召集各店主開會，宣佈買賣自由，不准缺秤短兩，並嚴肅批評黃珍記，要他改正過去的不法行為。自此，工作組經常到各店舖檢查，漁民可以自由買

---

34. 黃雲鵬：〈港九大隊在香港抗日戰爭中的地位和作用〉，陳敬堂編：《香港抗戰》，頁 166–167；另見本書第四章。

35. 劉少奇：〈關於抗日游擊戰爭中的政策問題〉（1938 年 2 月 5 日），《中共中央文件選集》，第十冊，頁 433–435。

36. 陳敬堂：〈陳達明先生訪問記錄〉，2005 年 8 月 26 日。

賣，不受欺壓。[37] 港九大隊海上隊長王錦處理魚欄檔主對漁民剝削問題，也是勸喻他們廢除各種苛捐雜稅，減輕漁民負擔。[38] 游擊隊只是維持正常貿易秩序，勸喻奸商，沒有打壓和槍斃奸商。

2. 成立民主政權

香港抗日根據地建立和鞏固之後，到 1944 年在香港建立了元朗、大嶼山、沙頭角、西貢、市區、海上等六個中隊。游擊隊為了進一步團結群眾，決定成立政權組織。為免日軍注意，進行掃蕩，這組織沒有採用政府名稱，只稱為「聯防會」。當時只有西貢中隊成立聯防會，其他中隊並無這種初期地方政權形式的組織。港九大隊把西貢控制的地方分為三個區域。正式西貢範圍的，屬新一區聯防會，坑口範圍屬新二區聯防會，沙田範圍屬新三區聯防會。聯防會按照團結各階層人士共同抗日原則，由鄉村士紳、基層群眾代表、游擊隊成員聯合組成。正副會長由群眾大會民主投票產生，選舉的辦法簡單而隆重。先在參選人的背後放置一個碗，群眾把獲派的兩粒黃豆，放進候選人背後的碗裏。獲得黃豆最多的參選人任正會長（職銜稱為主任），其次任副會長。結果選出：新一區聯防會主任鄧振南，新二區聯防會主任成連，新三區聯防會主任許達章，他在香港淪陷前是港英政府的學校視學官。

每區聯防會設一主任，區之下有村，亦經民主選舉產生村長。聯防會工作人員雖然只有五、六人，由於是一個政權組織，故各有分工。聯防會主要任務是保衛家鄉，設有軍事委員、經濟小組等。[39]

由此可見，香港游擊區也像全國游擊區一樣有自己的抗日民主政權。

---

37. 見本書第五章。
38. 見本書第六章。
39. 見本書第四章。

3. 宣傳動員

廣東人民抗日游擊隊參照解放區的經驗，出版了《新百姓》、《大家團結》和《東江民報》等報刊，其後集中資源出版游擊隊的機關報——《前進報》，報道全國的消息，刊登解放區的重要新聞，讓老百姓知道東江游擊區的活動並不是孤立的，是和全國形勢有聯繫的。社長楊奇艱苦經營，《前進報》通過交通站發行到東莞、惠陽、寶安各個墟場去張貼，影響很大。1945年，《前進報》發行範圍已不局限於游擊區，通過地下黨關係，一個站一個站的把報紙送到廣州郊區的龍眼洞，部分報紙更進入了廣州市淪陷區。《前進報》報社還出版東江縱隊政治部的《政工導報》雜誌，以及毛澤東《論聯合政府》、朱德《論解放區戰場》兩本書籍，並發行到淪陷區去，廣州市也有人看到。[40]

尹林平在部隊專門成立了民運部，調原東江華僑服務團團長葉鋒當部長，從地方黨和部隊中抽調一批有獨立工作能力，能掌握黨政策，作風艱苦樸素的男女幹部，組成一支民運隊，去做細緻的群眾工作。[41] 他們在香港、九龍、新界和海港活動，組織工人、農民、青年、婦女、兒童、商人、自由職業者等群眾團體，另外也十分重視香港特有的漁民和海員群眾，派專門幹部向他們宣傳共產黨和抗日游擊隊的政策主張，讓漁民和海員成為海上游擊戰的重要支柱。[42] 游擊隊有效的宣傳和動員工作，為鞏固游擊根據地和進行敵後游擊戰發揮了重要貢獻。

---

40. 見本書第十章。
41. 王曼、楊永：《鐵骨凌霜——尹林平傳》，頁100。
42. 中共中央文獻研究室：《周恩來年譜（1898–1949）》，頁422。

4. 學習和整風

香港游擊隊幹部除執行戰鬥和非軍事任務之外，亦會定期參加訓練班，學習政治理論和戰鬥技巧。如西貢聯防隊主任鄧振南曾到西貢赤徑高塘村上軍政學習班，學習戰鬥技巧、游擊戰的戰術等軍事知識，共產主義、世界觀、人生觀等政治理論。[43]

1943 年延安指示，辦整風學習班，整頓「三風」，即學風、黨風和文風。東江縱隊亦根據延安指示，辦整風學習班，當時選了十幾個人，讀文件，討論。如楊奇為了要參加整風，同時基於東莞群眾基礎好，將《前進報》報社搬遷到厚街附近，以方便學習整風，並兼顧報社工作。[44]這事反映了華南抗日游擊隊是嚴格按照中共中央指示活動的。

三、香港游擊戰場的特色

敵後游擊戰是數以百萬計淪陷區人民和整個中華民族反擊日本侵略者的神聖抗戰，北起白山黑水，南至椰林海嶼，所有淪陷區都是游擊隊馳騁的敵後戰場。因應地理條件，各抗日根據地的戰爭有不同的模式，有平原游擊戰、鐵道游擊戰，也有海上游擊戰。

香港游擊戰有幾個特色：

（1）海上游擊戰

1938 年 5 月，毛澤東談抗日游擊戰爭的戰略問題時指出：游擊根據

---

43. 見本書第四章。
44. 見本書第十章。

地大體不外三種：山地、平地和河湖港汊地。但目前各個抗日黨派和抗日人民，至今尚少注意利用河湖港汊地建立游擊根據地。毛澤東認為「缺少了這一方面，無異供給敵人以水上交通的便利，是抗日戰爭戰略計劃的一個缺陷，應該及時地補足之」。[45]

同年 10 月 12 日，周恩來起草致國民黨軍事當局意見書，提出《對日寇進攻華南的初步分析及建議》：「加緊動員廣大民眾，特別是沿海人民及漁民，發揚廣東革命精神，配合軍隊，實行自衛。」意見書受到國民黨軍事當局的高度重視，註明這是華南戰爭的「要着」。[46] 領導海員運動的廖承志和曾生認識海洋戰略的重要，1941 年冬籌組武裝船隊，從海上打擊敵人，開闢了海上游擊戰戰場，使香港及其鄰近海域成為海上游擊戰的其中一個主戰場。[47] 這戰場配合陸上游擊戰，在抗戰期間屢挫日偽海軍和運輸船隻，並且為新中國海軍培養了一批優秀幹部。

新中國成立後，這支海上游擊隊成為了海軍的重要力量之一，為保衛國家領海作出了重大貢獻！1965 年 8 月 6 日，兩艘美製 1,000 餘噸和 400 多噸的大艦，被新中國海軍的百餘噸高速護衛艇隊打沉。這場舉世注目的八‧六海戰指揮官——王錦，就是來自港九大隊海上中隊的隊長。[48] 改革開放時，負責整頓招商局的袁庚，也是來自護航大隊的。

海上游擊戰是香港游擊戰場的主要戰鬥形式，有力地打擊了香港鄰近海域的敵人水上交通。毛澤東所說的戰略缺陷，由香港游擊戰場填補了！

---

45. 毛澤東：〈抗日游擊戰爭的戰略問題〉（1938 年 5 月），《毛澤東選集》，第二卷，頁 388－390。

46 《周恩來年譜（1898－1949）》，頁 422。

47. 曾生：《曾生回憶錄》，頁 350。

48. 陳敬堂：〈海上蛟龍——王錦：從海上游擊戰到 8‧6 海戰〉，陳敬堂編：《香港抗戰》，頁 287－288。

（2）城市游擊戰

　　1938 年 5 月，毛澤東談游擊戰爭的戰略問題時，距離南京大屠殺只有半年之久，日軍在各大城市進行殘酷鎮壓，游擊隊缺乏生存和活動空間，當時各大城市並無建立游擊戰場的客觀條件。

　　城市游擊戰的戰鬥模式與山地游擊戰、平原游擊戰、鐵路游擊戰和海上游擊戰有很大的差別。在人煙稠密的市區與敵人發生軍事衝突，一方面會誤傷同胞的生命和財產；另一方面更可能會導致敵人的瘋狂報復，在市區進行大規模的圍捕和搜索，甚至像南京大屠殺一樣的胡亂燒殺姦搶。因此，中共中央指示港九大隊在香港市區的軍事行動有所節制。[49] 香港面積不過一千平方公里，游擊隊可以打完就跑，但附近居民可以跑到哪裏去？故為免連累居民，游擊隊在市郊農村活動時，一般白天在村，晚上便到山頭上住宿。如非必要，游擊隊禁止在村內與日偽漢奸發生軍事衝突，避免連累村民遭受報復。[50] 游擊隊在市區和鄉郊活動，一般行動迅速，用突襲或偷襲戰術，打了就跑，不留痕跡。如劉黑仔爆破啟德機場油庫和炸毀飛機，就是深夜潛入，安裝計時炸彈後迅速離去，炸了敵人一個措手不及。為方便活動，市區游擊隊棄長槍不用，改用便於收藏在口袋中或油紙傘裏的短槍，近距離接敵，打了即跑。因此香港市區游擊戰的武裝隊伍被稱為短槍隊。[51]

　　雖然市區游擊戰有相當成效，對淪陷區人心有一定振奮作用，不過，中共中央另有戰略上的考慮，原因是中共中央在香港仍然秘密進行

49.　中央：〈中央關於東江縱隊開展敵後游擊戰的指示〉，東江縱隊志編輯委員會：《東江縱隊志》（北京：解放軍出版社，2003），頁 512。

50.　陳敬堂：〈陳達明先生訪問記錄〉，2005 年 8 月 26 日。

51.　見本書第七章。

營救國際友人的工作，市區游擊戰會令日軍嚴密監控市面，增加崗哨巡邏，搜捕可疑人物和掃蕩抗日根據地。1944 年 6 月 21 日周恩來致電東江縱隊政委尹林平：為了避免引起敵人過多注意和保存城市地下工作，目前在香港、九龍市區散發大量宣傳品和採取所謂軍事攻勢都不合適，這些作法會「引起敵對我之嚴重掃蕩」，「依目前情勢，當不應採取此過分的暴露行動。」[52] 7 月 25 日再指示尹林平：「在港九市上的武裝鬥爭有成績，但不宜常做，免致引起敵人對我過多報復和進攻，並妨礙我城市秘密和搶救工作。」[53]

　　城市游擊戰既要打擊敵人，消滅敵人的有生力量和戰略物資，又要不暴露實力，免遭敵人報復和掃蕩，這個難題怎樣解決？

（3）與盟軍聯合作戰

　　1944 年 2 月 11 日，美國飛行員克爾中尉率機隊空襲啟德機場，座機中彈着火，跳傘降落，九龍地面的日軍正仰望天空等待捉俘時，一陣大風，把克爾中尉從九龍獅子山的南面吹過了山脊的北面，飄落沙田，被游擊隊員拯救，躲在山洞隱藏，日軍遍尋不獲，動員過千人在沙田大舉掃蕩，要把美國飛行員捕獲。游擊隊採取圍魏救趙戰略，先後在九龍塘槍殺漢奸陸通譯、炸毀啟德機場日軍戰機和汽油庫、爆破九龍市區窩打老道火車鐵橋、在香港市區散發大量宣傳品等，讓日軍以為游擊隊將要進攻市區要地，被迫調回在沙田進行掃蕩的軍隊，游擊隊遂乘機把克爾

---

52. 《周恩來年譜（1898－1949）》，頁 577。
53. 中共中央：〈中央關於東江縱隊開展敵後游擊戰的指示〉，東江縱隊志編輯委員會：《東江縱隊志》，頁 512。

中尉救離香港返回桂林。[54] 此事例讓美國十四航空隊陳納德將軍考慮與東江縱隊合作，請游擊隊幫助拯救遇難的美軍飛行員，和提供日軍情報予以有效打擊。1944 年 10 月 7 日，派歐戴義（Lt. B. Merrills Ady）往東江縱隊要求合作。東江縱隊經中共中央覆電同意，設置了一個由袁庚主持的聯絡處，作為特別情報部門，專責與歐氏聯絡，交換日軍情報。[55] 雙方協議：港九大隊負責拯救被擊落的美機飛行員，並提供日軍情報，盟軍負責空襲打擊。袁庚領導的聯絡處提供了大量情報，內容包括日軍啟德機場機庫，香港海面艦艇型號及活動規律，鯉魚門炮台、九龍青山道軍火庫準確方位圖。這些轟炸目標均遠離民居，達到摧毀日本軍事目標的效果而又不傷及無辜平民的目的。盟軍認為情報有用，多次致函東江縱隊稱讚袁庚情報處的工作。[56]

　　1944 年 5 月 26 日，美軍十四航空隊轟炸機前來攻擊大亞灣的日軍運輸艦，當時日軍運輸艦用油布掩蔽偽裝為島嶼，美機飛臨時，突然卸下油布，用四門高射炮開火攻擊美機。一場美日海空大戰遂在大亞灣爆發，美機俯衝轟炸，投彈命中日艦，日艦船首進水下沉，但艦上的高射炮仍垂死掙扎，也擊中了一架轟炸機，該飛機起火後在虎頭門以東海面墜落。那時在該海域活動的海上中隊，看到五個降落傘在距離船隊五六百米遠的海面降落，立即趕上把五名飛行員救上船來，並送返基地。當船隊返抵基地時，日軍的炮艦和飛機才到達大亞灣上空和海域進

---

54. 陳達明：《香港抗日游擊隊》，頁 67－69，131－138。

55. 袁庚：〈東江縱隊與盟軍的情報合作及港九大隊的撤出〉，陳敬堂編：《香港抗戰》，頁 250－251。

56. 陳敬堂：〈袁庚先生訪問記錄〉，2002 年 3 月 23 日；梁憲：〈二戰期間東江縱隊與盟軍情報合作紀實〉，《看世界》（廣州市新聞出版局），2000 年 9 月；黃作梅：〈我們與美國的合作──關於廣東人民抗日游擊隊東江縱隊與盟邦美國在打擊共同敵人戰爭中合作的報告〉，香港《華商報》，1946 年 3 月 28 日。

行巡邏和搜捕。游擊隊與盟軍合作，美機炸沉日艦，游擊隊負責救援，達到了打擊日軍，又隱藏游擊隊實力的目的。

香港游擊戰場很小，但在軍事方面的成就可不小，除別具特色的海上游擊戰、城市游擊戰、情報工作外，根據不完全的統計，新中國共有二十多名海陸空特種兵的軍、師級將領來自香港游擊戰場的。[57]

四、香港游擊戰場的中國和國際抗日統一戰線

（1）統一戰線是戰勝日本的主要條件

1938 年 5 月 26 日至 6 月 3 日，延安舉辦了抗日戰爭研究會，毛澤東發表了《論持久戰》的講演，指出中國在三個條件之下，能戰勝並消滅日本帝國主義的實力。「第一是中國抗日統一戰線的完成；第二是國際抗日統一戰線的完成；第三是日本內人民和日本殖民地人民的革命運動的興起。」[58]

抗日統一戰線由兩部分組成。以國共兩黨合作為基礎，與其他政治力量、軍隊、工農群眾、青年、婦女、華僑等群眾團體團結合作組成的是「中國抗日統一戰線」；與蘇、英、美等所有反法西斯侵略國家和人士團結合作組成的是「國際抗日統一戰線」。毛澤東指出，如果我們能在外交上建立太平洋反日陣線，形成了一個太平洋的外線作戰，便可以圍剿法西斯日本了。[59]

---

57. 陳敬堂：〈香港歷史博物館東江縱隊港九獨立大隊口述歷史計劃工作報告〉，陳敬堂編：《香港抗戰》，頁 399。
58. 毛澤東：〈論持久戰〉（1938 年 5 月），《毛澤東選集》，第二卷，頁 411。
59. 毛澤東：〈抗日游擊戰爭的戰略問題〉（1938 年 5 月），《毛澤東選集》，第二卷，頁 396。

　　1940 年 9 月 27 日，德、意、日在柏林簽訂德意日三國同盟條約，29
日周恩來提出警告，「日寇在其解決中國問題的迷夢幻滅以後，日寇不得
不更積極的南進，以求解決國內矛盾和國防上的資源供給」，判斷日本新
任首相近衛文麿將會不顧一切的發動太平洋戰爭。[60] 1941 年 6 月 22 日，
德國發動侵蘇戰爭，翌日，毛澤東立即發出指示：組織「國際統一戰
線」，同英美及其他國家一切反對德意日法西斯統治者的人們聯合起來，
反對共同的敵人。[61] 周恩來亦提議：「運用我們站在東方反日本法西斯強
盜的前線地位，聯合東方一切反法西斯的人民、民族和國家，結成更廣
大的反法西斯的國際統一戰線。」[62]

　　香港游擊戰場位於兩條統一戰線的交匯點，是中國和國際抗日反法
西斯統一戰線的重要戰場。精心挑選的廖承志、潘漢年和劉少文，都是
善長統一戰線、具備外語和國際知識的幹部，八路軍香港辦事處遂成為
中共中央在香港進行中國和國際抗日統一戰線的重要機構，並指揮華南
地區抗日軍事鬥爭。

（2）中國抗日統一戰線

　　抗戰時期，蔣介石繼續殺戮和迫害文化界，中共中央則強調知識份
子的重要性，多次指示必須極力爭取知識份子，強調「文化人與知識份

60.　周恩來：〈國際形勢與中國抗戰〉（1940 年 9 月 29 日），中共中央文獻研究室、中國人
　　　民解放軍軍事科學院編：《周恩來軍事文選》，第二冊（北京：人民出版社，1997），頁
　　　270−273。

61.　毛澤東：〈關於反法西斯的國際統一戰線〉（1941 年 6 月 23 日），《毛澤東選集》，第三卷，
　　　頁 764。

62.　周恩來：〈論蘇德戰爭與反法西斯的鬥爭〉（1941 年 6 月 29 日），《周恩來軍事文選》，第
　　　二冊，頁 341−343。

子是非常重要的」。[63] 1939 年 12 月 1 日，毛澤東說：「在長期的和殘酷的民族解放戰爭中，在建立新中國的偉大鬥爭中，共產黨必須善於吸收知識份子，才能組織偉大的抗戰力量，組織千百萬農民群眾，發展革命的文化運動和發展革命的統一戰線。沒有知識份子的參加，革命的勝利是不可能的。」[64] 1940 年 3 月 11 日，毛澤東指出：「爭取一切進步的知識份子於我們黨的影響之下，是一個必要的重大的政策。」[65] 根據中共中央和毛澤東的指導思想，以周恩來為首的南方局和所轄機構，通過各種關係，團結一切可以團結的力量，與廣大文化界人士和民主人士建立良好的工作關係。

皖南事變後，周恩來親自抓保護文化友人的工作，將文化友人分類分批撤離和疏散，其中茅盾、葉以群、金山、杜國庠、柳亞子、夏衍、鄒韜奮、張友漁、范長江、戈寶權等人，在周恩來和南方局的安排下撤到香港。[66] 香港八路軍辦事處和中共香港市委隨即開展工作，1941 年 5 月成立中共香港文化工作委員會，由廖承志、夏衍、潘漢年、胡繩、張友漁五人組成，下設文藝、學術、新聞三個小組。各組又設有座談會，如文藝座談會、戲劇座談會、學術座談會、新聞座談會、國際問題座談會、婦女座談會等等。周恩來兼文委書記，經常指示文化工作的方針和政策。[67] 香港的中共黨員和文化藝術界人士迅速團結起來，積極開展各項抗日愛國活動，為挽救中華民族的危亡而貢獻自己的力量。

---

63. 〈關於組織進步力量爭取時局好轉的指示〉（1939 年 12 月 1 日），中央檔案館編：《中共中央文件選集》，第十一冊（北京：中共中央黨校出版社，1986），頁 223。

64. 毛澤東：〈大量吸收知識份子〉（1939 年 12 月 1 日），《毛澤東選集》，第二卷，頁 581。

65. 毛澤東：〈目前抗日統一戰線中的策略問題〉（1940 年 3 月 11 日），《毛澤東選集》，第二卷，頁 09。

66. 《周恩來年譜（1898－1949）》，頁 95；王福琨、鄧群主編：《中共中央南方局的統一戰線工作》（北京：中共黨史出版社，2009），頁 81。

67. 王福琨、鄧群主編：《中共中央南方局的統一戰線工作》，頁 170－173。

　　這時，香港新的文化、藝術、教育團體不斷湧現，報紙刊物更是有如雨後春筍，如中共創辦了《華商報》，宋慶齡領導的保衛中國同盟出版了英文半月刊《新聞通訊》，此外有《光明報》、《救國月刊》、《時代批評》、《筆談》、《耕耘》、《世界知識》、《青年知識》、《大地畫報》等報刊紛紛出版發行。鄒韜奮主編的《大眾生活》也在香港復刊了。戲劇、歌詠表演和電影製作都十分活躍。它們對於促進全國的抗日民主事業及推動香港的新文化運動，起了很好的作用。

　　因此，日本視這批抗日文化人士為眼中釘，日軍佔領香港後，立即封鎖各交通要道，意圖圍捕殺戮。廖承志知道日軍準備進攻香港時，便要求游擊隊作好應變準備，一旦日軍侵港，立即派部隊進港開展敵後游擊戰，並接應在港人員的轉移。1941 年 12 月 7 日，中共中央和周恩來分別自延安和重慶同時發電報，指示香港廖承志要不惜任何代價，將聚居香港的大批愛國民主人士和文化界人士搶救出來。[68] 日軍攻港翌日（9日），周恩來再度急電廖承志，詳細指示轉移在港各界朋友的方法和路線，並特別指示幫助宋慶齡、何香凝、柳亞子、鄒韜奮、梁漱溟等離港。[69]

　　東江縱隊政委尹林平說：「黨中央、南方局周恩來同志很重視這次搶救工作，我們是在執行中央的指示。」[70] 胡繩說東江游擊隊的營救工作，是完全根據中共中央的指示進行。部隊建立與中央的電報聯繫後，把游擊區的情況和營救出來的文化界人士的名單告知中央，中央隨即電報指

---

68. 曾生：《曾生回憶錄》，頁 208－215。

69. 周恩來：〈轉移在港各界朋友──致廖承志、潘漢年等〉（1941 年 12 月），中共中央文獻研究室編：《周恩來書信選集》（北京：中央文獻出版社，1988），頁 210－211；《曾生回憶錄》，頁 215。

70. 王曼、楊永：《鐵骨凌霜──尹林平傳》，頁 116。

示下一步如何繼續進行營救，如何安排已到游擊區的人。[71] 香港大營救全部過程均由周恩來致電前線直接指揮，廖承志的八路軍香港辦事處的力量，從寶安、惠陽，一直到韶關，沿途中共的地下組織和東江游擊隊全都參與營救工作。[72] 這次行動第一階段自 1942 年 1 月 1 日持續到 6 月底結束，在日軍崗哨林立、日本特務遍佈的環境下進行，結果不損一員，不被截獲一人，成功地營救了何香凝、柳亞子、鄒韜奮等文化人士及其家屬，共八百多人脫離虎口。第二階段在面積狹小的游擊區，有效地防範國民黨頑軍掃蕩，保障數百名難友的安全和起居生活。這對人少、槍少、經費少的游擊隊又是另一個嚴峻的挑戰，但所有文化精英與愛國民主人士都按照周恩來指示，分別安排到目的地！

「香港大營救」是一次重要的統一戰線行動，充分體現了抗戰時期中共同革命知識份子患難與共、血肉相連、肝膽相照的親密關係。文化人在游擊區停留的時間，短的半個月到一個月，長的四個月。對游擊隊員而言，難得有此機會接待全國第一流的文化精英，直接向他們學習和請教。另一方面，文化群英都是生活在大城市，從來沒有到過農村，現在有機會直接考察游擊區各種狀況，親身感受到游擊隊資源十分缺乏，人少、地小、槍少，缺乏經費的游擊隊為了照顧他們，減少了一半菜金來節省開支。文化人士的菜金比戰士多一倍，雖然如此，增加一倍後的標準仍然很差，飯：可以全部吃飽，無限量；生油，文化人一日一兩花生油；買菜買肉錢二毛錢。戰士們則一日半兩生油，一毛錢菜金，米則是 16 兩秤的 12 兩，即 0.75 斤一天，6 兩米一餐是吃不飽的。

因此，文化人士在游擊區有很深的感受！鄒韜奮到達游擊區時說：

---

71. 胡繩：〈關於東江游擊隊的一點回憶〉，《勝利大營救》，頁 286。
72. 陳敬堂：〈楊奇先生訪問記錄〉，2013 年 1 月 5 日。

我這次是跟文化游擊隊一齊回來，你們有的是槍，可以打日本，保衛國家；我們有的是筆，可以宣傳抗日。跟着他強調一句：「筆桿子要同槍桿子結合起來。」他們感受到游擊區群眾無怨無悔地支持抗日、支持革命；戰士和青年雖然艱苦地學習，但對革命前途卻充滿信心。這一切，都讓文化人士在游擊區看到了中國的光明前途。茅盾在〈脫險雜記〉一文這樣的描述：「五六天的時日雖不算多，可是已經足夠使我們親眼看到游擊隊幹部們的生活如何艱苦。他們經常吃的是雜糧，病了簡直沒有醫藥；國民黨軍隊對游擊隊的封鎖之嚴密和他們對敵人走私之包庇，正好是一個強烈的對照，使得最糊塗的人也認清了誰是人民之友，而誰是借了抗戰的招牌在無惡不作的！」[73]

　　八年抗戰期間，國民黨不單掉了大半個中國土地，更重要的是掉了文化界精英的心！中共成功地進行了大營救，進行了一次重要的中國抗日統一戰線行動。中共不只是拯救了這八百人（連家屬計）的性命，更重要的是讓這批文化精英有機會親自感受游擊區戰士和群眾的革命精神，看到新中國的希望，願意一起承擔拯救中國的偉大使命。這八百人成為八百部宣傳機器，他們的作品激起全國以至海外青年的革命激情，投奔延安！延安取代了廣州成為中國的革命聖地！[74]

（3）國際抗日統一戰線

　　淞滬會戰爆發後，周恩來安排八路軍駐上海辦事處人員部分撤到香港。1938 年 1 月，周恩來與英國駐華大使阿奇博爾德·克拉克·卡爾爵

73.　茅盾：〈脫險雜記〉，《勝利大營救》，頁 250。
74.　見本書第二章

士（Sir Archibald Clark Kerr）商談，中共要在香港建立八路軍辦事處，以便接受、轉運華僑及外國友人對八路軍、新四軍的捐贈，請他幫助。於是得到了香港總督批准，在香港皇后大道中 18 號 2 樓成立八路軍辦事處。為照顧英國和港英政府的「中立地位」，辦事處不公開掛出招牌，用「粵華公司」名義經營茶葉生意作掩護，老闆是連貫，實際由廖承志負責。廖承志與潘漢年兩人一起工作，八路軍辦事處真正辦公的地方在銅鑼灣耀華街一幢兩層的樓房，內設有劉少文負責同中共中央聯絡的秘密電台。[75]

廖承志一方面領導中共香港文化工作委員會，團結愛國文化人士，進行抗日救亡運動。同時，開展國際抗日統一戰線，秘密與港英當局談判，運用游擊隊力量牽制日軍。廖承志電報向中共中央請示，1941 年 10 月 26 日毛澤東覆電同意。於是，廖承志繼續與港英商談，並將日軍已經調兵南下，準備進攻香港的情報告知港英當局。12 月 5 日、6 日，與英方代表香港警務司俞允時會談。7 日，廖承志、夏衍、喬冠華三人在香港大酒店三樓與香港總督楊慕琦代表布政司金遜（Franklin C. Gimson）商談，廖承志明確表示，英方提供必要的武器彈藥，游擊隊可以發動新界地區的民眾，協同英軍保衛香港。雙方商定了交收軍火的地點。次日，戰爭爆發，合作抗日的事情便不了了之。[76] 其後香港淪陷，英美盟軍俘虜和飛行員在游擊隊協助之下獲救，於是英美先後請求游擊隊幫助，救助盟軍和提供情報，開始了中共中央國際抗日統一戰線的軍事合作。

在部署八路軍香港辦事處成立的時候，中共中央已擬定在香港推動國際抗日統一戰線，發動國際力量支援中國抗戰的戰略。毛澤東、周恩來分別拍電報給宋慶齡，建議她離開上海前往香港，一方面是考慮她的

75.　楊奇：《見證兩大歷史壯舉》（北京：人民出版社，2011），頁 17–19；陳敬堂：〈楊奇先生訪問記錄〉（2013 年 3 月 20 日）。

76.　楊奇：《見證兩大歷史壯舉》，頁 12–13。

安全，另一方面是希望她能發揮影響力，呼籲國際和國人救助受戰禍影響的軍民。上海、南京相繼淪陷後，毛澤東、周恩來第二次拍電報給宋慶齡勸她離滬，於是宋慶齡在八路軍駐上海辦事處潘漢年安排下，被護送到香港。[77] 宋慶齡很快便與廖承志聯繫上，一起研究如何支援祖國抗戰。1938 年 6 月 14 日，宋慶齡與宋子文、孫科、馮玉祥、顏惠慶（香港淪陷後被日軍拘捕，後送上海囚禁）等在香港發起成立「保衛中國同盟」，會長宋子文，主席宋慶齡，名譽秘書是香港醫務總監司徒永覺夫人希爾達‧沙爾文—克拉克（Hilda Selwyn-Clarke），名譽司庫香港大學諾曼‧法蘭士（Norman France）教授、司庫鄧文釗，宣傳愛潑斯坦（Israel Epstein，美國國際合眾社記者），中央委員廖承志、廖夢醒（廖承志胞姊）、鄒韜奮、許乃波、鄧文釗（華比銀行副總經理）、詹姆斯‧貝特蘭（新西蘭記者）等人。

「保盟」的辦公地點設在香港西摩道 21 號宋子文的房子。宋慶齡選擇在香港成立「保盟」的原因是要打破雙重封鎖。一重封鎖是日本控制了海岸線，截斷了海外援華物資。另一重封鎖是蔣介石禁止向中共抗日根據地供應物資。「保盟」的任務是打破這兩種封鎖，而香港——當時仍能同世界大部分地區聯繫——則是發揮這一作用的最好「窗口」。宋慶齡考慮周恩來的建議，決定赴港並協助把香港變成一條同外界聯繫的渠道，以便取得全世界反法西斯力量和海外華僑的支持，其目的是加強國共兩黨的統一戰線和全國人民的抗日鬥爭。[78]

「保盟」這機構雖然名義上是宋子文主持的國民黨機構，但因為廖承志和廖夢醒的實際工作，最終把「保盟」變成了支援中共抗日根據地的

77.　林銘綱：〈潘漢年與宋慶齡〉，中共上海市委黨史研究室編：《潘漢年在上海》（上海：上海人民出版社，1995），頁 452－453。

78.　伊斯雷爾‧愛潑斯坦：《歷史不應忘記》（北京：五洲傳播出版社，2005），頁 78。

1938 年，保衛中國同盟中央委員，由左至右：愛潑斯坦、鄧文釗、廖夢醒、宋慶齡、克拉克、法蘭士、廖承志

籌募機構，中共中央在香港進行國際抗日統一戰線的重要機構。「保盟」的工作大體有以下幾個方面：

（一）對外宣傳，向國際介紹中國抗戰的形勢和需要，呼籲援助中國。宋慶齡多次著文，發表演說，呼籲援華。如 1939 年 4 月 1 日出版的《保衛中國同盟新聞通訊》英文半月刊，第一期刊呼籲援助新四軍。第二期呼籲向華北抗日根據地募集 5,000 條毛毯。第三期呼籲為新四軍募集 20,000 條毛毯和為華東作戰的川軍募集醫藥品。第四期發表《請援助西北》的通訊，呼籲援助陝甘寧邊區的醫院、醫藥工廠、孤兒院、抗日軍政大學等等。

（二）發起募捐、義賣、義演活動，收轉捐款捐物。1939 年初，「保盟」在香港的全國婦女救援會、中國婦女士兵救濟會、中國婦女俱樂部、中國基督教女青年會和廣東婦女新生活運動會的幫助下，募集了 4,500

多件中國藝術珍品，在紐約、倫敦和巴黎義賣，所得收入將用於中國的醫療救濟事業。1939 年和 1941 年，「保盟」在香港發起「一碗飯運動」。這活動得到香港總督和香港主教、英國駐華陸、海軍司令等許多知名人士支持。1941 年共收入港幣 22,144.95 元、法幣 615 元，充作了援華基金。

「保盟」捐助的重點在敵後抗日根據地，一是醫療機構；二是戰爭孤兒；三是中國工業合作運動；四是戰災和天災的災民。國際反侵略總會代表何登夫人與「保盟」商議，在晉察冀邊區的五臺山建立了第一所國際和平醫院。以後又在晉東南、陝北和皖南建立了三所國際和平醫院。1940 年 2 月，國外捐款每月向上述四所國際和平醫院病員撥伙食費和衣物費 1,500 元，並向中國工業合作協會西北辦事處訂購大批棉背心、擔架帆布、脫脂棉花、紗布，供給西北的醫療單位。「保盟」向新四軍贈送了大批醫療用品，至 1939 年底，新四軍得到了價值 15 萬元的藥物。

「保盟」又開展了救濟戰災兒童的工作，在陝西、廣西和四川建立孤兒院。由於美國洛杉磯的援華團體和華僑的大力支持，在延安建立了一所託兒所。為紀念這種國際主義和愛國主義精神，延安將之命名為洛杉磯託兒所。

1939 年初，桂南、貴陽等地城市被炸，災情嚴重；1940 年，西北地方發生水災；1942 年冬至 1943 年春，河南發生嚴重旱災，數百萬人死亡，廣東也有數百萬人受災。「保盟」都有發起籌款賑災活動。

1941 年 12 月，太平洋戰爭爆發，「保盟」中央委員先後自香港轉移到重慶。1942 年 8 月，「保盟」在重慶恢復工作，辦公地點就設在宋慶齡的家裏。「保盟」繼續不斷得到國外的捐助，美國的勞工團體，如國際裘皮製革廠工會、美國全國海員工會，都向「保盟」提供了大量捐款。

（三）聯繫國際友人。「保盟」聯繫了許多國際友人來華服務，他們

很多是醫務工作者，如白求恩、柯棣華、米勒、巴蘇、布朗、哈里森等醫生，先後到達解放區為群眾服務。其他直接或間接參加「保盟」或支援「保盟」工作的有：詹姆斯・貝特蘭（新西蘭記者、香港淪陷時曾被關進集中營）、馬海德（「保盟」駐國際和平醫院代表）、邱茉莉（愛潑斯坦未婚妻，香港淪陷時曾被關進集中營）等人。香港淪陷後，顏惠慶、詹姆斯・貝特蘭和邱茉莉都被日軍拘禁，目前缺乏資料說明中共如何拯救他們，只知道中共中央沒有遺棄盟友，繼續努力，秘密進行營救他（她）們的工作。直至 1944 年 7 月 25 日，周恩來仍然電報指示尹林平，不宜在港九市區搞武裝鬥爭，以免妨礙城市秘密和搶救工作。[79] 誰在執行任務和搶救誰，暫時不知道，只知道這些人非常重要，成功救出他們，就是一個重要的勝利。

　　保衛中國同盟是抗戰時期爭取國際援助的重要組織，為抗日根據地爭取了大量醫療物資援助和醫護人員的服務，其中一輛救護車由香港直駛到延安！保衛中國同盟有廖承志姐弟直接參加工作，令一個國民黨機構為中共抗日根據地服務，這是中共中央國際抗日統一戰線的重要成果！

五、小結

　　中共中央領導的香港游擊戰，與其他游擊區的創立發展過程是相同的，執行的政策和制度也是相同的。只是由於地理條件和其他客觀因素，香港游擊戰又有其獨特的形式。如香港四面環海、大小島嶼羅列，群眾有漁民和海員，於是海上游擊戰成為香港游擊戰其中一個特色；另

79.　陳敬堂：《寫給香港人的中國現代史・下冊——從西安事變到新中國成立》，頁 298–304。

外香港是一個國際大城市，城市游擊戰既要打擊敵人，又不能導致日軍盲目掃蕩，誤傷無辜。可以說難度十分高！幸而香港是太平洋戰場的前線，游擊隊奉中共中央指示與英美盟軍合作，聯合打擊日軍。這是與其他游擊戰場相異的。

此外，中共中央的戰略部署是全盤考慮的，中共中央規劃在香港這國際城市進行中國和國際統一戰線，一方面是爭取和團結文化人士，組成中國抗日統一戰線，團結抗日，再進行革命。同時又開展國際抗日統一戰線，爭取英美盟軍承認游擊隊在淪陷區的實力，進而承認領導游擊隊作戰的中共中央政治地位，間接打破了蔣介石的外交封鎖和軍事進攻。同時，盟軍認識游擊隊的政治、軍事力量，在稍後的解放戰爭中採取不直接軍事干預的立場。

國民黨懂得利用香港成為援華物資的唯一進口港，中共中央當然不會忽略香港的功能，因此選派優秀幹部到港開展國際抗日統一戰線，在香港成立了一個民間組織性質的保衛中國同盟，向國際爭取得大量捐款和藥物、醫療器材和禦寒衣物，動員了很多國際醫護人員和專業人士赴華服務，有力地支援了八路軍和新四軍等抗日根據地。這些貢獻是其他游擊戰場無法比擬的！只看到純戰爭結果的人，是無法領略中共中央戰略部署的奧妙！

大革命的時候，中共中央領導人周恩來、賀龍、聶榮臻，先後在東江和香港地區指示工農運動，培養革命幹部，把南昌起義的槍交給東江地區革命群眾，播下了革命的種子。中共中央領導的香港游擊戰，是繼承了艱苦奮鬥的革命傳統，繼續在抗戰歷史和游擊戰史中寫下了光輝燦爛的一頁！

【本文原發表在《黨的文獻》，2015 年第 5 期；2022 年 7 月潤飾】

第二章

周恩來與香港大營救

一、前言

　　有些國民黨人說，共產黨的統一戰線很厲害！周恩來領導的統一戰線，成功地爭取了文化界人士的歸心，再影響成千上萬的青年擁護共產黨投奔革命。文化人士遇到日敵和國民黨迫害、追殺時，周恩來動員一切力量拯救他們，令他們衷心感動，銘記在大難臨頭時共產黨沒有拋棄他們，反而竭盡所能，伸出援手，認為共產黨是他們的真正盟友！所以有人說內戰還沒有打起來，勝負已經分明了！

　　事實上，1941 年底在日本特務遍佈香港，日軍封鎖港九水陸交通，搜捕抗日文化精英的環境下，周恩來仍能精密、細心部署，指導港粵各單位領導和黨員，在人少、槍少、經費少的條件下，衝破日敵和國民黨的封鎖，不犧牲一人，不被日敵截獲一人，勝利地完成任務，不能不視為奇蹟！

　　其實，大營救的意義，不單是拯救出八百多人，它同時讓知識份子有機會到達游擊區，讓知識份子與群眾進行和諧地互相認識的過程。毛澤東指出，知識份子要和群眾結合，要為群眾服務，需要一個互相認識的過程。這個過程可能而且知識份子一定會發生許多痛苦，許多摩擦。不過，由於周恩來指揮大營救，為知識份子和群眾互相認識創造了一個十分良好的條件，從而成功地爭取了八百多名文化精英支持革命事業！

二、蔣介石破壞團結抗戰

　　盧溝橋事變之後，國共合作，共赴國難。可惜，蔣介石放棄團結國人、領導抗戰的責任，竟然繼續迫害愛國文化人士，繼續監禁和殺害共產黨員。1938 年 6 月 8 日，國民黨當局迫害愛國人士，查封漢陽兵工廠

抗敵工作團，拘留了李公樸。周恩來立即向陳誠交涉，並將情況函告沈
鈞儒，李公樸終於得以獲釋。[1] 8 月 20 日，國民黨以武漢衛戍總司令部政
治局名義下令解散在中國共產黨領導下的三個團體——青年救國團、民
族解放先鋒隊、蟻社。8 月 21 日，《新華日報》發表社論表示抗議，因而
被勒令停刊兩日。後經周恩來嚴厲交涉，武漢衛戍總司令部才答允《新
華日報》照常出版。[2]

　　為什麼蔣介石繼續迫害共產黨呢？因為全面抗戰之後，蔣介石擁兵
自雄，擴大勢力，藉口中共劃地自治，決心盡力瓦解中共。首先，他提
出將中共併入國民黨，企圖用容共辦法來達到溶共的目的。1938 年 12
月 6 日，蔣介石在桂林約見周恩來，提出中共與國民黨合併成一個組
織。周恩來回答說，這是不可能也做不到的，少數人退共產黨而加入國
民黨，不僅是失節、失信仰，於國民黨也有害無益。12 月 12 日，蔣介石
在重慶會見中共到渝參加國民參政會的王明、博古、吳玉章、董必武、
林伯渠，再次提出將國共兩黨合併成一個組織的要求。[3]

　　1939 年 1 月 21 日至 30 日，國民黨在重慶召開五屆五中全會，1 月
22 日，中共中央書記處致電蔣介石和國民黨五中全會，聲明：「共產黨
絕不能放棄馬克思主義之信仰，絕不可能將共產黨的組織合併於其他任
何政黨。」周恩來亦用個人名義給蔣介石寫信提出：減少摩擦，貫徹合
作到底。中共中央和周恩來的信都明白地拒絕了蔣介石「一個大黨」的
主張。[4] 於是蔣介石惱羞成怒，在國民黨五中全會上確定「溶共、防共、
限共、反共」方針，並設置了專門的「防共委員會」，擬訂了《防制異黨

1.　中共中央文獻研究室編：《周恩來年譜（1898－1949）》（北京：中央文獻出版社，
　　1990），頁 413。

2.　《周恩來年譜（1898－1949）》，頁 418。

3.　童小鵬：《風雨四十年》（北京：中央文獻出版社，1994），頁 197－198。

4.　童小鵬：《風雨四十年》，頁 199－200。

活動辦法》（1939 年 4 月）、《共黨問題處置辦法》（1939 年 6 月）、《異黨問題處理辦法》（1939 年 12 月）、《淪陷區防範共產黨活動辦法草案》（1939 年）、《運用保甲組織防止異黨活動辦法》（1939 年 12 月）等一系列反共文件。這些文件說明了「溶共、防共、限共、反共」的方針、策略和具體辦法。[5] 抗戰期間，國民黨前後掀起了三次反共高潮。

國民黨在五屆五中全會以後，展開一連串的反共活動。1939 年 4 月，山東省秦啟榮部在博山等地襲擊八路軍山東縱隊第三游擊支隊，殺害指戰員四百餘人。6 月，河北省張蔭梧部襲擊冀中深縣八路軍後方機關，殺害指戰員四百餘人。同月，湖南國民黨軍隊殺害新四軍參議涂正坤，八路軍少校副官羅梓銘、少校秘書曾金等六人。9 月，國民黨軍隊在湖北東部圍攻新四軍後方機關，慘殺共產黨員五百多人。11 月，河南國民黨軍隊圍攻確山縣竹溝鎮新四軍留守處，殺害新四軍傷病員及家屬二百餘人。

1940 年春，國民黨掀起了第一次反共高潮。國民黨不單封殺共產黨的報刊，對異己的愛國組織和報刊同樣打壓，令國民黨統治區內的進步文化事業處境日益艱難。早在 1939 年 4 月起，就封閉了鄒韜奮主持的生活書店西安分店。為此，周恩來先後約鄒韜奮到曾家岩五十號，約生活書店、讀書出版社負責人到紅岩，商議難以在國民黨統治區存身的書店工作人員的撤退問題。以後三家書店先後派人到華北等地建立華北書店，加強解放區出版事業。[6]

1940 年冬，國民黨發動第二次反共高潮。10 月 19 日，何應欽、白崇禧致電朱德、彭德懷和葉挺（即皓電），命令黃河以南的新四軍和第

5.　孟廣涵：《抗戰時期國共合作紀實》，上冊（重慶：重慶出版社，1992），頁 644－678。

6.　《周恩來年譜（1898－1949）》，頁 443。

十八集團軍各部於電到一月內，全部撤至黃河以北。[7] 12 月 8 日，再電覆朱德、彭德懷、葉挺、項英（齊電），要求黃河以南的八路軍、新四軍「悉數調赴河北」。[8] 中共中央為了保持國共合作抗日，同意新四軍遵令渡江。但蔣介石卻下令顧祝同將新四軍「一網打盡，生擒葉項」，集結七個師兵力在安徽浚縣、太平間佈成袋形陣地，皖北由李品仙佈防堵截，冷欣部負責封鎖新四軍到蘇南的去路。同時，又洩露新四軍即將北移的消息，讓日軍封鎖長江，燒毀大、小渡口全部船隻，[9] 企圖借日敵之手殲滅新四軍。中共中央察覺形勢不利，1941 年 1 月 3 日毛澤東、朱德致電葉挺、項英：你們全部堅決向蘇南開進，並立即開動。次日，新四軍軍部和所屬部隊九千餘人奉命由涇縣雲嶺出發北移。6 日，在茂林地區遭到預先埋伏的第三戰區顧祝同和三十二集團軍上官雲相所部七個師八萬餘人包圍襲擊，血戰七晝夜，除二千餘人突圍外，其餘六千餘人大部壯烈犧牲，一部被俘，葉挺前往談判，竟被扣押，隨後項英遇害。這就是史稱「皖南事變」慘案。

　　1 月 7 日，周恩來接到中共中央轉來新四軍軍部在北移途中被圍的告急電後，憤慨萬分，立即向張沖提出嚴重抗議。又分別向顧祝同、蔣介石、何應欽、白崇禧、劉斐提出抗議，嚴正聲明：如不制止對新四軍的包圍、襲擊，「新四軍只有突圍四出，散於民間，戰於敵後」。[10] 與此同時，周恩來親筆題寫了「千古奇冤，江南一葉，同室操戈，相煎何急」，在《新華日報》頭版發表，揭發蔣介石這一暴行。

　　不過，蔣介石並不因此放下屠殺共產黨人和愛國人士的屠刀，繼續

7.　《周恩來年譜（1898－1949）》，頁 471。
8.　《周恩來年譜（1898－1949）》，頁 479。
9.　《周恩來年譜（1898－1949）》，頁 481。
10.　《周恩來年譜（1898－1949）》，頁 483。

打壓愛國人士。1 月 18 日（或 19 日），夏衍在桂林主編的《救亡日報》因拒登國民黨中央社誣陷新四軍的消息，當天報紙全部被扣。白崇禧下令逮捕夏衍。周恩來立即通過八路軍桂林辦事處通知夏衍、范長江立即離開桂林去香港，同從重慶撤去的文化工作者合作，建立對外宣傳據點。[11] 由於形勢十分嚴峻，從 18 日至 20 日，中共中央連日發出指示：組織上準備撤銷各辦事處，幹部迅速撤退。周恩來、葉劍英、董必武、鄧穎超等重要幹部於最短期間離開重慶，非黨幹部迅速向南洋國外撤退，《新華日報》應縮小版面，每日出半張，對辦事處人員進行革命氣節教育，銷毀檔案、密碼、電稿等。[12]

　　周恩來按照中央指示，撤退非黨幹部到海外。同時，他認真分析了敵友我的關係，認為形勢雖然惡劣，但還應在重慶堅持鬥爭，並且一再聲言：「我要堅持到最後！」中央終於接受周恩來的建議，只撤退了重慶的部分人員。後來的歷史實踐證明，他堅持在龍潭虎穴中同國民黨展開政治反攻，是完全正確的。

三、中共在香港的黨組織

　　香港是革命的發源地之一。1922 年 1 月 12 日，香港中國海員因生活困難，向資方提出增加工資的要求，被無理拒絕，海員工會聯合總會於是舉行了罷工行動。港英政府宣佈海員工會為「非法團體」，實行戒嚴，封閉海員工會會所，逮捕罷工領導人，企圖用恫嚇、威脅手段對待罷工海員。結果，從 2 月初起，罷工從要求增加工資的經濟鬥爭，發展成為

---

11. 《周恩來年譜（1898－1949）》，頁 487－488。
12. 《周恩來年譜（1898－1949）》，頁 488。

反抗帝國主義壓迫的政治鬥爭。當時，香港還沒有中共的組織，但是中國內地的共產黨對香港海員極為支持，在廣州組織了香港罷工後援會，動員全體黨、團員參加接待和其他各項工作，又號召全國工人支援。上海、湖北、河南等地以及京奉、京漢、京綏、隴海等鐵路工人，紛紛成立香港海員罷工後援會。香港各行業的中國工人亦在 2 月底實行總同盟罷工，支持海員鬥爭。3 月初，罷工總人數達 10 萬人，香港完全陷入癱瘓狀態。港英政府和資本家迫於形勢，只有向工人屈服，答應了海員工人的基本要求。3 月 8 日，歷時 56 天的香港海員大罷工宣告勝利結束。

1925 年，由於日本紗廠槍殺工人代表顧正紅引發的五卅運動，廣東群眾遊行聲援，英、法帝國主義者竟在廣州沙面開槍開炮屠殺示威群眾，製造了舉世震驚的「沙基慘案」，於是省港兩地工人罷工抗議，令港英政府蒙受巨大損失。

1927 年國共分裂前夕，中共覺察危機嚴重，預先安排黨員前往香港潛伏待機。廣州起義失敗後，部分共產黨人撤退到香港，如葉劍英從香洲石山（今珠海市）到香港後再轉往上海。1928 年 1 月初，中共建立九龍區委，但到 1929 年 5 月、6 月間，九龍區委被破壞。1931 年 1 月，省委內部交通員莫叔保叛變，省委書記盧永熾（盧德光）和宣傳部長黃師爺等五十餘人被捕，組織遭到嚴重破壞，元氣大傷。1934 年 9 月，港英政府破獲中共香港工作委員會，令中共在香港組建的各級黨組織遭受重挫。[13]

香港中共黨員雖然失去組織聯繫，但仍然潛伏下來等待時機。中華全國海員總工會的香港負責人劉達潮，主動聯絡海員中的中共黨員和工

13.　莫世祥：〈抗戰初期中共組織在香港的恢復與發展〉，《中共黨史研究》，2009 年第 1 期，頁 68。

會幹部，1934 年冬組織餘閑樂社。1935 年 7 月，餘閑樂社獲得港英政府批准註冊，在九龍彌敦道成立，以文娛活動為掩護，中共在香港的團體再次成立。[14] 1936 年 6 月，廣東陳濟棠和廣西李宗仁、白崇禧打出「反蔣抗日」旗號，派出代表杜畏之到天津同中共北方局聯繫。中共北方局為了團結抗日，指派薛尚實赴兩廣聯繫。薛尚實與兩廣聯繫時，發現廣東黨組織大多數停止活動，返津後向北方局匯報。9 月，北方局指示薛尚實在香港成立中共南方臨時工作委員會（簡稱南臨委），並任南臨委負責人，蘇惠、姚鐸、莫西凡、饒彰風為領導成員，負責健全香港的各級黨組織。12 月，南臨委組建首屆中共香港市工委，姚鐸任書記，陳卓凡任宣傳部長。香港市工委下轄四個支部，曾莉芳任婦女支部書記，賴石恩任學生支部書記（後由鍾明接任），吳華胥任文化支部書記，胡作民任工人支部書記。[15] 同月，南臨委成立中共香港海員工委，丘金任書記，曾生任組織委員，直接領導海員黨組織。[16] 1937 年 4 月，南臨委在香港舉辦黨員幹部訓練班，加強各地黨組織和抗日救亡運動的領導力量。在南臨委領導下，廣西、雲南、貴州等省也相繼建立了黨組織，並與福建和瓊崖地區恢復了聯繫。[17]

同年 9 月，中共中央從延安派張文彬到廣東，正式組成中共南方工作委員會。由於香港曾經有黨員叛變，對黨組織做成嚴重破壞，故張文彬、薛尚實決定全面審查黨員，從思想上、組織上純潔黨的隊伍。同

14. 曾生：《曾生回憶錄》（北京：解放軍出版社，1992），頁 74。

15. 〈吳有恆、鍾明關於香港市委工作的談話記錄（1941 年 4 月）〉，《廣東革命歷史文件彙集》甲 45（中央檔案館、廣東檔案館，1988 年印），頁 109。亦有檔案稱：香港市工委於 1936 年上半年成立。參見《廣東革命歷史文件彙集》甲 36（中央檔案館、廣東檔案館，1988 年印），頁 227。轉引自莫世祥前引文。

16. 《廣東革命歷史文件彙集》甲 36，頁 12。轉引自莫世祥前引文。

17. 莫世祥前引文；《薛尚實》，互聯網《百度百科》。

時，加強了與越共、菲共、馬共的聯繫。1938 年 4 月，正式成立中共廣東省委，張文彬任省委書記，梁廣任常委兼職工部長，薛尚實任組織部長。10 月，日軍攻佔廣州，廣東省委撤往粵北。

香港淪陷之前，有多個中共組織存在，在堅持抗日戰爭、支援解放區，以及營救文化人士的行動中發揮了重要作用。楊奇說，中共各級地下組織的相互關係，外人多數不了解，因此很多回憶性文章和書籍都弄錯。現根據他提供的資料介紹如下：

（一）中共中央南方局——為了加強和統一領導國統區和海外的工作，1939 年 1 月 16 日正式成立，設於重慶。[18] 由十三名委員組成，書記周恩來，常委董必武、博古、王若飛，委員廖承志等。南方局一方面領導八路軍駐重慶、桂林、長沙、廣州、貴陽、香港的辦事處；另一方面領導南方國民黨統治區、日偽佔領區以及港澳地區的地下黨組織。這機構對外完全保密。[19]

南方局成立後，華南地區的工作成為中共中央的重要關注點。1940年 1 月，博古代表南方局出席由省委書記張文彬主持的中共廣東省委第四次執委擴大會，確定今後工作的方針、任務，決定把中心放在東江和瓊崖，作為長期抗戰的重要根據地。[20] 4 月 29 日，張文彬在中共中央書記處會議報告廣東省委工作。周恩來指出，省委的工作中心，第一是在敵後建立政權和武裝，第二是國民黨統治區的工作，第三是香港、廣州等敵佔中心城市工作。[21] 其中關於建立政權和武裝的決定，為後來文化人士的撤離香港，提供了安全和可靠的保證。

---

18. 《周恩來年譜（1898−1949）》，頁 431。
19. 楊奇：《見證兩大歷史壯舉》（北京：人民出版社，2011），頁 28−29。
20. 《周恩來年譜（1898−1949）》，頁 433。
21. 《周恩來年譜（1898−1949）》，頁 454。

　　8 月 7 日、8 日，周恩來在中共中央政治局會議上報告工作，談到：
國外工作以香港為中心，由廖承志管募捐，劉少文管統戰，潘漢年管情
報、文化。南方局分工是：博古負責組織工作，凱豐負責宣傳工作，蔣
南翔負責青年工作，董必武負責統一戰線工作，周恩來兼文委的工作。
下設的黨報委員會由博古負責。南方工作委員會由方方、張文彬負責，
建電台後可直屬中央領導。西南工委由孔原代表南方局指導。湖北成立
省委；川東、川康設省委或區黨委。在這次會上，毛澤東發言，同意南
方局的方針和細則，並說：國民黨區域的中共組織均歸周恩來負責，統
一領導，將來國民參政會的中共黨團也在恩來領導下。[22]

　　9 月 7 日，周恩來致電廖承志轉香港工委方方、張文彬並報中央，強
調對香港的地方工作，應徹底執行中央的長期埋伏、積蓄力量、等待時
機的方針，並提出了具體建議。[23]

　　（二）中共南方工作委員會（簡稱南委）——周恩來考慮到為了適應
國統區地下工作的情況，需要把南方局領導南方各省地下黨的工作從重
慶轉移到外面，因而在 1940 年 10 月 16 日南方局致電中共中央，建議由
方方、張文彬、涂振農、王濤、郭潛五人組成南方工作委員會。中央表
示同意。1941 年春南委正式成立，領導機關設在廣東大埔，書記方方，
副書記兼組織部長張文彬，下轄三個省委、一個工委、五個特委：江西
省委，書記謝育才；粵北省委，書記李大林；粵南省委，書記梁廣；廣
西省工委，書記錢興，副書記蘇曼；瓊崖特委，書記馮白駒，副書記林
李明；潮梅臨時特委，書記姚鋒（後為李平）；閩西特委，書記王濤；閩
南特委，書記朱曼平；湘南特委，負責人周禮。[24] 南委作為南方局派出機

22.《周恩來年譜（1898－1949）》，頁 461－462。
23.《周恩來年譜（1898－1949）》，頁 466。
24.《周恩來年譜（1898－1949）》，頁 470－471。

關，對廣東、廣西、江西、福建四省包括國統區、游擊區、淪陷區和港澳地區的黨組，實行分別領導。[25]

（三）中共粵北委員會和中共粵南委員會——1940 年 6 月，南方局指示將廣東省委劃分為粵北和粵南兩個省委。粵北省委書記張文彬，組織部長李大林，宣傳部長涂振農，青年部長陳能興，婦女部長朱瑞瑤，領導機關設在韶關。粵南省委領導香港市委、澳門和廣東淪陷區的地下黨，書記梁廣，組織部長王鈞予，宣傳部長石闢瀾，婦女部長鄧戈明，領導機關設在香港和九龍市區內。[26]

（四）中共香港市委員會——1941 年 5 月、6 月間，根據中共粵南省委指示，恢復設立香港市委，書記楊康華，組織部長張餘，宣傳部長吳超炯，婦女部長曾珍，青年部長陳達明，職工部長黃施民。市委機關設在九龍。[27]

（五）八路軍駐香港辦事處——抗戰期間，中共在香港公開活動與外界接觸交往最多的單位是八路軍駐香港辦事處。周恩來看到香港是一個政治環境特殊的地方，雖然處於英國管治之下，但中國人可以自由出入，不受限制，國民黨管不到，無法追捕殺害共產黨人或反對國民黨的人士。於是抗戰一開始，1938 年 1 月周恩來便同英國駐華大使阿奇博爾德·克拉克·卡爾爵士（Sir Archibald Clark Kerr）商談，爭取卡爾幫助，得到香港總督批准，在香港皇后大道中 18 號 2 樓成立八路軍辦事處。為照顧英國和香港政府的「中立地位」，辦事處不公開掛出招牌，用「粵華公司」名義經營茶葉生意作掩護，老闆是連貫，實際由廖承志負責。廖承志到港後便同早已在香港從事隱蔽戰線工作的潘漢年取得聯繫，兩

25.　楊奇：《見證兩大歷史壯舉》，頁 29。

26.　《周恩來年譜（1898－1949）》，頁 457；楊奇：《見證兩大歷史壯舉》，頁 29。

27.　楊奇：《見證兩大歷史壯舉》，頁 29－30。

人一起工作。由於港英政府和國民黨特務監視，為免影響到訪人士的安全，廖承志和潘漢年兩人從 1939 年 1 月起，便不到「粵華公司」辦公。八路軍辦事處真正辦公的地方在銅鑼灣耀華街一幢兩層的樓房內，劉少文負責同中共中央聯絡的秘密電台也設在那裏。[28]

（六）中共中央南方局直接派遣到香港從事隱蔽工作的幹部，主要有潘漢年、劉少文、李少石等，以八路軍駐香港辦事處名義對外活動。一般人不知其活動和任務，如劉少文掌管唯一同中共中央和南方局直接聯絡的秘密電台，潘漢年負責周恩來指派的隱蔽戰線的工作。[29] 此外，中共其他系統和廣東人民抗日游擊隊都有派人在香港開展工作。[30]

1938 年 10 月 12 日凌晨，日軍四萬餘人在大亞灣澳頭至岩前涌一帶海岸登陸，侵佔廣東沿海地區，21 日廣州淪陷。日軍在大亞灣登陸翌日，中共中央即電示中共廣東省委和八路軍駐香港辦事處，要廣東黨組織廣泛組織抗日武裝，建立抗日根據地，開展游擊戰爭。10 月中旬，廖承志召集中共香港市委書記吳有恆、中共海員工作委員會書記曾生、中共香港市委組織部長周伯明開會，決定在廣東敵後建立抗日武裝隊伍的方針，並派曾生、周伯明、謝鶴籌到惠陽縣坪山組織人民抗日武裝。12 月 2 日，惠寶人民抗日游擊總隊在惠陽淡水周田村正式成立，共一百餘人，總隊長曾生、政委周伯鳴。在此之前，東莞縣委已在 10 月 15 日成立了東莞模範壯丁團，隊員一百多人，隊長王作堯，政訓員袁鑒文。兩支部隊經過多次襲擊日偽軍之後，屢立戰功，聲名大振，人數增加到八百多人。但隨即引起國民黨注意，調集三千多兵力圍殲曾、王兩部。

---

28. 楊奇：《見證兩大歷史壯舉》，頁 17−19；陳敬堂：〈楊奇先生訪問記錄〉，2013 年 3 月 20 日。

29. 陳敬堂：〈楊奇先生訪問記錄〉，2013 年 3 月 20 日。

30. 楊奇：《見證兩大歷史壯舉》，頁 30。

中共中央上海局負責人，前排右起第二人劉少文，第三人潘漢年

曾、王兩部被迫東移海陸豐，跑到國民黨後方，傷亡慘重，隊員由八百
多人銳減到百餘人。幸好周恩來病癒從蘇聯回國，1940 年 5 月 8 日電報
批評東移戰略是「在政治上是絕對錯誤的，軍事上也必歸失敗」，指示
曾、王兩部應回東寶惠敵後地區，堅持抗戰。[31] 6 月 10 日至 12 日，大嶺
山百花洞一戰，擊斃日軍大隊長長瀨和日敵五六十人，聲威大振。9 月，
曾、王兩部按照省委決定改稱「廣東人民抗日游擊隊」，分別開創了大嶺
山和陽台山抗日根據地，部隊人數發展到一千多人。[32]

　　經過數年多方面的艱苦經營，周恩來領導的南方局有效地恢復中共
在廣東和香港的組織和活動，為香港淪陷後的營救文化界人士奠定了軍
事、經濟、政治的基礎。

31.　曾生：《曾生回憶錄》，頁 158。
32.　曾生：《曾生回憶錄》，頁 168－206。

四、周恩來與香港文化的新生

「皖南事變」後，國內的政治局勢險惡，文化人士的安全受到嚴重威脅。周恩來親自策劃和安排，將文化界群英分批撤離和疏散。茅盾、葉以群、金山、杜國庠、柳亞子、夏衍、鄒韜奮、張友漁、范長江、戈寶權等撤到香港。南方局領導的這次安排撤退十分成功，沒有一個文化人落入國民黨手中。[33]

1940 年夏，南方局文化工作委員會（簡稱文委）建立，10 月，文委書記由凱豐兼任，徐冰任秘書，委員有胡繩、沙汀、馮乃超、潘梓年、蔣南翔五人。11 月，凱豐離渝回延安，周恩來兼任文委書記。南方局文委負責的文化運動，在地域上包括南方局領導的南部國民黨統治區域、部分淪陷區、港澳以及東南亞等海外地區。香港的文化工作先由中共南方臨時工作委員會香港文化支部負責，後由香港八路軍辦事處和中共香港市委共同領導。1941 年 5 月，中共香港文化工作委員會成立，由廖承志、夏衍、潘漢年、胡繩、張友漁五人組成，下設文藝、學術、新聞三個小組。各組經常開座談會，如文藝座談會、戲劇座談會、學術座談會、新聞座談會、國際問題座談會、婦女座談會等等。由於周恩來兼文委書記，所以經常指示文化工作的方針和政策。[34] 如香港文委成立的時候，廖承志和夏衍兩人有分歧意見。廖承志致周恩來電提出「對夏衍不敢相信」，「黨的統戰委員會⋯⋯不要夏衍參加」。周恩來在 1941 年 5 月 7 日致電廖承志，就「如何對待文化戰線上的朋友」給以具體指示：第一，不能仍拿抗戰前的眼光看他們；第二，不能仍拿抗戰前的態

---

33. 《周恩來年譜（1898－1949）》，頁 495；王福琨、鄧群主編：《中共中央南方局的統一戰線工作》（北京：中共黨史出版社，2009），頁 181。

34. 王福琨、鄧群主編：《中共中央南方局的統一戰線工作》，頁 170－173。

度對待他們；第三，我們也不能拿一般黨員的尺度去測量他們，去要求他們。必須學習列寧、斯大林對待高爾基的眼光、態度和尺度，才能幫助和促使這班文化人前進。接着周恩來說自己「我這一年來在此收穫不少，希望和建議你們本此精神做去，原則的問題不能放鬆，工作方法上處人態度和藹。作風不能盡人一致的，以前那種有時失之輕浮，有時失之圓滑，有時失之謙虛、有時驕傲的態度是不適當的。希望你也一樣的排斥，並且更慎重認真切實細密一些……望你有則改之無則加勉」。[35] 經過周恩來的指示和教導之後，香港的中共黨員和文化藝術界人士很快團結起來，積極開展各項抗日愛國活動，繼續為挽救中華民族的危亡而貢獻自己的力量。

　　香港新的文化、藝術、教育團體不斷湧現，報紙刊物更是有如雨後春筍，如宋慶齡領導的保衛中國同盟所出版的英文半月刊《新聞通訊》，梁漱溟任社長、俞頌華任總編輯的《光明報》，救國會同人辦的《救國月刊》，周鯨文主編的《時代批評》，茅盾主編的《筆談》，郁風主編的《耕耘》，張明養主編的《世界知識》，張鐵生主編的《青年知識》，馬國亮主編的《大地畫報》等等，紛紛出版發行。鄒韜奮主編的《大眾生活》也在香港復刊了，茅盾、夏衍、金仲華、喬冠華、胡繩、千家駒等名家成為這個刊物的編輯委員。與此同時，夏衍、黃藥眠等還創辦了「國際新聞社」，喬冠華、胡一聲等也創辦了「香港中國通訊社」。中共主辦的《華商報》也創辦了，胡仲持任總編輯，范長江任副總經理，主持日常工作；來自祖國各地的作家、教授每天都在這張報紙上發表文章，韜奮還為它撰寫了二十萬字的《抗戰以來》，對國民黨消極抗日、積極內戰的種種行為，作了無情的揭露。著名漫畫家葉淺予、丁聰、特偉、胡考等人

---

35. 《周恩來年譜（1898–1949）》，頁501。

在許多報刊上開闢了陣地，每天都有抗日、進步的時事漫畫發表。

戲劇界方面，金山、玉瑩率領的中國救亡劇團、唐槐秋領導的中國旅行劇團、歐陽予倩領導的中華劇社，以及夏衍、于伶、宋之的、司徒慧敏等組成的旅港劇人協會，先後演出了《台兒莊之春》、《放下你的鞭子》、《霧重慶》、《希特拉的傑作》、《北京人》等劇目。歌詠團體經常演唱聶耳、冼星海、賀綠汀等人創作的抗日救亡歌曲。電影方面，有蔡楚生執導《孤島天堂》、許幸之參與拍攝的《阿Q正傳》等等。

上述文化界人士對於促進全國的抗日救亡運動，以及推動香港的新文化運動，作出了重要的建樹。

五、周恩來指揮的香港大營救

領導和一般人不同之處是有遠見，所以能夠運籌帷幄，決勝於千里之外。周恩來身在重慶，仍然能夠指揮遠在南方的香港和鄰近地區的黨員和游擊隊，進行搶救文化人的大行動。早在 1940 年 9 月 27 日德、意、日在柏林簽訂德意日三國同盟條約的時候，29 日，周恩來便指出：「日寇在其解決中國問題的迷夢幻滅以後，不得不更積極的南進，以求解決國內矛盾和國防上的資源供給。」判斷日本新任首相近衛文麿將會不顧一切的發動太平洋戰爭。[36] 1941 年 10 月 19 日，周恩來在〈太平洋戰爭的新危機〉一文，預言太平洋戰爭將要爆發，指出日本改組內閣後，以武力建立「東亞共榮圈」的冒險方針是確定不移的，估計將有多方面作戰的主張，這就是太平洋的新危機。[37] 是年冬天，太平洋戰爭爆發前

---

36. 周恩來：〈國際形勢與中國抗戰〉（1940 年 9 月 29 日），中共中央文獻研究室、中國人民解放軍軍事科學院編：《周恩來軍事文選》，第二卷（北京：人民出版社，1997），頁 270−273。

37. 周恩來：〈太平洋戰爭的新危機〉，《新華日報》，1941 年 10 月 19 日。

夕，周恩來致電在香港工作的張友漁，指出日美有開戰可能，要求他做好準備。[38]

11 月初，廣東人民抗日游擊隊發現日軍第 36 師團在沿廣九鐵路南段及惠寶沿海一帶集結，準備進攻香港。游擊隊政委尹林平立即去香港向八路軍駐香港辦事處負責人廖承志報告和請示，廖承志即時通知游擊隊領導曾生，要求作好應變的準備，一旦戰事發生，即刻派部隊進入港九地區，開展敵後游擊戰。12 月 8 日，中共中央從延安、周恩來自重慶同時發來電報，指示廖承志迅速做好應變準備，要不惜任何代價，將聚居香港的大批愛國民主人士和文化界人士搶救出來，經澳門、廣州灣或東江轉入大後方。[39]

12 月 8 日，太平洋戰爭爆發，日軍第 36 師團越過深圳河進攻香港。9 日，中共中央發出指示：建立與開展太平洋各民族反日反法西斯的廣泛統一戰線；努力開展華南敵佔區、海南島、越南及日本在南洋一切佔領區域的抗日游擊戰爭，盡可能與各抗日友軍及英美等抗日友邦的軍事行動協同一致。[40]

12 月 9 日，周恩來再度急電廖承志，指出菲律賓「將不保」，新加坡「或可守一時」，估計香港工作人員的退路只有廣州灣、東江和馬來亞。他提出對這部分人，能留港或將來可去馬來亞和上海的，盡量留下；能去瓊崖、東江游擊隊則更好；不能留也不能南去或打游擊的，轉入內地。

接着，周恩來又就香港文化界人士如何安置，朋友是否已撤出以及對新、菲兩島有無聯絡辦法等問題電詢廖承志。[41] 12 月 19 日致電廖承

38. 《周恩來年譜（1898－1949）》，頁 520。
39. 曾生：《曾生回憶錄》，頁 215。
40. 〈中共中央關於太平洋反日統一戰線的指示〉（1941 年 12 月 9 日），中央檔案館編：《中共中央文件選集》，第十一冊（北京：中共中央黨校出版社，1986），頁 788－789。
41. 《周恩來年譜（1898－1949）》，頁 523。

志、潘漢年、劉少文並報中共中央書記處，詳細佈置營救工作：將困留在香港的愛國人士接至澳門轉廣州灣然後集中桂林；即刻派人告梅龔彬、胡西民，並轉告在柳州的左洪濤，要他們接待；政治活動人物可留桂林，文化界可先到桂林新華日報社，戈寶權等來重慶；對戲劇界朋友可要夏衍組織一旅行劇團，轉赴西南各地，暫不來重慶；留港的少數人必須符合秘密條件；存款全部取出，一切疏散和幫助朋友的費用均由你們開支；與港政府商定，如他們派軍隊護送人物及軍火至海南島，可送一批人去，並進行破壞日機場和倉庫交通線；派人幫助孫、廖兩夫人和柳亞子、鄒韜奮、梁漱溟等離港。[42]

日佔香港後，立即封鎖港九地區的交通，實行宵禁，分區分段大舉搜捕愛國人士和抗日份子，並貼出告示限令在港的知名文化界人士前往「大日本軍報導部」或「地方行政部」報到。日本文化特務禾久田幸助還在電影院打出幻燈字幕，點名要蔡楚生、司徒慧敏等人到半島酒店（香港淪陷初期日軍司令部所在地）「會面」。當時，在港的數百名愛國民主人士和文化界人士，大都不是廣東人，不會講粵語，欠缺社會關係，難以隱蔽，故面臨隨時被捕和殺害的危險，形勢極度危急。[43]

六、大營救的詳情

（1）偉大的系統工程

日軍進攻香港時，很多文化人都是住在九龍半島，所以廖承志收到

42.　《周恩來年譜（1898－1949）》，頁 523。

43.　葉文益：〈營救文化界人士〉，陳敬堂編：《香港抗戰》（香港：香港歷史博物館，2004），頁 169－170。

疏散文化人的電報後，先派葉以群通知住在九龍半島的文化人士先搬到香港島。12 月 12 日，九龍半島淪陷，日軍用重炮猛轟香港島，英軍支持到 12 月 25 日，港督楊慕琦便投降了。這時營救工作已經緊張地進行。廖承志將香港島方面的營救任務交給劉少文。劉少文本負責中共在香港唯一的秘密電台，協助潘漢年搞隱蔽戰線情報工作。[44] 他想起八路軍辦事處有一位熟悉香港情況的原居民潘靜安（又名潘柱），於是決定由他具體執行任務。當時文化人因逃避戰火，多次搬家，分散了住，失掉聯絡，聯繫他們非常困難。潘靜安苦苦思索，終於想起找兩個人幫忙，一個是生活書店的徐伯昕，另一個是《華商報》的總編輯張友漁，因為這兩人與茅盾、鄒韜奮等聯絡比較多。就這樣，查查找找，一個聯繫一個，一批聯繫一批，終於全部聯絡到了。潘靜安等人分別走訪這些人，告訴他們廖承志的意見：要把他們先送離香港，通過九龍半島的新界，到達東江游擊區。聯繫好了，就通知他們出發日期。一般來說在下午 6 時，吃過晚飯，帶着輕便行李，穿上故衣店買來的唐裝，把墨水筆收起來，眼鏡也盡可能不帶，扮成「難民」的樣子，讓人看不出他們是文化人。[45]

鑒於日本人封鎖了維多利亞港，晚上市區戒嚴禁止夜行，所以先要在海上安排一個點，暫住一個晚上，破曉時才偷渡到九龍去。連貫負責成立這個點，他是廣東客家人，是廖承志的得力助手。連貫找到任職貨運的廖安祥負責，他尚未加入共產黨，但愛國，願意替八路軍辦事處做些交通聯絡工作。那時香港有很多駁船，到港的大輪船一般泊在海中心，船上的貨先卸到駁船上，再由駁船運到岸邊落貨。駁船可以住七八個人，於是廖安祥租了兩條駁船，放在維多利亞港銅鑼灣避風塘對開的

44.　陳敬堂：〈楊奇先生訪問記錄〉，2013 年 1 月 5 日。
45.　潘靜安：〈虎口救精英〉，《勝利大營救》（北京：解放軍出版社，1999），頁 81。

海面，用小艇交通往來，成為疏散的中途站。

　　第一批離開香港的是廖承志、連貫和喬冠華三個人。廖承志、連貫先走一步，是為了考察和安排營救文化人沿途各站的工作；喬冠華 1939 年底才參加共產黨，把喬冠華一起帶走的原因有兩個：一方面，喬冠華在香港寫了很多抗日的軍事論文，十分精彩，故列入日本特務的黑名單。另外一個原因是喬冠華有一個同學趙玉軍（又名趙一肩），在余漢謀的十二集團軍當參謀長，駐在韶關。廖承志考慮到把韶關作為一個轉運站，可以利用這社會關係。所以三個人在元旦晚上，就睡在維多利亞港海面的駁艇上，等到天亮，就轉乘小艇，避過日軍的監視，在紅磡火車站的東邊上岸，由東江游擊隊的幹部李健行帶他們與九龍的尹林平見面，商量營救的部署。當時已經想出一個初步的方案，香港歸劉少文負責，九龍歸尹林平負責，粵東各縣由連貫負責，韶關讓喬冠華負責。

　　散會後，廖承志三人由李健行陪同，短槍隊暗中護送，到了西貢的大環頭村，東江抗日游擊隊派到九龍市區的短槍隊負責人蔡國樑、黃冠芳接待後，隨即登上劉培指揮的兩隻武裝護航漁船，駛往東江游擊區的沙魚涌，[46] 1942 年 1 月 2 日早上 5 時抵埗，惠陽大隊長高健等十多人在沙灘等候，三人稍事休息後，便在惠陽大隊護送下，經過坪山、淡水、惠州地下黨的安排，在 1 月底到達龍川縣的重鎮老隆。廖承志把連貫留下在老隆坐鎮指揮，自己和喬冠華則趕往韶關，繼續安排轉送文化人的工作。由於有了從香港到東江游擊區，再經國民黨統治區老隆、韶關這條路線的實踐，說明這條營救路線是可以成功的。

46.　陳敬堂：〈劉培先生訪問記錄〉，2002 年 8 月 18 日；李健行：〈成功搶救香港文化界人士〉，《勝利大營救》，頁 75－76。

（2）水陸並用的營救路線

周恩來給廖承志的電報中，特別提到要把宋慶齡、何香凝、柳亞子等幾個人安全護送出去，故潘靜安工作開始時首先考慮這三個人。他知道宋慶齡在九龍淪陷之前，已乘坐最後一班機飛往重慶，剩下的是何香凝和柳亞子。潘靜安考慮到兩個老人家不可能走山路，爬過大帽山到東江游擊區，所以想辦法弄了一條電船，在香港島香港仔上船，再到海豐，那裏仍由國民黨部隊控制，從那裏到韶關，再轉到桂林。但安排好電船停在那裏之後，遇上日本人徵用船隻，沒收所有裝有馬達的船，於是船主把馬達掉到海裏，剩下風帆。潘靜安只好安排兩位老人和他們的家屬坐這條風帆出海，派地下黨員謝一超護送到海豐去。[47] 可是，這船出海後逆風逆水，花了八天才到達海豐，故以後沒有再用這條路線了。

營救路線有東路和西路。當時香港缺乏糧食，日軍要驅趕一百萬香港人離港回鄉。游擊隊遂因利乘便，乘着疏散港人的時候，讓文化人化裝成為一般老百姓，從九龍經新界元朗，登上大帽山，翻過梅林坳，到達寶安的游擊區。這是絕大多數文化人到游擊區的主要路線。

西路屬水路，從新界大埔坐木船，到游擊區的沙魚涌，從那裏可以到惠陽，也可以到寶安游擊區，少數人走這條路。

東西兩路都有短槍隊暗中保護。短槍隊在日本剛打香港時，就跟着日軍的尾巴進入市區，目的是保護新界居民，收集槍枝。後來接到營救文化人工作，短槍隊的任務就改為秘密護送文化人。

短槍隊到港後分兩部分，活動在西貢一帶的，是蔡國樑領導的黃冠芳、江水、劉黑仔的隊伍；在新界元朗一帶活動的，領導人叫曾鴻文，

47.　潘靜安：〈虎口救精英〉，《勝利大營救》，頁84。

他早年也是綠林好漢，土匪聽到他的名聲都害怕。日軍攻陷九龍後，大帽山曾出現過兩個土匪頭，都很厲害的，一個叫蕭天來，另一個叫黃慕容，分佔山的兩邊。曾鴻文先禮後兵，請王作堯增派林沖指揮的一個排兵力作後盾，再派得力助手鍾清跟他們談判，請他們讓路。他們一聽見是曾鴻文，已經畏懼三分，如今又已經參加游擊隊抗日救國，所以兩人都乖乖地率部離開，於是元朗到大帽山這條路便安全了。不過，尚有一些零星的土匪，三三兩兩，不歸這兩個大頭目管的，有時仍會在路上搶劫，討要買路錢。結果，1942 年 1 月 11 日，茅盾和鄒韜奮那十多人就碰上幾個土匪，但是有短槍隊護送，土匪全部被擒，文化人士有驚無險。[48] 文化人士走山路時沒有踫上日軍，因為日軍只能控制崗哨大路，管不了山路。從 12 月 25 日香港全部淪陷起，便迅速展開營救行動，1942 年 1 月下旬，就把分散在港島的文化人全部偷渡到九龍方面來；到了 2 月中旬，就完成了秘密大營救的工作。

（3）經澳門和廣州的特殊路線

周恩來致電廖承志佈置營救任務的同時，也指示夏衍照顧戲劇界朋友離港，轉赴西南各地。[49] 1942 年 1 月 5 日，夏衍帶着司徒慧敏、金山、王瑩、蔡楚生，以及金仲華、郁風等二十一人經澳門輾轉回到內地去。這是逃離日寇魔爪回內地的水路，由陳紫秋開關，他是《救亡日報》記者，香港人，哥哥在香港島開了一間大中華酒店，他利用這個關係，安排文化人從香港島的干諾道西坐船，經長洲到澳門後，再分水陸兩路

48.　曾生：《曾生回憶錄》，頁 213−214；曾鴻文：〈打開大帽山通道〉，《勝利大營救》，頁 134−136。

49.　《周恩來年譜（1898−1949）》，頁 523。

經過中山，或坐木船到江門，然後到廣西梧州，再到桂林，前後約有六七十人走這條路。

李少石和廖夢醒兩夫婦脫險，則是潘靜安安排的，離開得比較晚，2月底才到澳門。澳門有個地下老黨員柯麟醫生，李少石和妻子抵澳後，柯麟安排她住在一個香燭店的老闆娘家裏。廖夢醒因患病，這老闆娘每天買些好的魚，煮湯給她喝，照顧得很好，休養了兩三個月才離開澳門。李少石則留下在澳門、香港，繼續從事地下工作。

高士其是最後一個撤離香港的文化精英。他是科學家，早年在美國攻讀博士學位期間，因為做實驗時腦部中毒，留下後遺症，全身癱瘓，生活無法自理，不能走路，所以沒有辦法離開。到了1942年4月香港和廣州恢復客輪通航後，劉少文把營救高士其的重擔交給八路軍辦事處一位工作人員黃秋耘。黃秋耘接受任務後，約了一些回內地升學的青年學生一起走，途中遇上日軍軍官盤問，見高士其患上重病，害怕被傳染，隨便問了幾句就走開。但到了廣州之後，旅店看到這個老頭病得不能走路，神智不清，擔心有病人死在他的店裏，會被敵人封閉一個月，所以沒有一間肯收留。後來高士其本人提議到醫院去。黃秋耘於是送他到廣州珠江岸邊的博濟醫院，恰巧門診部一位女醫生在美國認識高士其。黃秋耘只好如實相告，要求讓他留醫。醫生寫了入院報告，說這個人「確有住院的必要」。經過日本院長批准，終於讓高士其留院，住了兩三晚才出院。隨後由幾個青年協助背他走路，離開廣州到清遠，再轉往桂林。[50]這算是最後一個脫險的中共朋友，營救工作到此便完全結束了。

營救工作是在很困難的情況下展開的，一開始就包括了八路軍駐港辦事處的力量，完全秘密的香港中共市委的黨員，東江抗日游擊隊，以

---

50. 黃秋耘：〈科學家高士其脫險記〉，《勝利大營救》，頁222–223。

及寶安、惠陽到韶關沿途的中共地下組織，都參與了營救工作。這就是
說，成千上萬的無名英雄參與了這個大營救的壯舉，先後救出的文化人
士、民主人士和他們的家屬共有八百人，沒有一人被日敵截獲，所以參
與其事的楊奇（他應邀撰寫有關文章時，除了訪問當年負責人外，後來
又利用在港的工餘時間，繼續訪問和搜集資料）稱之為「偉大的系統工
程」，因為這不是單獨一方面所能完成的。

指揮全局的領導人物是周恩來，香港是廖承志，還有南委副書記張
文彬，東江游擊隊政委尹林平、曾生、王作堯，安排粵東各個縣地下黨
的連貫，以及粵南省委書記梁廣等人，都是參與大營救的領導核心人物。

大營救走過的路線有十幾個縣市，負責護送和接待工作的人數沒辦
法準確統計。領導交任務給沿途地下黨員，他們只負責一時一地一件事
情，我移交給你，你移交給他。地下工作就是只負責一段，一個時候，
一件事情。所以，只能說是上至領導，下至普通黨員以及非黨員，成千
上萬的參與了營救工作。[51]

七、文化人士在游擊區

一般資料講述大營救，只着重行動本身的過程和路線，而忽略了它
的重要意義。毫無疑問，「香港大營救」本身是一次重要的統一戰線行
動，充分體現了抗戰時期中共同革命知識份子患難與共、血肉相連、肝
膽相照的親密關係，是中國革命史上的重大事件，是中國共產黨光輝的
一頁。[52]

51.　陳敬堂：〈楊奇先生訪問記錄〉，2013 年 1 月 5 日。

52.　張友漁：〈我所經歷的營救工作〉，《勝利大營救》，頁 271－272。

　　應該說，文化人士在游擊區那一段歷史，是很有歷史意義的一件大事。文化人停留的時間，短的半個月到一個月，長的四個月。對游擊隊員而言，難得有此機會接待全國第一流的文化精英，他們都是「堅持抗戰、堅持進步、堅持團結的；反對投降、反對分裂、反對倒退的」。楊奇等青年對他們仰慕已久，現在卻直面的和他們親近生活在一起，向他們學習和請教。另一方面，文化群英都是生活在大城市，從來沒有到過農村，從來沒有經歷戰爭洗禮，所以他們也把自己走難到達游擊區，看作是一個難得鍛煉自己的機會。這是游擊隊員和文化人雙方互相教育和學習的時機，這對於堅持抗戰以至後來的解放戰爭，都具有重要的歷史意義。這就是毛澤東所說的：「知識份子要和群眾結合，要為群眾服務，需要一個互相認識的過程。」毛澤東最初估計「這個過程可能而且一定會發生許多痛苦，許多磨擦」，[53] 但這幾百個文化精英與游擊區的群眾互相認識的過程是歡樂和融洽的，並且建立了深厚的革命友誼。

　　楊奇用三個事例來說明游擊區青年怎樣看待文化人，文化人又如何看待青年。

　　一、文化人一到白石龍，游擊隊首長招待他們開一個小型茶話會，楊奇到場靜靜地坐在一旁聽。鄒韜奮講得最好，他說：我這次是跟文化游擊隊一齊回來，你們有的是槍，可以打日本，保衛國家；我們有的是筆，可以宣傳抗日。跟着他強調一句：「筆桿子要同槍桿子結合起來。」這說明以鄒韜奮為代表的文化人，沒有把自己同游擊隊分割開來看，而且主張兩種力量結合起來，一齊抗日，一齊保衛國家。楊奇認為韜公的話精闢到極，留下深刻的印象。[54]

53.　毛澤東：〈在延安文藝座談會上的講話〉（1942 年 5 月），《毛澤東選集》，第三卷，頁898-899。

54.　陳敬堂：〈楊奇先生訪問記錄〉，2013 年 1 月 5 日。

　　二、文化人住下來之後，剛好游擊隊開辦兩個訓練班：青年幹部訓練班和軍政幹部訓練班。青年幹部訓練班由楊康華和王作堯負責，主要培訓從香港走難到達游擊區的青年，由文化人講課，自定題目，為期大概一個月，屬短期的培訓，很多青年聽完課便就派出工作。軍政幹部訓練班亦是楊康華領導，負責人林鏘。課程比較系統、有計劃地分工安排。鄒韜奮講中國民主政治問題，沈志遠講政治經濟學，黎澍講中國革命史，胡繩講哲學，戈寶權講社會主義蘇聯。他們都是真正的授課，一節課說不完，便下一次繼續。這些課程對於提高游擊隊幹部的知識，激發革命鬥志，起了很好的作用。因為戰爭年代，許多戰士都沒有機會正式上學，只是自修讀書，看一看艾思奇的《大眾哲學》，以及生活書店出版的基礎知識書籍而已，沒有機會正規聽課的。因此楊奇認為軍政幹部訓練班雖然辦了三個月，但各位文化人講的課，都是理論聯繫實際，如戈寶權到過蘇聯，說蘇聯的青年運動，便不是硬繃繃的理論，而是說蘇聯的情況。當時軍政幹部訓練班學員和報社的人都說在香港未聽過這麼好的課。這個事實反映出文化人在游擊區停留時間雖短，但對提升幹部理論水平、政治水平，是奠定了一些基礎。

　　三、其中有一些文化人是黨員，如胡繩、黎澍、蕭頌敏三個人，曾到總部幫手起草對外宣言、部隊首長寫給余漢謀和溫淑海旅長的信。他們文筆很好，從堅持抗戰和團結這個角度，來勸喻他們不要打內戰。[55] 鄒韜奮除了為《東江民報》題報頭，寫過一篇社論，題目是〈惠博失陷的教訓〉，八百字，是楊奇請他到報社一張拜神的四方桌子上寫的，一下子就寫出來。楊奇這位青年覺得很了不起，這情景一輩子都記得，內容就

55.　胡繩：〈關於東江游擊隊的一點回憶〉，《勝利大營救》，頁286。

是呼籲國民黨團結抗戰，同人民游擊隊一道，堅決打擊敵人。[56]

從楊奇等年青人的角度來說，他們都只是十多二十歲的年青人，茅盾的作品已經是青年流行的讀物，鄒韜奮的文章已經是聞名全國，所以楊奇等青年是真心誠意的接待他們，保護他們。在和他們相處當中，學到很多東西。這從他們共同生活的一些小事情便可以知道。

當時，報社的山寮，與鄒韜奮、茅盾的山寮距離不到一百米，所以楊奇工作之餘，特別是晚飯之後，經常走到那裏，聽他們聊天。早上起身，人人都做健身運動，在山溝各做各的。為什麼呢？韜奮告訴楊奇，如果他們生病，部隊會增加負擔。當時醫藥困難，所以要保障自己身體不能發病。還有一兩個如鄒韜奮和戈寶權都是在溪邊自己洗衣服，部隊曾派給他們一個小鬼（小游擊隊員）洗衣服、幫助日常生活等，鄒韜奮不要，說是讓小鬼多一點時間學習文化，並親自教導他們。這些事令楊奇衷心敬佩！

雖然當時條件很困難，但各人生活仍然樂觀。只有一兩個文化人有時嫌飯菜冷，因游擊隊不敢在山上煮飯，避免產生火煙，給國民黨知道這裏有駐軍，就會遠途奔襲，令部隊吃虧。所以在附近農村煮好飯才搬上山來，當然就沒有菜香了。在城市生活慣的人，有些人因而不慣。表現最好的是鄒韜奮，從來不提出生活方面的要求。

為了照顧文化人，缺乏經費的游擊隊減少了一半菜金來節省開支。文化人士的菜金比戰士增加一倍，雖然如此，增加一倍後的標準仍然很差，飯：全部吃飽為止，無限量；生油，文化人一日一兩花生油；買菜買肉錢二毛錢。戰士們則一日半兩生油，一毛錢菜金，米則是 16 兩秤的 12 兩，即 0.75 斤一天，6 兩米一餐是吃不飽的。

---

56. 陳敬堂：〈楊奇先生訪問記錄〉，2013 年 1 月 5 日。

　　最後一件令楊奇終生銘記的事，發生在 4 月份。鄒韜奮準備離開游擊區，主動約楊奇談話，在溪邊告訴楊奇說，他一生的願望是辦好一張報紙，他要為民主奮鬥終身！鄒韜奮鼓勵楊奇能把新聞事業作為終身事業！辦報，不但要提高自己的政治水平，還應該多點讀書，要具有廣博知識，並勸楊奇戰後要想辦法到處走一走，不單全國各地，了解各地情況，有機會的話，出國。鄒韜奮說他到過很多地方，到過很多國家，很有好處。接着鄒韜奮說：辦報不單是要有正確的政治理念，而且要有廣博的知識，「你會體會到增加各方面知識對辦好一份報紙很重要」，到處走一走，可以「增長知識，增廣見聞」。楊奇接受訪問時已經九十多歲高齡了，回憶起鄒韜奮那番話，眼泛淚光！楊奇說他當時十分激動，因為沒有人對他說過這些話。一個老前輩，不特沒有擺架子，還用這種方式教導一個才二十歲的年青人。鄒韜奮這一番話，勉勵楊奇為人民新聞事業奮鬥了一輩子！[57]

　　胡繩也稱讚鄒韜奮說：「他在東江游擊隊的幾個月裏，給同行的人和部隊的指戰員都留下深刻的印象。他從不以自己的身份、地位要求特殊的待遇。他誠懇、坦率，心胸豁達。只要對人民、對抗戰有益的事，他就興趣盎然，孜孜不倦地去做。對於黨的主張和意見（包括對他個人的安排），他十分尊重。」[58]

　　東江縱隊其中一位領導人王作堯讚揚文化人「在這樣艱難困苦的環境中，他們卻是那樣積極愉快，真令人欽佩！他們在部隊逗留期間，對部隊的政治工作幫助很大，經常到政治部和附近單位寫傳單、標語，給戰士們上文化課、唱歌、講故事，介紹文化界人士在蔣管區的鬥爭等

57.　陳敬堂：〈楊奇先生訪問記錄〉，2013 年 5 月 22 日。

58.　胡繩：〈關於東江游擊隊的一點回憶〉，《勝利大營救》，頁 287。

等」,「他們不但適應了游擊區的艱苦生活,而且還以極大的興趣關注着游擊區的活動,向我們提出了不少有益的建議。在他們和許許多多從香港回來參加我們部隊的知識份子的幫助下,我們幹部、戰士的文化水準有了很大的提高。」[59]

對文化人士而言,他們經歷游擊區這段生活,對他們本身也是一個鍛煉的機會,對思想上也是一個促進。他們直接考察游擊區各種狀況,親身感受到游擊隊資源十分缺乏,人少、地小、槍少。但游擊隊仍然盡量節省自己的口糧,來照顧和保護文化人士。游擊區群眾無怨無悔地支持抗日、支持革命,戰士和青年艱苦地學習,對革命前途充滿信心。這一切,都讓文化人士看到中國的光明前途。大營救的經歷讓文化精英上了寶貴一課。

茅盾在〈脫險雜記〉一文有這樣的描述:「五六天的時日雖不算多,可是已經足夠使我們親眼看到游擊隊幹部們的生活如何艱苦。他們經常吃的是雜糧,病了簡直沒有醫藥;國民黨軍隊對游擊隊的封鎖之嚴密和他們對敵人走私之包庇,正好是一個強烈的對照,使得最糊塗的人也認清了誰是人民之友,而誰是借了抗戰的招牌在無惡不作的!」[60]

許多文化界人士都很喜歡游擊戰士,經常與戰士們一起促膝交談。[61]他們很關心小戰士的學習和志趣。茅盾筆下這樣描寫一位小戰士:「他是新加坡的華僑,讀過小學,後來就做五金工人,抗戰後才第一次來祖國,投身於東江游擊隊。他看的那本書很厚,是吳黎平的《論民族民主革命》。……總而言之,他給我的印象是:可親而又可敬。」「我們一進那間房,就看見那位南洋青年獨自坐在長方形的『窗』洞下,手裏一支

59. 傅澤銘:《懷念王作堯將軍》(廣州:廣東人民出版社,1991),頁290−291。
60. 茅盾:〈脫險雜記〉,《勝利大營救》,頁250。
61. 傅澤銘:《懷念王作堯將軍》,頁291。

鋼筆，膝蓋上是一本書和一本筆記簿，——顯然，他是在讀書作筆記，那書還是那本吳黎平的《論民族民主革命》。」[62]

按照楊奇的分析，茅盾住在游擊區的時間很短，當時游擊區的書籍很少，吳黎平那本書，是他從香港帶回去的；曾經負責接待茅盾的人員也不多，所以茅盾筆下的小戰士，很可能是報社一名工作人員李征。他是馬來亞華僑，1940 年因參加抗日救亡運動，被逐回國。1941 年參加東江游擊隊，在《新百姓》報工作，後來調到部隊政治部工作，後著有《虎口大營救》等書。[63]

胡耐秋說文化人士到達游擊區之後，主動參加炊事工作，有人摘菜，有人去山澗流水邊洗米洗菜，表現了自力更生的精神。但文化人士更感謝他們受到的照顧比自己做的要多得多。他們看到從香港進游擊區的許多幹部和青年，從馬來亞以及南洋其他地區回國參加抗日的許多男女青年，「都給了我們不少的幫助和照顧。這正當和敵頑戰鬥十分尖銳的時候，不得不暫時把他們的力量轉移來保護和接待我們的游擊隊的領導和戰士們，給了我們極為寶貴的援助。他們還是我們的好老師，他們堅持戰鬥為革命忠誠負責的精神，對我們是很好的教育」。[64]

鄒韜奮和楊奇相處的故事，茅盾和南洋青年接觸的故事，胡耐秋在游擊區生活的片段，都說明了知識份子在游擊區與群眾的一個互相認識的過程，這過程可能如毛澤東原先估計「可能而且一定會發生許多痛苦，許多磨擦」，[65] 但同時又是互相學習、互相鼓勵和愉快的。胡耐秋離開游

62.　茅盾：〈脫險雜記〉，《勝利大營救》，頁 252–254。

63.　陳敬堂：〈楊奇先生訪問記錄〉，2013 年 9 月 2 日；李征：《虎口大營救》，缺出版資料，
　　　約在 1996 年印行。

64.　胡耐秋：〈脫離險境奔赴東江游擊區〉，《勝利大營救》，頁 314–315。

65.　毛澤東：〈在延安文藝座談會上的講話〉（1942 年 5 月），《毛澤東選集》，第三卷，頁
　　　898–899。

擊區的時候，形容他的心情：「上路了，大家熱情洋溢興致勃勃地談着東江游擊區的一段生活，邊走邊談，很感甜蜜。」[66] 這場大營救的經歷，成功地把革命的知識份子和游擊區群眾融合在一起！

八、周恩來與文化人士的革命友誼

東江縱隊政委尹林平說：「黨中央、南方局周恩來同志很重視這次搶救工作，我們是在執行中央的指示。」[67] 胡繩也說東江游擊隊的營救工作，是完全根據中共中央的指示而進行的。當他初到東江游擊隊司令部駐地的時候，也就是第一批文化界人士到達的時候，東江游擊隊正在建立電台，準備和中央直接通訊。當時部隊在電訊方面的物質技術條件很差，發電機要靠手搖，收發報機的功率也很小，一連幾天聯絡不上。直至最後接通，才可以把游擊區的情況和營救出來的文化界人士的名單報告中央，並且及時接到了中央關於如何繼續進行營救，如何安排已到游擊區的人下一步的指示。[68] 全部過程均由周恩來致電前線，直接指揮。

1941 年 12 月 7 日，日軍進攻香港的前夕，周恩來已經致電廖承志作好營救文化人士的準備。隨後再詳細指示營救文化人士的細節，不斷跟進營救的進度和補充指示。文化人士撤離香港，到達游擊區之後，1942 年 2 月，他又致電方方：關於招待柳亞子、鄒韜奮等事，即移交廖承志指定專人負責，南委絕對不能再負責，以免暴露。[69]

1942 年 3 月 12 日，在桂林的周恩來致函郭沫若，請郭約老舍一起，

---

66. 胡耐秋：〈脫離險境奔赴東江游擊區〉，《勝利大營救》，頁 316。
67. 王曼、楊永：《鐵骨凌霜——尹林平傳》（廣州，花城出版社，1998），頁 116。
68. 胡繩：〈關於東江游擊隊的一點回憶〉，《勝利大營救》，頁 286。
69. 《周恩來年譜（1898–1949）》，頁 526。

會面共商到達廣西的香港文化界朋友的救濟辦法。[70]

3 月 17 日，周恩來又電示方方、張文彬並報中共中央書記處：去上海的人數應減少到最低限度。鄒韜奮夫人及子女可暫住桂林，我們按月送津貼，鄒本人去蘇北轉華北。[71]

1942 年春，范長江由香港返回桂林後，蔣介石再次下逮捕令。周恩來指示八路軍重慶辦事處通過張友漁通知范立即離開，去武漢附近李先念部隊，或去蘇北陳毅部隊。范後來到了蘇北解放區。[72]

4 月 9 日，周恩來聽取夏衍關於香港淪陷時文化界人士分批安全撤離情況的匯報，特別關注柳亞子、鄒韜奮、茅盾等人的安全和健康，指示夏衍要爭取公開合法，以進步文化人的面貌做統一戰線工作；還說皖南事變後，國民黨查封《救亡日報》是虧了理的，應當不亢不卑地同他們算算這筆賬，現在可以先去見潘公展。就這樣，爭得了公開合法的地位。不久，得知于伶、宋之的等從香港到達重慶，當即指示組織一個話劇團，使在重慶的話劇工作者有演出的機會，也可吸收一些到重慶的抗敵演劇隊成員參加。[73]

4 月，周恩來得悉國民黨下令通緝鄒韜奮後，立即電告廣東的連貫，一定要讓鄒韜奮就地隱蔽，並保證他的安全。以後，通過中共地方組織的幫助，鄒暫時避居於廣東梅縣江頭村。[74] 7 月、8 月間，周恩來派人轉告鄒韜奮：為了保證他的安全，並使他能為革命繼續發揮作用，建議他前往蘇北抗日根據地，還可以轉赴延安。不久，鄒韜奮被轉輾護送到上

70. 《周恩來年譜（1898－1949）》，頁 527。
71. 《周恩來年譜（1898－1949）》，頁 527－528。
72. 《周恩來年譜（1898－1949）》，頁 529。
73. 《周恩來年譜（1898－1949）》，頁 529。
74. 《周恩來年譜（1898－1949）》，頁 531。

海，轉赴蘇北。[75]

　　從周恩來的電報內容，可以看到周恩來如何細心關懷柳亞子、范長江、鄒韜奮等文化人。文化人士脫離日軍的魔掌是第一關，到達大後方之後，還要逃避國民黨頑固派的追捕和迫害。可以說，周恩來周全地考慮他們的安全，甚至照顧他們妻小的生活。如此像至親一樣的上心照料，對比國民黨的迫害和殺戮，周恩來領導的文化統一戰線怎能不讓文化人士歸心！周恩來要求負責統一戰線的幹部多交朋友，這不是拿政治利益、經濟利益結交酒肉朋友，而是用崇高的革命理想維繫統戰對象的關係，共同為國家民族富強而奮鬥。這裏試用大營救期間，周恩來、鄒韜奮、楊奇三個人的關係，印證革命家、革命知識份子和革命青年的互相學習、互相認識而建立的革命友誼。

　　鄒韜奮因領導抗日救亡運動被蔣介石迫害，在周恩來的安排之下，疏散到香港，繼續辦報和撰寫抗日文章。香港淪陷後，進入東江游擊區，首先提出了「筆桿子和槍桿子結合」的主張，令楊奇等革命青年大受感動。鄒韜奮雖然被周恩來特別點名搶救了出來，但他並不因此要求特殊待遇，反而婉拒游擊隊安排給他的勤務小鬼，自己洗衣服，目的是讓小鬼多點時間學習文化，鄒韜奮言教身教，讓游擊區幹部群眾都讚口不絕。

　　鄒韜奮主辦的生活書店出版的進步刊物，在全國雜誌中是聲望卓著的。他很有興趣辦報，對東江游擊區的油印報紙，翹起大拇指說：「真不簡單，你們四處為家，艱苦創業，為民族解放大喊大叫，真是可喜可嘉。只有共產黨員才能有這樣的膽識和遠見！」接着又說道：「我在二十年前想做個新聞記者，在今天我還是想做個新聞記者，提起自己的禿筆

75.《周恩來年譜（1898－1949）》，頁 538。

與黑暗勢力作鬥爭。喚醒國人，奮起救亡之禦侮，是我平生之願！在你們的報紙上，我看到了我應該學習的東西。」[76] 鄒韜奮的誇獎，使辦報工作人員受到莫大的鼓舞。在他熱情的幫助下，工作人員在寫稿、排版等方面都得到很大的教益。鄒韜奮參觀《東江民報》時，在杜襟南、楊奇等人的請求下，揮筆題寫了《東江民報》這版頭，茅盾亦被邀請為這份報紙的副刊題了《民聲》刊名。[77]

1942 年 3 月，日軍進攻惠州博羅，國民黨不戰而退。《東江民報》的主編楊奇想請鄒韜奮幫忙寫篇社論，讓全游擊區軍民幹部老百姓都看得到。鄒韜奮一口答應，立即隨楊奇到他山寮裏邊，稍加思索便動筆，〈惠博失陷的教訓〉八百字，一下子便寫出來了。此事讓楊奇留下的印象太深了！長者、全國一流的文化人。作為小字輩去求他，想不到他毫無架子，他一口答應，一下坐下來就寫，一寫就是一篇文章。[78]

楊奇很仰慕這位文化前輩，多次讚譽他。鄒韜奮也很欣賞這位辦報的年青小伙子，臨離開游擊區的時候，特別約楊奇到他洗衣服的溪邊談話，說他一生的願望是辦好一張報紙，他要為民主奮鬥終身！鼓勵楊奇能把新聞事業作為終身事業！當時楊奇實在是太激動了，許多話想說，但最後只是公式地回答了一句：「我一定不辜負你的期望。」事隔兩年，1944 年 10 月 8 日，鄒韜奮的死訊傳來，楊奇讀到他的遺囑和中共中央追認他入黨的唁電時，感動得熱淚直流。毛澤東的挽詞推崇鄒韜奮：「熱愛人民，真誠地為人民服務，鞠躬盡瘁，死而後已，這就是鄒韜奮先生的精神，這就是他之所以感動人的地方。」溪邊談話竟然成為鄒韜奮最後給楊奇的囑咐！自此，楊奇決定「永遠學習鄒韜奮同志獻身人民的偉

76.　傅澤銘：《懷念王作堯將軍》，頁 291。

77.　傅澤銘：《懷念王作堯將軍》，頁 291。

78.　陳敬堂：〈楊奇先生訪問記錄〉，2013 年 5 月 22 日。

大精神，為新聞出版事業鞠躬盡瘁，死而後已」！[79] 楊奇這段誓言，並非空言，從他任《前進報》社長計起，歷任香港《正報》、《華商報》、《大公報》、廣州《南方日報》和《羊城晚報》及新華社香港分社的創辦人或總編。雖然經歷文化大革命批鬥 108 次，仍然堅定地「為新聞出版事業鞠躬盡瘁，死而後已」！這不只是楊奇和鄒韜奮兩人之間的友誼，而是兩代新聞工作者追求國家獨立、民主、富強的偉大而純真的革命友誼！

鄒韜奮離開東江游擊區後，再被護送到達蘇北抗日根據地，可惜這時他已患了癌症，無法前往延安。在上海臨終前，他再次表達了加入中國共產黨的願望，請求追認入黨。9 月 2 日，周恩來在延安獲悉鄒韜奮逝世的噩耗後，萬分悲痛，立刻向中共中央建議：在延安召開追悼會，由《解放日報》發表追悼文章，向其家屬致送唁電。

周恩來的建議得到毛澤東的贊同，9 月 28 日的中國共產黨中央委員會發出由周恩來親自修改致鄒韜奮家屬的唁電，表示接受鄒韜奮的臨終請求，追認其為中國共產黨黨員。周恩來還親自主持擬訂了〈紀念和追悼鄒韜奮先生辦法〉，讚譽「韜奮為出版事業模範」。[80]

1945 年 9 月，抗戰勝利，周恩來立即寫信給鄒韜奮的夫人沈粹縝：「在抗戰勝利的歡呼聲中，……他一生的光輝努力已經開始獲得報償了。在他的筆底，培育了中國人民的覺悟和團結，促成了現在中國人民的勝利。中國人民一定要繼續努力，為實現韜奮先生全心嚮往的和平、團結、民主的新中國而奮鬥不懈。韜奮先生的功業在中國人民心中永垂不朽，他的名字將永遠是引導中國人民前進的旗幟。」[81]

---

79. 楊奇：〈和韜奮相處的日子〉，楊奇：《粵港飛鴻踏雪泥——楊奇辦報文選》（廣州：羊城晚報出版社，2008），頁 16。

80. 小衛：〈周恩來與鄒韜奮的往事〉，《黨史縱覽》，2008 年第 9 期。

81. 周恩來：〈韜奮先生的功業永垂不朽——致沈粹縝〉（1945 年 9 月 12 日），《周恩來書信選集》（北京：中央文獻出版社，1988），頁 269。

　　周恩來、鄒韜奮、楊奇之間的革命友誼，是革命家、革命知識份子和革命青年互相認識、互相學習和互相教育的成功例子。

九、香港淪陷時國民黨要人的撤離

　　抗戰開始後，部分國民黨黨政要人及其家屬避居香港，故國民政府判定日本將會進攻香港後，各部會便擬訂需要撤離的人員名單，上報行政院，經蔣介石最後核定。國民政府雖然窮，但仍然出手闊綽，派專機到香港接人。當時《大公報》社長胡政之也在香港，於是該社總編輯王芸生向蔣介石的秘書陳布雷要求，得到蔣的同意，將胡列入搶救名單。[82]

　　1941 年 12 月 8 日，日軍由深圳河突破香港邊境防線，南進新界，其空軍同時轟炸啟德機場。10 日 1 時，日軍兩個尖兵連攻佔九龍要塞防線幾個重要碉堡。11 日零時，全面進攻醉翁灣防線主陣地，先後攻佔金山西南的 366 和 256 高地。當日 12 時 30 分，香港英軍總司令馬爾特比少將下令九龍半島英軍全部撤退。[83]

　　日軍進攻香港時，位於九龍半島的啟德機場仍未失陷，國民政府派到香港接走黨政要人的中國航空公司三架飛機，立即在 9 日冒險起飛，共搶救出 275 人。內有平準基金委員會中方委員陳光甫、美方委員福克斯、英方委員霍柏樞，以及宋慶齡、宋靄齡等人。[84] 蔣介石派專機到香

---

82. 楊天石：〈「飛機洋狗」事件與打倒孔祥熙運動——一份不實報導引起的學潮〉，《南方週末》，2010 年 3 月 17 日。

83. 羅煥章：〈香港英軍防禦日軍進攻作戰的評價〉，陳敬堂：《香港抗戰——東江縱隊港九獨立大隊論文集》（香港：香港歷史博物館，2004），頁 79–80。

84. 韓信夫、姜克夫：《中華民國大事記》，第四冊（北京：中國文史出版社，1997），頁 782–783；郭廷以：《中華民國史事日誌》，第四冊（台北：中央研究院近代史研究所，1985），頁 188。

港搶救黨政要人，本來是件好事，應該得到輿論讚揚，獲救者感激。可惜，救人任務功虧一簣！

10日，專機返抵重慶機場。《大公報》編輯部派人到機場迎接社長胡政之，但失望而回。次日，《新民報》刊登了一則新聞，標題是：「佇候天外飛機來——喝牛奶的洋狗又增多七八頭」，報道了專機接回孔祥熙的夫人宋藹齡、二女兒孔令偉、老媽子、大批行李和幾條洋狗。這時，太平洋戰爭爆發，這則新聞未引起蔣介石和公眾關注。

20日，國民黨五屆九中全會通過了《增進行政效能、厲行法治制度以修明政治案》，提出今後要「厲行監察、檢察職權，修明政治，首重整肅官方」。當日，《大公報》總編輯王芸生親寫社評〈擁護修明政治案〉，表示支持：「最要緊的一點，就是肅官箴，儆官邪。譬如最近太平洋戰事爆發，逃難的飛機竟裝來了箱籠、老媽與洋狗，而多少應該內渡的人尚危懸海外。善於持盈保泰者，本應該斂鋒謙退，現竟這樣不識大體。」社評借支持《修明政治案》痛罵國民政府官員不識大體，公器私用。社評發表後，各地報紙相繼轉載，輿論大嘩，引起軒然大波。

22日，蔣介石嚴令交通部徹查真相，同時向《大公報》詢問消息來源，要求報社負責查明內容，窮究虛實。次日，《大公報》覆函，說明「事屬子虛，自認疏失」。29日，交通部部長張嘉璈致函報社，說明向中國航空公司調查結果：當日香港交通斷絕，電話不通，無法一一通知需搶救人員；因有空餘座位，故有航空公司人員搭機，並盡量裝載中央銀行已運到機場的公物，「決無私人攜帶大宗箱籠老媽之事」；至於四隻「洋狗」，則係兩位美國駕駛員見仍有餘位，順便攜帶到渝。張的解釋無法消除國人的疑惑，謎團不斷擴散。

1942年1月5日，昆明西南聯合大學校舍牆上出現「打倒孔祥熙」的標語，壁報貼上〈剷除孔祥熙〉等文章。6日下午1時，西南聯大、雲

南大學、中法大學、英語專科學校、同濟附中、昆華師範等校的學生共約三千人，上街遊行，舉着「黨國要員不如孔賊的一條狗」、「打倒以飛機運洋狗的孔祥熙」、「打倒禍國害民的孔賊」等標語。1月中旬，內遷貴州遵義的浙江大學學生亦繼起「討孔」。學生遊行後，事情不了了之。

　　沒有撤走的黨政要人後裔至今仍居住在港台兩地，故坊間仍流傳着一些未能證實的傳說：孔祥熙的女兒孔令偉強佔專機，以載運孔家籠箱、接走家僕及愛犬，並持槍威嚇警衛，阻止名列撤退要人名單的許崇智和胡政之等人登機。甚至已坐在機艙內的陳濟棠夫婦兩人，因要讓位安置洋狗，被孔令偉趕下機。專機飛走後，滯港國民黨人員各自設法逃亡。陶希聖、李福林、孫科夫人陳淑英和中宣部長梁寒操夫人黎劍虹，在國民黨某些駐港機構協助下撤離。香港總督宣佈英軍投降時，國民黨駐港最高負責人陳策帶同一班拒降的英軍，乘魚雷艇衝出日軍封鎖線，駛往惠東登岸。[85] 陳濟棠的回憶錄只說重慶派來的飛機撞山了，故自己設法，輾轉離港。胡政之孫女撰寫的〈抗戰時期的大公報大事記〉說：胡政之留港到港英投降後，和報館全人五名，在1942年1月，冒險自香港乘舢板渡海到九龍，然後步行到惠州，經老隆至韶關，然後輾轉到達桂林。[86]

　　那些無法逃離香港的，有些便落入敵手。如許崇智，同盟會時期的老革命、孫中山元帥府參軍長、蔣介石的結拜兄長。在港隱藏不久，與長子許澤之被日軍捕獲。日軍迫他公開廣播，宣傳「大東亞共榮圈」。雖然落難，許崇智仍堅持民族氣節，拒絕日本駐港總督磯谷廉介要求，為

85.　老冠祥：〈國民政府與香港抗戰〉，陳敬堂：《香港抗戰──東江縱隊港九獨立大隊論文集》，頁117-120。

86.　〈抗戰時期的大公報大事記〉，《大公網》。

汪偽政權辦事，或赴重慶游說蔣介石。[87] 另一國民黨要人顏惠慶被俘後，拒絕在汪偽政權當官，被送到上海關押。[88] 新月派（新詩月刊）領袖戴望舒，抗戰開始後遷港，期間任香港《大公報》文藝副刊主編。香港淪陷後被俘下獄，慘受折磨。[89]

　　近年有學者考證專機接狗一事，認為昆明學潮是被「一篇不實報道」所誤導。文章引用大量權威資料，分析「飛機洋狗」是「一篇不實報道」，誤導了學生，與孔祥熙無關。[90] 此論文重點沒有追查遺漏黨政要人這關鍵節點，十分可惜。文章引用了張嘉璈的信，間接證明了「撤離滯港黨政要人」的任務失敗。專機運狗一事，固然反映有些國民黨高官不識大體，公器私用，也反映蔣介石對其他黨政要人安危漫不經心，專機運回「箱籠、老媽與洋狗」一事定有內情。否則，蔣介石怎可能不追究專機接人失敗的責任？國難當前，國民黨不顧大局，讓自己的重要人物淪於敵手，固然讓黨人心寒。黨外人士知道了，能瞧得起這個黨嗎？

十、結語

　　日軍進攻香港時，國共兩黨都同時設法撤退其重要人員，所遇的困難都是相同的，但效果卻有天淵之別。國民黨安排撤離的人員，由國民政府各部門擬定名單，再交蔣介石審核。令人愕然的是，蔣介石竟然容許接人專機運回「箱籠、老媽與洋狗」，沒有接濟他曾經核准的要人。那次專機任務失敗後，便再沒有其他營救行動了。蔣介石放棄了滯港的黨

---

87. 謝永光：《三年零八個月的苦難》（香港：明報出版社，1995），頁 14–49。
88. 陳鵬仁：〈香港與中日戰爭〉，香港《紀念抗日戰爭勝利五十週年》學術研討會論文，頁 4。
89. 謝永光：《戰時日軍在港暴行》，頁 135–138。
90. 楊天石：〈「飛機洋狗」事件與打倒孔祥熙運動──一份不實報導引起的學潮〉，《南方週末》，2010 年 3 月 17 日。

政要人，忘記了其他如胡政之、陳寅恪等文化精英。

中國共產黨則不同了。香港淪陷後，駐港中共黨人除部分有任務需要撤離外，更派大量幹部及游擊隊進港，開闢敵後戰場，並進行秘密大營救。拯救的對象不是共產黨自己的幹部，而是黨外文化精英和他們的家眷。營救行動由周恩來直接精心領導，香港和廣東各級黨組織和游擊隊執行。行動的第一階段在日軍崗哨林立、日本特務遍佈的環境下進行，結果不損一員，不被截獲一人，把八百多名文化精英與愛國民主人士和他們的家屬安全撤離香港；第二階段，在面積狹小的游擊區，有效地防範國民黨軍掃蕩，保障數百名難友的安全和起居生活，這對人少、槍少、經費少的游擊隊，又是另一個嚴峻的挑戰。但所有文化精英與愛國民主人士都在周恩來指示下，被護送到大後方去繼續從事抗戰救亡工作。

大營救行動不僅是從日敵魔掌中拯救了文化精英與愛國民主人士的性命，而且是中國共產黨一次重要的統一戰線工作。大營救還有一個深層意義，就是文化人士和愛國民主人士到達游擊區，在那裏生活了一段不短的時間，直接觀察游擊區各方面的面貌，感受游擊區的革命精神，知道廣大的農民群眾，是何等捨生忘死地要為中國民主革命而奮鬥！正如鄒韜奮的遺囑所說：「此次在根據地視察研究，目擊人民的偉大鬥爭，更使我看到新中國的光明的未來。」

唐代楊炯：「得人者昌，失人者亡。」這道理千古不易！

【本文曾在中國中共文獻研究會和南開大學共同舉辦「第四屆周恩來研究國際學術研討會」（2013 年 10 月 22 日至 24 日）宣讀，及收錄於南開大學周恩來研究中心編：《周恩來與二十世紀的中國和世界——第四屆周恩來研究國際學術研討會論文集》，上冊（北京：中央文獻出版社，2015）。2022 年 7 月 1 日增訂。】

第三章

香港游擊戰場的
歷史地位

抗日戰爭期間，香港是一個重要的游擊戰場。香港游擊戰場的重要性，不在於其規模，而在於其國際性、政治性和軍事性。

香港抗日游擊戰場不過一千餘平方公里，活躍在其中的港九獨立大隊隊員人數只有千餘人，與日偽軍的直接武裝衝突規模也沒有超過百人以上的。這麼小的游擊區和兵力，怎麼可能說成是一個重要的游擊戰場？

抗日戰爭期間，中國很多大城市被日軍侵佔，但沒有一個大城市 —— 尤其是國際級城市 —— 有游擊隊活動的。香港是中國唯一一個有游擊隊活動的敵佔國際城市；同時，也是中共領導下的游擊隊，唯一能夠在敵佔大城市進行軍事活動的地方。中共領導游擊隊在鄉村抗敵的事例，多如星宿，在大城市抗日的事跡，只在香港。這對中共的抗日戰爭歷史而言，不是很獨特和意義深遠嗎？

一、香港游擊戰場的國際性

1938 年 5 月 26 日至 6 月 3 日，延安舉辦了抗日戰爭研究會，毛澤東發表了〈論持久戰〉的講演，他引述他在 1936 年 7 月 16 日接受美國記者斯諾的訪問，指出中國在三個條件之下，能戰勝並消滅日本帝國主義的實力。這三個條件：「第一是中國抗日統一戰線的完成；第二是國際抗日統一戰線的完成；第三是日本國內人民和日本殖民地人民的革命運動的興起。」[1]

這段講演詞說明了抗日統一戰線由兩部分組成。以國共兩黨合作為

1.　毛澤東：〈論持久戰〉（1938 年 5 月），《毛澤東選集》，第二卷（北京：人民出版社，1966），頁 411。

基礎，與其他政治力量、軍隊、工農群眾、青年、婦女、華僑等群眾團體，團結合作組成的是「中國抗日統一戰線」；與蘇、英、美等所有反法西斯侵略國家和人士團結合作組成的是「國際抗日統一戰線」。毛澤東同時撰文指出：如果我們能在外交上建立太平洋反日陣線，形成了一個太平洋的外線作戰，便可以圍剿法西斯日本了。毛澤東認為這設想在當時還沒有實際意義，但不是沒有這種前途的。[2]

　　1940 年 9 月 27 日，德、意、日在柏林簽訂德意日三國同盟條約，29 日周恩來提出警告，「日寇在其解決中國問題的迷夢幻滅以後，日寇不得不更積極的南進，以求解決國內矛盾和國防上的資源供給。」判斷日本新任首相近衛文麿將會不顧一切的發動太平洋戰爭。[3] 1941 年 6 月 22 日德國發動侵蘇戰爭，翌日，毛澤東立即發出指示：組織「國際統一戰線」，同英美及其他國家一切反對德意日法西斯統治者的人們聯合起來，反對共同的敵人。[4] 周恩來亦提議：「運用我們站在東方反日本法西斯強盜的前線地位，聯合東方一切反法西斯的人民、民族和國家，結成更廣大的反法西斯的國際統一戰線。」[5]

　　香港游擊戰場位於兩條統一戰線的交會點，香港抗日游擊隊從成立之日開始，便肩負起團結群眾和國際友人，配合盟軍軍事行動的「國際抗日反法西斯統一戰線」的責任。

　　1941 年 11 月初，廣東人民抗日游擊隊發現日軍第 36 師團在沿廣九

2.　毛澤東：〈抗日游擊戰爭的戰略問題〉（1938 年 5 月），《毛澤東選集》，第二卷，頁 396。

3.　周恩來：〈國際形勢與中國抗戰〉（1940 年 9 月 29 日），中共中央文獻研究室、中國人民解放軍軍事科學院編：《周恩來軍事文選》，第二冊（北京：人民出版社，1997），頁 270-273。

4.　毛澤東：〈關於反法西斯的國際統一戰線〉（1941 年 6 月 23 日），《毛澤東選集》，第三卷，頁 764。

5.　周恩來：〈論蘇德戰爭與反法西斯的鬥爭〉（1941 年 6 月 29 日），《周恩來軍事文選》，第二冊，頁 341－343。

鐵路南段及惠寶沿海一帶集結，準備進攻香港。游擊隊立即派尹林平去香港向八路軍駐香港辦事處負責人廖承志報告和請示，廖承志立即回信游擊隊領導曾生，要求作好應變的準備，一旦戰事發生，立即派部隊進入港九地區，開展敵後游擊戰，及接應在港人員的轉移。12 月 7 日，中共中央從延安、周恩來自重慶同時發來電報，指示廖承志迅速做好應變準備，要不惜任何代價，將聚居香港的大批愛國民主人士和文化界人士搶救出來，經澳門、廣州灣或東江轉入大後方。[6]

　　8 日，太平洋戰爭爆發，日軍第 36 師團越過深圳河進攻香港。9 日，中共中央發出指示：建立與開展太平洋各民族反日反法西斯的廣泛統一戰線；努力開展華南敵佔區、海南島、越南及日本在南洋一切佔領區域的抗日游擊戰爭，盡可能與各抗日友軍及英美等抗日友邦的軍事行動協同一致。[7] 同日，周恩來再度急電廖承志，詳細指示轉移在港各界朋友的方法和路線，並特別指示幫助宋慶齡、何香凝、柳亞子、鄒韜奮、梁漱溟等離港。[8]

　　12 月 25 日，香港總督楊慕琦宣佈無條件投降。日佔香港後，立即封鎖港九地區的交通，實行宵禁，分區分段大舉搜捕愛國人士和抗日份子，並貼出告示，限令在港的知名文化界人士前往「大日本軍報道部」或「地方行政部」報到，否則「格殺勿論」。日本文化特務禾久田幸助還在電影院打出幻燈字幕，點名要蔡楚生、司徒慧敏等人到半島酒店（香港淪陷初期日軍司令部所在地）「會面」。當時，在港的數百名愛國民主

---

6. 曾生：《曾生回憶錄》（北京：解放軍出版社，1992），頁 208–215。
7. 〈中共中央關於太平洋反日統一戰線的指示〉（1941 年 12 月 9 日），中央檔案館編：《中共中央文件選集》，第 11 冊（北京：中共中央黨校出版社，1986），頁 788–789。
8. 周恩來：〈轉移在港各界朋友 —— 致廖承志、潘漢年等〉（1941 年 12 月），中共中央文獻研究室編：《周恩來書信選集》（北京：中央文獻出版社，1988），頁 210–211；《曾生回憶錄》，頁 215。

人士和文化界人士，大都不是廣東人，不會講粵語，欠缺社會關係，難以隱蔽，故面臨隨時被捕和殺害的危險，形勢極度危急。[9]

廖承志立即組織八路軍駐港辦事處的力量，包括了地下黨，不公開的和完全秘密的香港中共市委黨員，包括了東江游擊隊，也包括沿線的地下黨 —— 寶安、惠陽，一直到韶關，沿途中共的地下組織，全都參與營救工作。就是說成千上萬的無名英雄，參與了這個大營救。[10] 營救工作實際上在港九大隊成立前已經秘密開始，從 1 月 1 日持續到 6 月底結束，成功地營救了何香凝、柳亞子、鄒韜奮等文化人士及其家屬，共八百多人脫離虎口。大難臨頭，中共中央沒有拋棄他們，反而多次指示香港工作人員要不惜一切代價進行營救，令避居香港的愛國民主人士、開明國民黨人和文化界精英深受感動。中共中央這一正確決策，對發展和鞏固抗日民族統一戰線起了重大的作用，在國內外都產生了深遠影響。[11]

香港淪陷初期，日軍對盟國人士的監視比較寬鬆。1942 年 1 月 9 日賴特上校（Colonel L. T. Ride）等四名英軍首先逃離深水埗，從青山道走到沙田，再到達西貢，找到游擊隊蔡國樑。在他們幫助下，離開香港到達桂林。[12] 東江游擊隊為加強營救盟軍和國際友人，特別成立了國際工作小組，據不完全統計，游擊隊先後救出英國人 42 名，印度人 54 名，丹麥人 3 名，挪威人 2 人，俄羅斯人 1 名，菲律賓人 1 名，合共 103 人（按曾生的資料為救出英國人 42 人，黃作梅與楊奇提供的資料為救出英國人

9.　葉文益：〈營救文化界人士〉，陳敬堂編：《香港抗戰 —— 東江縱隊港九獨立大隊論文集》（香港：香港歷史博物館，2004），頁 169–170。

10.　陳敬堂：〈楊奇先生訪問記錄〉（2013 年 1 月 5 日）。

11.　《曾生回憶錄》，頁 218–230。

12.　陳瑞璋：〈英軍服務團〉，陳敬堂編：《香港抗戰》，頁 126–128。

20 名，兩者相差 22 人。今暫用曾生資料）。[13] 另加上稍後救獲的美國飛行員 8 人，共計 111 名國際友人。

英美盟軍對游擊隊能夠在敵後營救盟軍的工作感到鼓舞，賴特上校在前往桂林途中，不斷思索如何拯救被囚的難友，認為可以借助游擊隊在香港營救戰俘和搜集情報，1942 年 7 月，經英國國際部批准，英軍服務團在桂林成立，賴特被委任上校指揮官，展開與港九大隊（1942 年 2 月底成立）並肩援救盟軍人員、互通軍事情報的合作。[14] 港九大隊遂成為中共游擊隊中最早與盟軍合作的隊伍。不久，國民政府反對英軍與中共游擊隊合作，合作因而結束。但英軍服務團若有需要，游擊隊仍向英軍提供協助。[15]

1944 年 4 月，美國陸軍第十四航空隊克爾中尉率機空襲香港啟德機場，座機中彈被迫跳傘。幸遇港九大隊營救，匿藏在新界沙田一山洞內近一個月，躲過日軍多次嚴密搜捕，最後被游擊隊送回桂林。克爾將歷險記報告給陳納德將軍。陳請示華盛頓後，決定不理會國民黨政府的反對，與港九大隊合作。10 月 7 日，歐戴義持陳納德及克爾的感謝信，前往東江縱隊要求合作，請游擊隊協助拯救美軍遇難飛行員和提供情報。10 月 9 日，東江縱隊請示中共中央，13 日獲得覆電同意。東江縱隊遂設置一個聯絡處專責情報工作，任命袁庚為處長，主管廣東沿岸及珠江三角洲敵佔區的情報工作，並負責與歐氏聯絡，交換日軍情報。情報處向美軍提供大量重要情報，得到盟軍多次致函感謝。[16]

港九大隊與盟軍的合作，不僅建立了中共部隊與盟軍合作的國際抗

---

13. 《曾生回憶錄》，頁 364。
14. 陳瑞璋：〈英軍服務團〉，頁 126－128。
15. 《曾生回憶錄》，頁 363－364。
16. 陳敬堂：〈袁庚先生訪問記錄〉（2002 年 3 月 23 日）；袁庚：〈東江縱隊與盟軍的情報合作及港九大隊的撤出〉，陳敬堂編：《香港抗戰》，頁 250－251。

日反法西斯統一戰線，也突破了蔣介石對中共的封鎖，影響了美國戰後的對華決策。抗戰勝利後國共雙方因受降問題而發生衝突，內戰瀕於爆發，美國估計貪污腐敗的國民黨必然戰敗，不敢直接派兵來華干涉國共內戰，只派馬歇爾來華調處國共衝突，推遲內戰全面爆發的時間。同時協助蔣介石軍備美械化和進行政治改革，希望蔣介石能憑着美式武器和裝備，自己進行這場美國視為沒有勝算的內戰。[17]

東江縱隊港九大隊在香港的抗戰，由於是在一個國際城市進行，拯救了不少盟軍和國際友人。英美基於現實，承認游擊隊的地位，與游擊隊合作，當然反對蔣介石打壓中共及其領導的游擊隊。香港游擊戰場實現了國際抗日反法西斯統一戰線，打破了國民黨的外交孤立，實現了毛澤東的戰略構想。從這個角度看，東江縱隊和港九大隊的貢獻是十分深遠的！

二、香港游擊戰場的政治性

太平洋戰爭爆發時，香港已經被英國殖民統治了九十九年。日軍佔領香港之後，香港居民的游擊戰不是由英軍組織和領導，而是由中國共產黨人領導。英軍在香港搜集情報和營救戰俘，都需要請求游擊隊幫忙，這說明了什麼問題？

戰前和抗戰期間，國民政府一直透過香港獲得外國的軍火供應，以增強國防能力；同時利用香港輸出戰略物資，換取外國的軍火或其他重要物資，為贏取最後勝利奠下物質的基礎。七七事變之後，沿海大小

---

17. 羅伯特・達萊克：《羅斯福與美國對外政策 1932－1945》，下冊（北京：商務印書館，1984），頁 555－558，761－763。

通商港口相繼失陷，香港不但成為中國取得海外援華物資的唯一口岸，更因中國各大銀行紛紛搬到香港繼續營業，而成為抗戰時期中國的金融中心。為了處理各種對外業務，國民政府各部門均長期派員駐在香港。據估計，戰前國民黨在港黨員人數約有一萬之眾，其駐港機構包括中央信託局、中央銀行廣州分行、交通部、教育部、僑務委員會、軍統局、中央組織委員會調查科、漢口國際問題研究所、中央宣傳部、國際宣傳處、中國航空公司和中央航空運輸公司等。[18] 國民黨在香港擁有龐大人力、物力和財力，為鼓勵發展黨員，凡能介紹一人加入國民黨的，都可以獲得五元現金的獎勵。[19] 香港淪陷後，有國民黨人繼續留港抗日和搞情報工作，香港、澳門兩地共計犧牲了三十六人。[20] 不過，目前還沒有國民黨人大規模組織香港居民抗日的記錄，領導全港市民游擊戰的責任於是落在人力物力均十分缺乏的中國共產黨肩上。這說明了什麼問題？

　　這說明了英軍和國民黨人都不懂得怎樣去打游擊戰，沒有打游擊戰的能力。有些人甚至是軍事專家都認為中共游擊戰的秘訣是避實擊虛，「敵進我退，敵駐我擾，敵疲我打，敵退我追。」以為只要有武器和金錢便可以組織游擊隊，便可以輕易打游擊戰，完全不懂得如何進行游擊戰。毛澤東指出：處於敵後的游擊戰爭，先要建立根據地，沒有根據地是不能支持的。根據地是游擊戰爭賴以執行自己的戰略任務，達到保存和發展自己、消滅和驅逐敵人之目的的戰略基地。沒有這種戰略基地，一切戰略任務的執行和戰爭目的的實現就失掉了依託。建立根據地的基本條件有三個：

18.　老冠祥：〈國民政府與香港抗戰〉，陳敬堂編：《香港抗戰》，頁 88–123。

19.　陳敬堂：〈陳達明先生訪問記錄〉（2005 年 8 月 26 日）。

20.　中國國民黨駐港澳總支部編：《港澳抗戰殉國烈士紀念冊》（香港：中國國民黨駐港澳總支部，1946），頁 1。

一、一個抗日的武裝部隊；

二、戰勝敵人；

三、用一切力量，包括武裝部隊的力量在內，去發動民眾的抗日鬥爭。武裝人民，組織自衛軍和游擊隊。組織民眾團體；無論是工人、農民、青年、婦女、兒童、商人、自由職業者，將其組織在各種必要的抗日團體之內，依靠民眾的力量，發動民眾建立或鞏固當地的抗日政權。[21]

香港游擊戰場的歷史驗證了毛澤東抗日游擊戰爭理論的正確。日軍進攻香港的同一日，廣東人民抗日游擊隊調派一支武裝部隊尾隨日軍進入香港新界地區，自此，香港敵後出現了一個抗日的武裝部隊。這是第一個基本條件。

接着下來，游擊隊不斷襲擊土匪、漢奸、特務和日軍，並取得勝利。游擊隊進入香港後，一方面積極搶救文化界精英，同時執行清除土匪任務，以保護交通線的安全和鄉民的生命財產。陸上方面，西貢黃冠芳、劉黑仔短槍隊在最初的大半年期間，共肅清了十多股土匪。最著名的有：陳乃壽二十多人，鄧芳十多人，張明仔（西貢當地國民黨三青團骨幹）二十多人，鐮仔佬十二人，黃福一百人，張明仔二十多人（繳獲兩挺輕機，四十多支步槍），李觀姐六十人，謝天帶一股土匪（繳獲槍二十多支）。[22] 元朗曾鴻文短槍隊在十八鄉捉拿漢奸、敵特、地霸，抓到罪大惡極的就當場槍斃，一連幾天，每天都槍殺一兩個作惡的漢奸，最多的一天，除掉六個。「曾大哥」的名字傳遍當地，土匪漢奸都不敢再來。曾鴻文更邀請百餘名土匪代表在山上開了一次「聯誼會」，勸各人好

---

21. 毛澤東：〈抗日游擊戰爭的戰略問題〉（1938 年 5 月），《毛澤東選集》，第二卷，頁 387。

22. 黃冠芳、鄧斌：《虎膽英雄 —— 劉黑仔的故事》（未刊稿）；張子燮：《英雄劉黑仔》（未刊稿）；陳敬堂：〈張婉華女士訪問記錄〉（2002 年 2 月 2 日）；陳敬堂：〈詹雲飛先生訪問記錄〉（2002 年 5 月 5 日）。

兔不吃窩邊草，不要傷害這裏的窮百姓，要打就去打日本鬼子！誰不這樣做，就應該把他趕出這個地面！曾鴻文激發了土匪的民族感情，都同意不再傷害當地鄉民。自此大受當地群眾愛戴，為營救文化人士奠下基礎。盤據大帽山兩邊的土匪，在曾鴻文提出讓出地盤的要求後，都願意自動撤離。[23]

海上方面，劉培的護航隊在一年期間，經過連場海戰，消滅了大鵬灣黃福仔、黃祥仔、莫仔、吳仔、何聯芳、陳乃秀、鄧芳仔等十餘股海盜，並繳獲了四條船。[24] 游擊隊肅清海陸盜匪，保護了人民群眾的利益，在人民群眾中間建立了威信，讓老百姓認識到游擊隊不是一般欺壓他們的兵痞土匪，而是一支有政治信念和教養，保護他們的人民子弟兵。游擊隊不計代價、不取報酬的拯救英美盟軍，在千多名日軍大舉搜索圍捕之下，救出了美國飛行員克爾中尉，這都是戰勝敵人的重要勝利。第二個基本條件也達到了。

港九大隊用盡力量去組織民眾團體，除工人、農民、青年、婦女、兒童、商人、自由職業者等群眾外，另外也十分重視香港特有的漁民和海員群眾，漁民和海員是海上游擊戰的重要支柱。[25] 港九大隊除了武工隊之外，有一支活躍在香港、九龍、新界各區和海港的民運隊伍，負責團結群眾和宣傳抗日，他（她）們與群眾「三同」，即同食、同住、同勞動。白天與群眾上山砍柴、割草，農忙下田插秧、收割，收工回來後，

---

23. 曾鴻文：〈打開大帽山通道〉，《勝利大營救》（北京：解放軍出版社，1999），頁 134－136。

24. 陳敬堂：〈劉培先生訪問記錄〉（2002 年 8 月 10 日）；劉培口述、李宇光整理：《從茜坑、馬鞍嶺自衛隊到護航大隊戰鬥歷程》（未刊稿）。

25. 中共中央文獻研究室：《周恩來年譜（1898－1949）》（北京：中央文獻出版社，1990），頁 422。

還和群眾一齊割豬草餵牲口、餵雞、鴨、鵝「三鳥」。[26] 游擊隊員成為了人民群眾的一份子，成為了香港人民的子弟兵。人民群眾也成為了游擊隊的一份子，與游擊隊員骨肉相連，不少香港、九龍和新界各區的男女老少，為了保衛游擊隊員，寧願忍受敵人的酷刑毒打，死也不肯出賣半點情報。如大嶼山寶蓮寺筏可大師雖受日軍毒打、軍刀架頸迫供，仍堅決不肯泄露游擊隊副大隊長魯風的行蹤。[27] 西貢烏蛟騰村長李世藩與游擊隊相熟，知道游擊隊的軍械藏在那裏，雖被日軍嚴刑拷問，灌水吊打，至死也沒有吐露半點情報。[28] 元朗山下村村民八人為保護游擊隊員，寧死不屈，被日軍毒打折磨，亦拒絕供出游擊隊的情報。村民張金福不幸被打死在地牢裏，犧牲時年僅二十歲！[29] 游擊戰爭是人民的戰爭，有了人民的支持，游擊戰爭才能堅持下去。第三個基本條件具備了，香港抗日根據地就是這樣建立起來！

　　香港有些搞歷史的人，不懂游擊戰爭的意義，以為游擊戰爭只是一群人在山野密林跑來跑去，消耗一點敵人的精力，起不到什麼作用。國民黨軍事專家也以為游擊戰術沒有什麼了不起，內戰末期計劃在東南組織數十萬游擊隊，準備用游擊戰術對付解放軍。這些「學者」、「軍事專家」完全不懂得游擊戰是一場人民戰爭，沒有老百姓的參加、支持和保護的游擊根據地，游擊隊怎能生存？沒有老百姓當游擊隊的耳目，游擊隊怎能避實擊虛？游擊隊與老百姓的關係是魚和水，沒有老百姓的海洋，游擊隊這條魚可以游到哪裏去？

　　香港是一個國際城市，日本侵佔時，已被英國殖民統治近一百年之

26.　楊慶：〈英雄的元朗人民〉，陳敬堂編：《香港抗戰》，頁 209。

27.　陳達明：《大嶼山抗日游擊隊》（香港：香港各界文化促進會，2002），頁 96。

28.　陳達明：《香港抗日游擊隊》（香港：環球〔國際〕出版有限公司，2000），頁 82–83。

29.　楊慶：〈英雄的元朗人民〉，陳敬堂編：《香港抗戰》，頁 210。

久，愛國活動屢受禁止，國民黨的力量也根深蒂固。但英軍被悉數關入集中營後，英國在香港的影響力煙消雲散；國民黨在香港的黨政機關也同時全部撤離，他們什麼辦法都拿不出來，國民黨人連逃離香港都需要中共游擊隊的協助，香港同胞無法再依靠國民黨了。在這個最艱難的關頭，中共領導的游擊隊沒有拋棄香港同胞，迅速進入香港，建立抗日根據地，領導香港群眾抗日，給予同胞一個抗戰必勝的信心。稍後的解放戰爭，打的是爭取民心的戰爭，國共兩黨誰能保護群眾？誰能爭取民心？看一看香港抗戰這段歷史，我們不是已經找到了答案嗎？

三、香港游擊戰場的軍事性

香港是中國國際大城市進行游擊戰的唯一戰場，也是全中國沿海港灣中唯一有海上游擊戰的地方。

毛澤東談抗日游擊戰爭的戰略問題時指出：游擊根據地大體不外三種：山地、平地和河湖港汊地。「依據河湖港汊發展游擊戰爭，並建立根據地的可能性，客觀上說來是較之平原地帶為大，僅次於山岳地帶一等。……紅軍時代的洪湖游擊戰爭支持了數年之久，都是河湖港汊地帶能夠發展游擊戰爭並建立根據地的證據。不過，各個抗日黨派和抗日人民，至今尚少注意這一方面。……缺少了這一方面，無異供給敵人以水上交通的便利，是抗日戰爭戰略計劃的一個缺陷，應該及時地補足之。」[30]

廣東抗日人民游擊隊的惠州寶安抗日根據地位於大亞灣海濱，站在

30.　毛澤東：〈抗日游擊戰爭的戰略問題〉（1938 年 5 月），《毛澤東選集》，第二卷，頁 388－390。

傳統的軍事觀念而言，是背水為陣，九死一生的絕地。敵人一進攻，便被趕下海。不過毛澤東和周恩來早已注意海洋湖泊的重要性，1938年10月12日周恩來就日軍進攻廣東，曾向國民黨軍事當局提出〈對日寇進攻華南的初步分析及建議〉。意見書主張「加緊動員廣大民眾，特別是沿海人民及漁民，發揚廣東革命精神，配合軍隊，實行自衛」。[31] 不過，國民黨忘記了香港海員大罷工的廣東革命精神，沒有參考周恩來的建議。負責組織海員工作的曾生沒有忘記香港海員大罷工的歷史，知道海洋航運的重要性，採取與項羽「破釜沉舟」相反的戰略，依靠海員、漁民群眾，動員游擊戰士出海，籌組武裝船隊，建立游擊隊的交通線，運送補給，調動兵馬，從海上打擊敵人，截斷敵人海路交通，開闢了海上游擊戰戰場，配合陸上游擊戰，不但在抗戰期間屢挫日偽海軍和虜獲運輸船隻，而且為新中國海軍培養了一批優秀幹部。

日軍攻佔香港前，曾生已在沿海建立了交通運輸系統，從香港運送物資和人員支援游擊隊作戰。香港淪陷後，曾生指揮游擊隊挺進港九，組織香港群眾作戰。為建立抗日根據地至香港新界西貢半島間的海上交通，和搶救香港逃避日軍追捕的文化界人士和國際友人，曾生指派劉培把茜坑、馬鞍嶺抗日自衛隊改編為護航隊，負起此艱鉅任務。劉培率領所部經過連場血戰和三年多的艱苦經營，把護航隊擴充為獨立中隊，繼而成立護航大隊，將大鵬灣和大亞灣海域開闢為海上游擊戰場。在漁民群眾的支持下，消滅了為患該區的海匪，多次沉重打擊日偽海軍和截斷其近岸海上運輸航線。護航大隊不僅是一支海上武裝力量，除了海戰和運輸外，更發揮遠程奔襲的功能，支援陸上戰鬥。新中國成立後，這支海上游擊隊成為了海軍的重要力量之一，為保衛國家領海作出了重大貢

---

31. 《周恩來年譜（1898–1949）》，頁422。

獻！1965 年 8 月 6 日，兩艘美製千餘噸和四百多噸的大艦，被新中國海軍的百餘噸高速護衛艇隊打沉，這場舉世注目的八·六海戰指揮官——王錦——就是來自港九大隊海上中隊的隊長。[32]

第十八集團軍參謀長葉劍英對中外記者介紹中共抗戰的一般情況時，讚揚曾生領導的游擊隊「已迫近九龍，並在香港進行秘密活動，敵人很感頭痛」。[33] 海上游擊戰是香港游擊戰場的主要戰鬥形式，有力地打擊了香港鄰近海域的敵人水上交通。毛澤東所說的戰略缺陷，香港游擊戰場補足了！

1938 年 5 月毛澤東談游擊戰爭的戰略問題時，距離南京大屠殺只有半年之久，日軍在各大城市進行殘酷鎮壓，游擊隊缺乏生存和活動空間，當時各大城市並無建立游擊戰場的客觀條件。稍後，中共中央指揮的港九大隊便在一個敵佔國際大城市開闢了游擊根據地，分別在市區和市郊發動游擊戰。

城市游擊戰的戰鬥模式與山地游擊戰、平原游擊戰、鐵路游擊戰和海上游擊戰有很大的差別。在人煙稠密的市區與敵人發生軍事衝突，一方面會誤傷同胞的生命和財產；另一方面更可能會導致敵人的瘋狂報復，在市區進行大規模的圍捕和搜索，甚至像南京大屠殺一樣的胡亂燒殺姦搶。因此，港九大隊在香港市區的軍事行動便有所節制。

香港地方小，居民缺乏空間可供大規模遷徙來逃避敵人。故在香港進行游擊戰時情況便與華北有很大分別，華北平原和太行山山區，游擊隊戰勝後可以帶同鄰近村民全部撤退，逃跑一空，敵人尋不着報復的對

---

32. 陳敬堂：〈海上蛟龍——王錦：從海上游擊戰到 8·6 海戰〉，陳敬堂編：《香港抗戰》，頁 287-288。

33. 〈中共抗戰一般情況的介紹〉（1944 年 6 月 22 日第十八集團軍參謀長葉劍英與中外記者參觀團的談話），《中共中央文件選集》，第十二冊，頁 527。

象。香港面積不過一千平方公里，游擊隊可以打完就跑，但附近村民可以跑到哪裏去？故為免連累村民，游擊隊在市郊農村活動時，一般白天在村，晚上便到山頭上住宿。如非必要，游擊隊禁止在村內與日軍漢奸特務發生軍事衝突，避免連累村民遭受報復。[34]

1944 年 2 月 11 日美國飛行員克爾中尉率機隊空襲啟德機場，座機中彈着火，跳傘降落九龍上空，地面的日軍正仰望天空等待捉俘時，一陣大風，把克爾中尉吹過了九龍獅子山，落到沙田，被游擊隊員救獲躲在山洞隱藏，日軍遍尋不獲，動員過千人在沙田大舉掃蕩，要把美國飛行員捕獲。游擊隊採取圍魏救趙戰略，先後在九龍塘槍殺漢奸陸通譯、炸毀啟德機場日軍戰機和汽油庫、爆破九龍市區窩打老道火車鐵橋、在香港市區散發大量宣傳品等，讓日軍以為游擊隊將要進攻市區要地，立即調回在沙田進行掃蕩的軍隊，克爾中尉於是得以脫險送離香港返回桂林。[35] 港九大隊拯救美國飛行員一事引起了美國對東江縱隊的重視，派人前來要求合作。不過，中央另有見地，6 月 21 日周恩來致電東江縱隊政委尹林平：為了避免引起敵人過多注意和保全城市地下工作，目前在香港、九龍市區散發大量宣傳品和採取所謂軍事攻勢都不合適，這些作法會「引起敵對我之嚴重掃蕩」，「依目前情勢，當不應採取此過份的暴露行動。」[36] 7 月 25 日中共（周恩來擬稿）再指示尹林平：「在港九市上的武裝鬥爭有成績，但不宜常做，免致引起敵人對我過多報復和進攻，並妨礙我城市秘密和搶救工作。」[37] 城市游擊戰既要打擊敵人，消滅敵人的有生力量和戰略物資，又要不暴露實力，免受敵人報復和掃蕩，這可難了！

---

34. 陳敬堂：〈陳達明先生訪問記錄〉（2005 年 8 月 26 日）。

35. 陳達明：《香港抗日游擊隊》，頁 67－69，131－138。

36 《周恩來年譜（1898－1949）》，頁 577。

37. 〈中央關於東江縱隊開展敵後游擊戰的指示〉，東江縱隊志編輯委員會：《東江縱隊志》（北京：解放軍出版社，2003），頁 512。

幸好，游擊隊拯救了克爾中尉脫離虎口，美國十四航空隊陳納德將軍認為東江縱隊可以幫助他們拯救遇難的飛行員，和提供日軍情報以有效打擊，主動派人來到東縱司令部，要求與游擊隊合作。最後雙方協議：港九大隊負責拯救被擊落的美機飛行員和提供日軍艦艇、基地、機場和戰略物資倉庫、空襲結果等情報，盟軍負責空襲打擊。游擊隊借盟軍力量，達到了打擊日軍，又隱藏游擊隊實力的目的。

香港城市游擊戰打得很好，是國際抗日反法西斯統一戰線的結果，盟機炸沉了香港近海日軍大部分大型艦艇，迫得日軍只能用大木船作近岸運輸工具，這些大木船正好成為海上游擊隊的獵物，海上游擊隊與盟國空軍起了相輔相成的作用。

香港游擊戰場很小，但在軍事方面的成就可不小，除別具特色的海上游擊戰、城市游擊戰、情報工作外，根據不完全的統計：新中國共有二十多名海陸空特種兵的軍、師級將領來自香港游擊戰場的。[38]

四、小結

香港抗戰這段歷史是香港歷史上最光輝燦爛的一頁，它記錄了香港英雄人民永垂不朽的事跡，同時也補充了抗戰歷史中被人們忽略的一章。中國共產黨領導的國際抗日反法西斯統一戰線，其功能與抗日民族統一戰線相輔相成。一般人只注意到抗日民族統一戰線的成功，而忽略了國際統一戰線的貢獻，沒有開闢這條國際統一戰線，怎能突破國民黨的外交封鎖？怎能讓美國認識清楚游擊戰爭的威力無窮，而在稍後的解

38.　陳敬堂：〈香港歷史博物館東江縱隊港九獨立大隊口述歷史計劃工作報告〉，陳敬堂編：《香港抗戰》，頁 399。

放戰爭中採取不直接軍事干預的立場？香港游擊戰場在建立國際抗日反法西斯統一戰線上是擔當了一個十分重要的角色。

日軍侵佔香港時，香港被英國殖民統治了近一百年之久，國民黨在港的勢力也根深蒂固，這個地方也能開闢一個抗日根據地嗎？香港抗日根據地的歷史證明了只要根據毛澤東游擊戰略的理論去幹，一個國際大城市也能夠開闢出一個抗日根據地來。

香港與延安相距千里，關山阻隔，音訊難通，東江縱隊轄下的港九大隊是孤立無援的隊伍？還是中共中央軍委緊密指揮的部隊？1938年毛澤東的游擊戰略理論已經預示海上游擊戰的可行性，當時由於客觀條件不足，這戰略成為缺陷。其後東縱領導曾生利用香港沿海多港灣島嶼之利，發動海上游擊戰，有效地打擊敵人的水上交通，補足了毛澤東游擊戰戰略的缺陷。同時，港九大隊城市游擊戰的戰鬥規模和形式，都是根據中共中央軍委指示進行。港九大隊在香港與敵人的殘酷鬥爭裏，中央除派人到部隊給予支援外，並多次給予指示，糾正偏差，說明了香港游擊戰場是中共中央高度重視的戰場。

章學誠說：方志是國史之羽翼。香港游擊戰場在游擊戰爭史上扮演了一個重要角色，在中國抗日戰爭史中有許多可資參考的地方。

【本文原刊於《中國抗戰研究動態》，2007年第4期，2013年6月1日修改】

第四章

鄧振南

——從旺角足球場打到西貢游擊戰場

有人說「時勢做英雄」，又有人說「英雄做時勢」。

這句古諺很有爭論的趣味！「時勢迫英雄」可能更適合下述一位人物的經歷，英雄是時勢迫出來的！他和我們一樣，在香港出世和長大，是一位要應付讀書考試和喜愛踢波的同學，從來沒有接受過軍事訓練。日軍進攻香港時，看着日軍飛機轟炸啟德機場，他能怎麼辦？唯一能做的就是跑回家。自此父親結束生意，他亦失學。於是一家人搬回西貢黃毛應村老家，當時，游擊隊選擇了黃毛應村作為基地，他經常和游擊隊接觸，在抗日救國理論和實際生活情況的教育下，加入了游擊隊。西貢成立抗日民主政權 —— 聯防會 —— 時，他被選為聯防會主任，並參加了游擊隊對日本佔領軍最後一戰 —— 解放西貢。

英雄不是學校教育出來，而是環境壓迫出來的！

一、青年足球王

鄧振南又名鄧仁發，1923 年香港西貢黃毛應村出世。七、八歲時在本村學校學古文古詩。後來學校結束，每早步行二十至三十分鐘到大埔仔學校上課，課程內容仍舊是古文。十二、十三歲時搬家到九龍深水埗南昌街近荔枝角道，父親開一小店，經營和生產燒石灰。鄧振南遂在福榮街（鄧振南忘記了是福華街還是福榮街）浩然學校讀書，這是一間民辦小學，只有一間課室。校長陳瑞如是西貢鹽田仔村人，他既是校長也兼任老師。陳校長和黃毛應村的居民多數是天主教徒，所以這學校和天主教會有聯繫，得到教會的支持。同時，學校亦得到香港政府的津貼補助。鄧振南小學畢業後，自行補習一年，準備投考大埔師範學院。但因年紀太小，只有十五歲，不被取錄。

鄧振南閒賦在家，經常前往青山道寶血教堂聚會。教會林神父知道

鄧振南，攝於 2011 年

他失學，於是寫了一封介紹信，推薦他到九龍塘界限街喇沙書院升學。那時香港英文書院是八年學制，由第八班開始讀，升到第一班畢業。鄧振南在喇沙 8C 班讀了一年之後，發現外國同學比較開放，經常打架和吵鬧，覺得有點不習慣，於是轉到九龍旺角亞皆老街華仁書院，升讀第七班。讀到第四班時（1941 年 12 月）日本侵略香港，鄧振南因此結束了他的讀書生活。

　　學生時代的鄧振南十分活躍，參加很多球類活動，他最喜愛踢足球。這時香港有很多球會開辦足球班，培養青少年足球員，鄧振南參加足球培訓班，成為球員，先後效力過兩支足球隊，大約在 1937 年下半年參加九龍旺角的小型足球隊，球隊名稱叫「博愛小型球隊」，是業餘性質，在足球的季節每月都有幾次比賽，當時球隊成績是中上級。整個九龍區估計有五至六隊這樣的球隊。大約在 1938 年之後，鄧振南轉入「日光小型足球隊」，比賽成績多次得到第一名。鄧振南在青少年足球員中享譽盛名，《香港南華體育報》經常刊登他（鄧仁發）的相片，稱他為「小

球王」。

1941 年 12 月 8 日，鄧振南上學途中，步行到太子道，日本飛機從頭上飛過，飛得很低，可以看到駕駛員的面貌。這時，鄧振南尚未感到害怕，但北望太子道尾，啟德機場濃煙滾滾，原來日機正在猛烈轟炸機場。鄧振南無法再上學了，只得回家。

戰爭爆發後，數以萬計港人紛紛離港避難，各走各路。父親店舖的客戶大部分搬了家，應收的賬款全部沒法追討，生意停頓，經濟陷入困境。兩三日後，全家遷回西貢。回家鄉後，母親耕田，十九歲的鄧振南因為失學失業，遊手好閒，每日都跑上山四處觀望，看到日軍從九龍市區炮轟西貢鹽田仔海面停泊的船隻，這些船可能是部隊的，也可能是富豪的遊艇。炮火連天的場面，令鄧振南感到局勢動盪不安。有一次，鄧振南到西貢，遇上日軍密探來搜捕游擊隊，剛巧土匪黃竹青也派人到西貢活動。兩幫人隨即發生混戰，黃竹青一名中隊長被殺。戰鬥發生的時候，情況混亂，老百姓分不清與土匪作戰的人是日本密探，還是來保護他們的隊伍。總之，槍彈亂飛，有人橫屍街頭，老百姓慌忙逃避。

二、游擊隊基地

香港淪陷後，治安崩潰，盜賊橫行，黃毛應村一帶有十股八股土匪，大幫的有二百多人的黃竹青，百多人的何成年，十多至三四十人不等的土匪不計其數。大股土匪搶劫完後，又有小股的來搶，村民只有逃上山避難。游擊隊來到時，村民不知道這是什麼人，以為又是一幫土匪。不過，這隊伍有點不同，在手臂上帶有一個臂章，寫有一個字，現在忘記了是「冠」字，還是什麼。這支隊伍沒有洗劫村民，只是過路。

這時，大陸很缺乏汽油、橡膠、車胎、醫藥品等物品，游擊隊在西

貢購買這些貨物，運回大陸。西貢地區活動的游擊隊，利用黃毛應村作為後勤基地，在西貢活動之後便返回黃毛應村，住在教堂。游擊隊沒有打擾村民或拿取村民的物品，只是借用村民的鍋做飯，澡堂洗澡。有時晚飯之後，在村民曬穀的禾塘開晚會，亮起大光燈，唱歌、做遊戲、打功夫、講道理，平時沒有娛樂的村民看得很高興。游擊隊與村民混熟後，才表露他們是抗日游擊隊的身份。當時經常到村的游擊隊有黃冠芳、劉黑仔、蕭華奎、江水等人，他們都是中隊和小隊的領導。進村的時候，有七、八人，或十餘人。亦有女戰士同行，她們是民運人員，負責宣傳工作。

　　黃毛應村有一間教堂，可以住數十人，於是游擊隊員在教堂住下來。有一晚，二三十名游擊隊員在教堂開會，宣佈成立港九獨立大隊，大隊政治委員陳達明，大隊長蔡國樑。

　　游擊隊為什麼選擇黃毛應村作為根據地呢？因為當時西貢尚未有日軍，日軍仍然駐紮在九龍半島。而且西貢距離市區很遠，沒有馬路連接，從九龍步行到西貢需要四個小時。黃毛應村四面環山，位於半山之上，樹林茂密，又有水源。村民人數很少，只有十五六戶，四五十人。村內有一間意大利天主教教堂，村民當中有七至八成是信奉天主教，鄧振南也是天主教教徒。神父進行彌撒儀式時，鄧振南是輔祭班的助手。神父並不在教堂長期居住，每月只來一次，居住兩三天。如無特別事務處理，留一兩天便轉往鄰近的村落，如鹽田仔、赤徑、白沙坳等都是天主教村落。有些鄉村距離比較遠，如鹽田仔是一個孤島，不利防守，出入不便，故游擊隊沒有前往。黃毛應村有地形之利，由村步行到西貢只需一個小時，若是大人步速，更只需四十分鐘。黃毛應村位於半山，游擊隊派一哨兵到山頂，若發現敵蹤，只要鳴槍示警，游擊隊便可以撤進密林，數十人均可以隱藏其中。如需要撤退，亦可以翻過大山進入另一

黃毛應村

條村。因此，黃毛應村地理條件甚好，前進（前往西貢）和退卻都十分
方便。一排兵力足可以抵禦一個連的進攻。

三、加入游擊隊

　　游擊隊很快與村民建立良好關係，得到村民信任。村中青少年經常
和游擊隊員聊天，甚至和他們在教堂一起居住。游擊隊慢慢對村民講述
抗日理想，解釋為什麼要保衛中國，為什麼要消滅日本人。有時更和村
民分享他們的抗日經驗，教村民如何應付日軍。當時鄧振南等三幾個青
年經常和劉黑仔、江水等短槍隊員接觸，一起在教堂的露台席地而睡，
對他們的印象日漸深刻。1942 年 3、4 月份，方覺魂和江水兩人看上時
年十九歲的鄧振南，教育和培養他，對他說為了抗日，需要團結和組織
起來，才有力量。經過醞釀和動員，組織了一個青年會。黃毛應村附近
很多村落，三五間屋一條村，如石坑、平墩、大網仔、大埔仔、蛇頭、

黃毛應、氹笏、鐵鉗坑等八條村。7、8月成立八鄉（實際上是八條村）聯防青年會，推選了鄧振南做會長，大埔仔張任忠（年約十九歲）當副會長。這是一個鬆散的組織，很少開會，更沒有開大會，只是宣傳抗日戰爭的道理，了解各村的情況，互相照顧，建立緊密關係。

10月，游擊隊通知鄧振南到赤徑高塘村上軍政學習班。高塘是游擊隊的大後方，距離黃毛應村很遠，約一個多小時行程。訓練班有十多位青年參加，內容三分軍事、七分政治。林伍當軍事教官，課程內容很簡單，雖然游擊隊槍械不多，但仍有戰鬥技巧訓練，如瞄準射擊，三五成群前進等戰鬥知識。哨兵站崗時，要學會口令，如來人無法回答，便要禁止他前進。游擊戰的戰術，學會如何利用地形、地物作戰，不能利用石山做防線，因為若敵人炮轟石山，炮彈會炸碎石頭，做成大量傷亡。

羅汝澄當政治教官，教授共產主義、世界觀、人生觀。當時鄧振南等青年根本不懂什麼世界觀、人生觀。不過，慢慢聽多了，便漸漸入腦，同意人類要平等的世界觀，人生總要有個意義的人生觀。經過教育後，鄧振南對不怕犧牲、為人民服務等共產主義漸漸認識，頭腦上對共產主義有點沾邊。一個月之後，游擊隊派鄧振南回家，多與群眾接觸，多做青少年工作，發動群眾參軍，組織民兵等。鄧振南首先在同村兄弟中進行工作。黃毛應村耕地少，生產的糧食只夠半年之用。村民本來對國家民族的觀念十分薄弱，因香港淪陷，村民無法出外謀生，又不能依靠本村糧食，生活極為困難，不反抗日本侵略者，就會餓死。所以，在生活迫人的情況下，村民的抗日情緒愈來愈高漲，加上國難當前，抗日救國、共產主義宣傳的不斷教育下，村民自覺地思索他們的出路。

游擊隊民運隊員梁雪英專責八鄉的抗日宣傳活動，她雖不是鄧振南的領導，但經常教他搞宣傳、做群眾工作的技巧。鄧振南回家後兩三個月，羅汝澄探訪鄧振南，詢問他在學習班的收穫及對抗戰的觀點，鄧振

南表示獲益良多，中國人應當奮起抗戰，保衛國家民族。經過一番詳談後，羅汝澄表示準備推薦他加入共產黨，鼓勵他好好學習。1943 年 3 月（春節前後），鄧振南在赤徑村教堂宣誓加入共產黨，羅汝澄當介紹人，李少華（江水的妻子）當監誓人。入黨後，鄧振南沒有公開黨員的身份，被安排負責地下工作。

7、8 月份，鄧振南因家裏地田少，糧食產量只能維持半年生活，而父親平時替村民治病和砍柴為生，入息微薄，故到九龍牛池灣米站（白米配給所）工作。那時香港物資缺乏，食米需要配給。這米站由鄧振南姐夫陳可辛和一名潮州人合營，由日軍方面取得食米，專門負責供應西貢區。西貢人每星期到米站一次，憑糧票購買六兩四白米。鄧振南在米站負責剪存米票，計算檢驗後，交會計收錢，另一名伙伴負責秤給食米。在米站工作期間，鄧振南兼負搜集情報工作，利用他三弟鄧輝每星期從西貢到米站的機會，把情報寫成一條字條，捲好後藏入米袋中，再帶回西貢交給梁雪英。一年之後，1944 年 4、5 月，香港因缺乏食米，遂停止配米制度，米站結束。

鄧振南在米站工作期間，親眼目睹克爾中尉率機群轟炸啟德機場，並看到克爾的座機被擊落，跳傘逃生的情景。他的白色降落傘很大，慢慢降下來，大約離地一千米的時候，被一陣南風吹往獅子山方向，在山半腰轉往觀音山下墜，日軍約十部軍車立即駛往西貢方向搜索。後來知道克爾遇上一名送情報的小鬼李石，把他收藏在一個山洞，再轉交民運隊員陳玉蓮和李少華收藏。鄧振南回西貢繼續地下工作，發展黨員，選擇純潔青年入黨，教育群眾抗日等。鄧振南在家鄉發展了兩名黨員，他們對抗日都作出了貢獻。

1979年鄧振南重返黃毛應村

四、殘酷的考驗

　　打波和打游擊不同，打波輸了一場，可以再打下一場。打游擊輸了，就是死亡，不但輸了自己的生命，甚至連累戰友和家人。戰火無情，總有機會遇上殘酷的考驗，過得了這一關，就是英雄！否則就會淪落成為民族敗類。

　　西貢日本憲兵隊隊長圓外經常利用民族敗類，為他提供情報，對游擊隊和村民做成很大損害。游擊隊有一名炊事員楊狗仔，是西貢新窟村人，因被發現採購伙食時貪污，囚禁在一間屋內。數日之後，看守人員見他毫無神氣，監視漸疏，被他乘機撬開窗門鐵枝逃跑，躲在西貢墟內。不久，被圓外查知，威迫利誘，迫他叛變，成為出賣國家民族的罪人。楊狗仔因曾是游擊隊員，知道哪一條村有游擊隊活動，什麼人參加了游擊隊等等情況，於是圓外命令楊狗仔帶領日軍四處搜捕。楊狗仔逃脫監禁後，游擊隊立即做好應對措施，轉移到安全地方，令日軍多次掃蕩，都撲個一空。

　　1944年秋一個早上5時許，楊狗仔帶領二三十名日軍和華籍憲查包圍黃毛應村，把村中的全部男女老幼趕到禾塘，然後把女人隔離在教堂外，圓外在教堂內專門審問男丁，詢問各人：誰是游擊隊？游擊隊什麼時候來？與誰人接觸？大家都拒絕招認，說這裏沒有游擊隊。

　　楊狗仔曾在黃毛應村活動，當然熟悉情況，首先拉鄧德安出來嚴刑迫供。鄧德安是鄧振南堂弟，比他年小一歲，是鄧振南發展的秘密隊員，也是聯防會的秘密會員。圓外下令日軍酷刑迫供，毒打鄧德安一頓後，得不到半點消息，於是用繩把他吊起，掛在教堂裏的橫樑上，再審問，又不招供。日軍放一堆禾桿草在鄧德安腳下，放火燒他。雖然鄧德安被燒到重傷，但仍然堅決拒絕透露半點情報。由於傷勢嚴重，加上缺乏醫藥治療，兩日之後傷重斃命。日軍拖鄧德安出教堂之外，接着審問鄧振南的父親鄧福，一樣毒打火燒，仍舊審不出半點情報。圓外叫鄧福臥在地上，伸直雙腳，再用一條扁擔，壓在鄧福脊骨上，派兩名日軍分頭用力踩上去，當場把鄧福的腰骨壓斷。嚴刑迫供，仍無結果。鄧福身受重傷，幸好懂得跌打醫術，寫了藥名交家人上山採藥治療，醫治了半年才撿回性命。

　　第三名被審問的是鄧振南的親戚鄧戊奎，又是毒打火燒一招。可能日軍已經疲倦了，折磨程度較少，傷勢較輕，性命無礙。第四名輪到鄧振南，圓外拿一把東洋刀架在他頸上，威嚇他招供，不招便殺死他。鄧振南堅決不承認，說教堂內的人全是兄弟鄉親，沒有外人。圓外花了一天工夫，屢施酷刑，仍然無法從村民口中得到絲毫情報，也捉不到游擊隊，於是洗劫了全村財物，殺豬宰雞，飽餐一頓，於下午5、6時才撤走。走時，還捉了鄧石水、鄧水發兩個青年，為他們挑擔搶刮得來的財物離去。

　　這是一場意志力的鬥爭，黃毛應村的游擊隊員沒有武裝，無法反抗。但用堅定不屈的意志，堅決抵抗敵人的威迫利誘。教堂內各人寧願

鄧振南（左一）
1949 年在惠陽
淡水郊區

犧牲自己的性命，都拒絕洩漏半點情報，用出賣別人的辦法來換取自己
的生存。鄧德安為國家民族英勇犧牲了！

五、抗日民主政權

　　1944 年，西貢游擊隊的活動範圍不斷擴大，由初期的高塘、赤徑、
大浪，慢慢發展到沙田、坑口、西貢半島等地，直接威脅九龍市區。游
擊隊為了進一步團結群眾，決定成立政權組織。為免日軍注意，進行掃
蕩，這組織沒有採用政府名稱，只稱為「聯防會」。當時港九大隊轄下有
元朗、大嶼山、沙頭角、西貢、市區、海上等六個中隊，只有西貢中隊
成立聯防會，其他中隊並無這種初期地方政權形式的組織。港九大隊把
西貢控制的地方，分為三個區域：正式西貢範圍的，屬新一區聯防會，
坑口範圍屬新二區聯防會，沙田範圍屬新三區聯防會。

　　西貢中隊派出民運隊伍，宣傳「聯防會」籌備成立，向民眾解釋這

是一個政權組織，目的是發展生產，搞好生活，各階層人士共同抗日。跟着，召集群眾到會，先演講，然後選舉。聯防會按照團結各階層人士共同抗日的原則，由鄉村士紳、基層群眾代表、游擊隊成員聯合組成。正副會長由群眾大會民主投票產生，選舉的辦法簡單而隆重。先在參選人的背後放置一個碗，群眾把獲派的兩粒黃豆，放進候選人背後的碗裏。獲得黃豆最多的參選人任正會長（職銜稱為主任），其次任副會長。結果選出：新一區聯防會主任鄧振南，新二區聯防會主任成連，新三區聯防會主任許達章，他在香港淪陷前是學校視學官。

　　每區聯防會設一主任，區之下有村，亦經民主選舉產生村長。聯防會工作人員雖然只有五、六人，由於是一個政權組織，故各有分工。聯防會主要任務是保衛家鄉，設有軍事委員，由赤徑人趙桂生出任。他專門到各條鄉村訓練和組織民兵。不過，由於缺乏槍械，民兵只能拿枝棍來訓練，因此態度散漫。村民人數多還好些，人數少便很難組織。

　　另設有經濟小組，有兩個負責人，一名是北潭涌人劉恩勝，淪陷前搞生意，年約三四十歲，另一人是黃亞連。經濟小組在北潭涌成立了一個合作社，前往寶安、惠陽兩地採購米、油等民生物資回來，然後分配供應群眾。辦合作社的目的是為人民的柴米油鹽服務，方便民生，不求賺錢，只求維持經費。聯防會另有一人專責和上級聯絡。

　　聯防會成立後，與西貢中隊一起活動，中隊長是張興，指導員梁超，民運隊長張婉華。這時鄧振南跟隨着中隊部活動。

六、民主政權大會

　　東江縱隊司令部把廣東游擊區分為兩部分，以粵港鐵路為分界線，鐵路以東為路東，鐵路以西為路西。香港位於鐵路以東，屬路東行政委

員會管轄。1945 年春初，東江縱隊在惠陽麻溪村召開路東行政委員會成立大會，準備選舉專員。大隊部通知西貢地區聯防會派代表作為大會參議員參加會議。鄧振南、成連、許達章等三位參議員前往參加。

　　大隊部派了一隻帆船和數人到赤徑，護送三人橫越大亞灣。航行了半日，登岸後，大亞灣區政府再派人護送他們到達麻溪。當天晚飯後，天朗氣清，月色明亮，三人繼續行程，步行通過坪山淡水公路。區政府派了一個班的兵力在公路兩端警戒，通過公路後，衛兵繼續保護他們前進，到達麻溪時天已發亮。次日開會，四周有警衛員保護。尹林平、葉鋒等東江縱隊主要領導和其他地區參議員出席大會，會議開了三天。領導人先行作報

鄧振南（左二）1946 年日本
投降後攝於西貢學校

告，討論了減租減息，團結各階層人士抗日等問題。然後提名候選人，大家醞釀，最後投票，選出葉鋒當專員。鄧振南忘記了名稱是專員，還是主任。晚上有文工團表演歌舞，大家都沒有參加過這樣的大會，都感到很高興。大會結束後，三人由原路返回西貢。以後路東行政委員會與香港方面的聯防會因路途遙遠，通訊不便，沒有很密切的聯繫。

七、解放西貢之戰

　　1945 年 8 月 15 日，日本宣佈無條件投降，延安總部朱德總司令下令日軍向附近的游擊隊投降。東江縱隊司令部發出緊急命令，指示各部隊立即開赴附近敵佔據點，解除日偽武裝。港九大隊大隊長黃冠芳、政委黃雲鵬立即在黃宜洲（又名黃泥洲）召開西貢中隊幹部會議，參加會議的有中隊長張興、副中隊長黃甲發、指導員梁超、民運隊長張婉華、聯防會主任鄧振南等七人。會上黃冠芳傳達朱德總司令給岡村寧次的命令，大意是：「日本政府正式接受波茨坦宣言條款，宣佈投降。你應下令：你所指揮的一切部隊聽候華南抗日縱隊的命令，向我方投降。」會議最後決定派人與日軍談判，向西貢墟日軍發出通牒，限期三至五日之內，向我部隊投降。初時決定派中隊指導員梁超（又名梁華）執行任務。但梁超不願前往，推薦鄧振南。鄧振南亦自告奮勇，要求前去。於是港九大隊寫了一信派鄧振南送交西貢日軍。晚上七時許，鄧振南乘着小艇，經過一個多小時的航程，到達沙下村上岸，十五分鐘到達鄰近西貢一公里的沙角尾村。

　　沙角尾村有一位地下黨人劉錦文，負責情報工作，身份保密。鄧振南找到劉錦文後，通知他說大隊部現決定與日本人談判，請他介紹西貢墟內日軍情報及研究行動。劉錦文當時因腳病，不便行動。兩人研究

後，知道日軍有一名何通譯，是兩面派，與大環一名女村民結婚，有時找部隊幫忙。地下黨亦借用他提供情報。兩人商議後，決定通過何通譯把大隊部要求談判的信件轉交西貢日軍警備隊石井隊長。

當時西貢日軍分兩部，一支是警備隊，負責維持治安，約有五六十人，隊長石井；一部是日本憲兵隊，人數不多，約二十多人，專門搜集情報和捉人。外圍尚有一班華人漢奸憲兵巡查隊。

鄧振南約石井於翌日 3 時在西貢墟中央茶樓二樓談判，並通知該茶樓當日暫停營業。信件送達後，何通譯回覆說日本人表示同意。當天，鄧振南依時前往，先找到西貢偽商會會長駱九，與他一起和日軍談判。中央茶樓二樓放置了一張長枱，有四五個位。等了十餘分鐘，日本隊長來到，只帶了一個持長槍刺刀的衛兵，及一名翻譯。談判的氣氛雖然火爆，但日皇已經宣佈投降，日軍氣焰大減。鄧振南向日軍傳達：按照延安總部命令，日軍應向當地軍隊投降。我們是當地軍隊，所以你們要向我們投降。你們在中國做了那麼多壞事，應該向我們投降。並限兩日之內決定，否則將他們消滅！鄧振南向日軍講了一番道理，日軍點點頭，回答說他們不能作主，他們由九龍司令部指揮，要聽總部命令，回去請示後，再作答覆。

談判結束後，為免日軍跟蹤，鄧振南走內街，再由涌尾督爬上山。兩日後，何通譯回覆說西貢日軍已向九龍司令部請示，司令部說統一投降行動，他們不能單獨行動。鄧振南立即報告黃冠芳，大隊部於是決定消滅西貢日軍，立即準備武力解放西貢墟，並決定黃冠芳負責指揮戰鬥。

8 月 17 日早上，天還沒有亮，游擊隊先派幾個青年在沙角尾的高山上搖旗吶喊，虛張聲勢，集中了兩個中隊和西貢游擊隊，約五十餘人，把西貢薑場（上有一間教堂學校）包圍起來。中隊長張興、指導員梁超和鄧振南帶領中隊全部兵力，分頭進入陣地。鄧振南和隊長張興在中隊

部佔領離薑場後山的制高點，架起一挺重機槍，居高臨下，距離日軍約
800 米。山腰又架起一條風龍重機槍，離日軍約 400 米。在敵人的東北
邊 200 米處佈置了短槍隊和爆破組隱蔽待機。日軍正面的楊洲島，有海
隊派來的一艘船參戰，兵力約十人。上架平射炮（實際是平射機槍）一
枝，威力算是最大，但爆破力不強，與日軍陣地相距約 1000 米。西貢墟
內的日本憲兵二十多人，警備隊五十多人，合計七十至八十人，兵力比
游擊隊略多，更有堅固碉堡藏身。

　　原定計劃是首先炸毀西貢大涌口水泥橋，以防九龍日軍增援，各部
隊聽聞爆炸聲便開火。鄧振南認為原本可以消滅日軍部分兵力，因為
游擊隊上山準備進攻時，看見日軍脫去衣服，只穿一條日式底褲早操，
所有槍枝架在一旁。鄧振南向張興建議爭取戰機，立即開槍。但梁超反
對，說要等到 8 時預定發動攻擊時間才開火。但未到 8 時，日軍早操結
束，返回碉堡。8 時，游擊隊準時開火，重機槍和步槍猛烈射擊，但無法
打穿碉堡，平射機亦無法摧毀日軍樓房。打了一個多小時，日軍還火固
守。短槍隊爆破組計劃秘密從東北角潛入日軍陣地，炸毀日軍指揮部。
但被敵人察覺意圖，集中火力攔截。短槍隊隊長李伙勝拼死衝往大門，
想炸開鐵門讓部隊衝進，可惜頭部中彈犧牲。游擊隊無重武器，欠缺攻
堅能力，久攻不克，只有下令撤退。日軍不敢窮追，直至游擊隊撤退到
北潭坳企嶺下，才見到日軍上山搜索。

　　是戰雖然沒有攻佔敵人陣地，但炸斷了日軍與九龍聯繫的大涌口
橋，嚴重威脅日軍安全。日軍知道游擊隊一定會捲土重來，而且日皇已
經宣佈投降，故無心戀戰，翌日（8 月 18 日）主動放棄西貢。撤退時，
日軍擔心游擊隊中途伏擊，捉了西貢七八個壯丁同行。每組四五個日
軍，相隔五六米安插一個中國人在中間隨行，讓游擊隊不敢狙擊他們。
游擊隊見此陣勢，為免傷及同胞，於是放棄伏擊。日軍撤退時並無抬着

鄧振南（前）1952 年帶領工作
小組進駐河源

鄧振南 1953 年在惠州

鄧振南（右一）1979 年率佛山市政府代表團赴港到訪無線電視清水灣片場

擔架，說明沒有傷員。被日軍囚禁的村民獲釋後，亦說日軍沒有傷兵。日軍撤退後，港九大隊入城，接管西貢墟。西貢墟人民熱淚盈眶，熱烈歡呼西貢解放。這時英軍還沒有到達香港！聯防會和鄧振南隨着部隊進入西貢墟，解放西貢後，立即發動群眾，組織成立商會、青年會、婦女會等團體，整頓社會治安，恢復對外交通。經過軍民努力，西貢墟社會治安秩序迅速恢復。

1945 年 9 月 28 日，大隊部根據上級命令，發出撤退宣言，港九大隊撤回寶安縣鹽田，鄧振南則繼續留在西貢。這時英國人重返香港，但兵力薄弱，港英政府為了維持治安，商請游擊隊協助。袁庚、黃雲鵬、黃作梅等奉令與港英政府談判，說部隊已奉令撤退，愛莫能助，但可組織自衛隊，聘請已復員的游擊隊隊員以個人身份參加。七八個月後，治安穩定，自衛隊亦隨即解散。

八、小結

三年零八個月是香港歷史上最艱難悲慘的歲月，殘酷考驗每一個香港人。面對兇殘的敵人，有些人選擇吞聲忍氣，甚至出賣別人來換取自己一時的苟安；亦有些人敢於英勇鬥爭，為保家衛國作出了貢獻。游擊隊和西貢居民用自己的力量解放了自己的家園。1989 年 1 月 20 日，西貢斬竹灣英烈紀念碑落成，它傲然告訴世人，我們雖然熱愛和平，但不是貪生怕死的廢物。我們雖然是平民百姓，但我們會執起武器，用鮮血保衛我們的國家民族！

【本文承蒙鄧振南先生在 2011 年 4 月 9 日及 7 月 23 日撥冗接受訪問，完稿之後又費神親自校閱，謹此致深切謝意】

第五章

劉培

——海上游擊戰先導者

一、前言

　　八年抗戰是中華民族生死存亡之戰，日本侵略者不單想征服我國，侵佔我國領土、掠奪我國資源，還想滅絕我們中華民族。日軍違犯國際法，肆意屠殺我國非戰鬥人員，無論是已經放下武器的軍人或是手無寸鐵的平民百姓，不分男女老幼，都肆意屠殺。比野獸還凶殘的日軍除了惡名昭著的南京大屠殺之外，在華北、華中抗日根據地進行殺光、燒光、搶光的三光政策，製造無人地帶來鞏固其佔領區。日本已經不是利用軍事手段來達到其政治目的，而是企圖用武力來滅絕中華民族。所以這場仗如果打輸了，中國便亡國滅種。南京大屠殺教訓了我國軍民，只有拼死抵抗，才有生存的機會！於是，為了保家衛國，打敗凶殘的日本侵略者，無分男女老幼、士農工商學兵，都投入了各條戰線，分別在正面戰場和敵後戰場，拼死抵抗敵人。

　　不過某些「歷史學人」，沒有客觀認真地研究歷史，藐視敵後戰場在抗日戰爭中所扮演的角色，胡亂批評游擊隊沒有打硬仗，沒有什麼大規模的戰鬥，沒有什麼戰功可言。這不單只侮辱了為保衛國家民族而犧牲的游擊戰士，同時也侮辱了八年抗戰期間，所有在淪陷區堅持抗戰的同胞。因為沒有淪陷區人民不怕犧牲、無私奉獻的支持，游擊隊怎能在敵後活動？如果不是軍民合一，在日偽軍多次反覆掃蕩下，游擊隊怎能生存？日偽搜捕游擊隊時，對善良的老百姓酷刑迫供，威脅其供出游擊隊下落，老百姓打死也不肯透露半點消息，犧牲自己來保護游擊隊。日本對抗日根據地採取殘酷的三光政策，都無法根除游擊隊。淪陷區同胞支持游擊隊的意義，並非只是表現了偉大的愛國情操，而是所有敵後人民參加的對敵人全面作戰的嚴肅鬥爭，是誓把敵人驅逐出國土的人民戰爭，是抗戰必勝的信念戰爭。換言之，侮辱游擊隊就是侮辱所有支持游

擊隊的淪陷區人民！漠視游擊戰爭是全民抗戰的重要部分。

　　敵後游擊戰場不是一萬幾千人對強敵的騷擾攻擊，而是數以百萬計淪陷區人民和整個中華民族反擊日本侵略者的神聖抗戰。抗戰勝利時，除了中共領導的抗日游擊隊外，全國各地游擊隊尚有五十多萬。換言之，所有淪陷區的同胞都不甘心當日本侵略者的奴隸，他們都在自發地組織游擊隊，打擊敵人。北起白山黑水，南至椰林海嶼，所有淪陷區都是游擊隊馳騁的敵後戰場。稍有國家民族感情的人，都能體會到敵後游擊戰就是全民抗戰的意義。

　　因應地理條件，各抗日根據地的游擊戰有不同的模式，有平原游擊戰、鐵道游擊戰，也有海上游擊戰。1938 年 5 月毛澤東談抗日游擊戰爭的戰略問題時指出，游擊根據地大體不外三種：山地、平地和河湖港汊地。但目前各個抗日黨派和抗日人民，至今尚少注意利用河湖港汊地建立游擊根據地，認為「缺少了這一方面，無異供給敵人以水上交通的便利，是抗日戰爭戰略計劃的一個缺陷，應該及時地補足之」。[1]

　　同年 10 月 12 日，周恩來起草致國民黨軍事當局意見書，提出〈對日寇進攻華南的初步分析及建議〉：「加緊動員廣大民眾，特別是沿海人民及漁民，發揚廣東革命精神，配合軍隊，實行自衛。」意見書受到國民黨軍事當局的高度重視，注明這是華南戰爭的「要着」。[2] 海員出身的游擊隊領導曾生認識到海洋的價值，1941 年冬便採取與項羽「破釜沉舟」相反的戰略，動員下海，籌組武裝船隊，從海上打擊敵人，開闢了海上游擊戰戰場，使香港及其鄰近海域成為海上游擊戰的其中一個主戰場。[3]

1.　毛澤東：〈抗日游擊戰爭的戰略問題〉（1938 年 5 月），《毛澤東選集》，第二卷（北京：人民出版社，1966），頁 388–390。

2.　中共中央文獻研究室編：《周恩來年譜（1898–1949）》（北京：中央文獻出版社，1990），頁 422。

3.　曾生：《曾生回憶錄》（北京：解放軍出版社，1991），頁 350。

年青時候的劉培

這戰場配合陸上游擊戰，在抗戰期間屢挫日偽海軍和運輸船隻，並且為新中國海軍培養了一批優秀幹部。

日軍進攻香港前，曾生已在沿海建立了交通運輸系統，從香港運送物資和人員支援游擊隊作戰。香港淪陷後，曾生指揮游擊隊挺進港九，組織香港群眾作戰。為建立抗日根據地至香港新界西貢半島間的海上交通，以及搶救香港逃避日軍追捕的文化界人士和國際友人，曾生派劉培把茜坑、馬鞍嶺抗日自衛隊改編為護航隊，負起此艱鉅任務。劉培率領所部經過連場血戰和三年多的艱苦經營，把護航隊擴充為獨立中隊，繼而成立護航大隊，將大鵬灣和大亞灣海域開闢為海上游擊戰場。在漁民群眾的支持下，消滅了為患該區的海匪，多次沉重打擊日偽海軍和截斷其近海運輸航線。護航大隊不僅是一支海上武裝力量，除了海戰和運輸外，更發揮遠程奔襲的作用，支援陸上戰鬥。新中國成立後，劉培參加了建設海軍的工作，做出了重大貢獻！

　　劉培在香港九龍城出世，他的一生經歷了國家民族最艱難的歲月，以小學程度參加革命、抗日戰爭和解放戰爭，從一個未受過軍事訓練的少年，經過不斷學習和戰場嚴格的磨練，成長為一個勇敢戰士，繼而成為一個勇謀兼備的指戰員，最後任職海軍榆林基地副司令員和南海艦隊司令部顧問。劉培在海戰和陸戰都有很輝煌的戰績，本文焦點在介紹其海戰的經歷，以探索東江縱隊海上游擊戰的特色，以及一個普通的香港人如何克服艱辛困難，成為一個對國家民族做出貢獻的英雄！

二、劉培簡傳

　　劉培原名劉添，因體形較肥胖而得名（客家話中「肥」、「培」同音）。1922 年農曆 5 月 15 日出生於香港九龍城舊街市敦仔下。母親紅磡人，在宋皇臺種菜為生。父親少時被賣豬仔到香港，後得叔父收留，買賣故衣，薄有積蓄後，娶妻生下五名子女，劉培排行第三。當時因衛生條件欠佳，只能存活劉培與長兄劉振邦（劉福友）、姊劉渾（劉桂清）三人。長兄三十年代就讀省立第一中學校（現廣州廣雅中學）時，因參加進步學潮活動，被軍閥陳濟棠所殺。姐姐是香港惠青會會員，1939 年參加「東江華僑回鄉服務團」，從香港回內地進行抗日宣傳活動，是村裏最早的黨員之一。

　　劉培少年時期先後在九龍城「潘墨香學校」和「文化學校」讀書。這時香港愛國思潮澎湃，劉培一方面受到潘墨香學校老師王卓如影響，也深受其兄、姊兩人的啟發。他們曾到卜公花園遊玩，公園大門掛有「華人與狗不得入內」的字牌，港英政府對華人的侮辱歧視，令他們非常憤怒。九一八事變後，劉培的大哥劉振邦帶同他們兩姊弟參加抵制日貨運動、宣傳抗日，籌款支持馬占山的東北義勇軍等等活動。一二八淞滬抗

戰，劉振邦又帶同劉培參加抗日運動，反對售賣日貨。香港警察出動干
涉，反被強大的愛國學生隊伍趕走。劉培在長兄和大姊愛國熱情的薰陶
下，開始步上革命之路。[4]

　　1935 年，劉培十三歲，長兄遇害。1936 年因祖母希望回鄉終老，劉
培與繼母陪同祖母自香港返回故鄉惠陽，大姊劉渾仍留在香港讀書。不
久，西安事變爆發，全國掀起了抗日救國的高潮。其時共產黨員陳作英
在惠陽活動，宣傳抗日，劉培開始參加抗日活動。

　　1938 年日軍登陸大亞灣，次年劉渾回鄉組織劉培等人成立抗日武
裝。為避免注意，這支抗日部隊對外宣稱只是一支驅趕野獸、保護莊稼
的打獵隊。劉渾又成立讀書會，吸納青少年群眾。1939 年 7 月成立麻
溪黨支部，劉培任第一任組織委員。年底，任支部書記、代理打獵隊隊
長，年十七歲。其時國民黨獨九旅駐防淡水，以後防空虛，治安不靖，
鑑於打獵隊有武裝，遂請求劉培協助維持治安。劉培乘機要求給予名義
以方便活動，國民黨同意，給予壯丁自衛隊名義。不久國民黨展開反共
高潮，惠陽縣委因劉培活動積極，引起國民黨懷疑，隨時有被捕可能，
決定調劉培到部隊。1941 年 1 月，春節還沒有過，十九歲的劉培便離家
到部隊去。臨走時老父告誡他：不要當兵，他大哥已經遇害，只餘下他
一個兒子了。劉培以國難當頭，立志獻身革命，只得欺騙父親說是到外
地教書。劉培晚年回憶起這段情節，還是老淚縱橫，自覺對不起父親，
忠孝不能兩全！[5]

　　到部隊後，先後當戰士、短槍隊戰士、政治戰士、庶務長、代理支
部書記，1941 年 9 月任短槍隊代理支部書記。[6] 12 月 25 日香港淪陷，

4.　　陳敬堂：〈劉培先生訪問記錄〉（2002 年 8 月 10 日）。

5.　　陳敬堂：〈劉培先生訪問記錄〉（2002 年 8 月 18 日）。

6.　　同上註。

劉培率部進入香港，後奉命組織護航隊，營救文化界精英和盟國友人。1942 年 1 月 2 日親自護送廖承志、連貫和喬冠華返抵沙魚涌，完成了首次護航任務。此後，殲滅海匪黃福仔、招降葉琪，擴大了護航隊實力和影響力，保證了航道安全。劉培領導的護航隊馬不停蹄，從日軍虎口中搶救出一百二十多名文化界人士和盟國友人出險。3 月，為了推動抗日統一戰線，劉培奉令與王竹青合作，使用國民黨「惠（陽）澳（頭）經濟游擊總隊二中隊」番號。4 月 12 日於關湖海灘伏擊登陸日軍，打死打傷十多名日軍，擊沉兩艘橡皮艇，翌日再擒上岸之偽軍八人。7 月，廣東抗日人民游擊隊為擴大武裝力量，成立一個獨立中隊，直屬總隊部，時年二十歲的劉培被委任為中隊長。獨立中隊戰績顯赫，1943 年 2 月在平洲海戰打傷一艘日軍炮艇，6 月夜襲消滅日軍鐵拖一艘。7 月 6 日馬鞭島海戰，以十六人組成之突擊隊，殲滅三艘偽海軍百噸重之大眼雞船，俘四十多人，擊斃偽大隊長陳強以下五十多人。此戰為取得大亞灣制海權奠下基礎。

8 月中旬，游擊隊為了向東發展，開闢稔平半島、打通至汕頭的海上交通線，將獨立中隊擴建為護航大隊，劉培升任大隊長，時年二十一歲。劉培指揮部隊轉戰山野、海洋，並親冒炮火，站在第一線指揮戰鬥。9 月從壩崗乘船遠程奔襲澳頭，全殲了王竹青一個中隊。唯年底在霞涌戰鬥，中彈重傷垂危，秘密送港搶救。1944 年 5 月初，從香港醫院治傷出來，到西貢大浪村休養。以戰情緊張，要求歸隊，不准。6 月初回大鵬城東江幹校學習和休養。

1945 年抗戰勝利在望，毛澤東考慮在粵贛湘、五嶺地區建立一個根據地，派王震、王首道率領「南下支隊」從延安直插華南，同時命令東縱派主力部隊北上迎接。劉培調任東江縱隊第五支隊支隊長，奉命北上湘南接應兩王南下支隊。自此，劉培便暫別海洋，轉戰粵贛湘邊地區，

直至東縱北撤。

1946 年 7 月東縱北撤至山東，部隊由游擊戰轉變為正規戰。於是，東縱全體人員被分派到不同的學校學習。劉培被派往解放軍華東軍政大學學習。8 月 1 日兩廣縱隊宣佈正式成立。劉培任兩廣縱隊三團團長，時年二十四歲。12 月受華東西線兵團命令，在山東荷澤地區作戰。1948 年到華北軍政大學學習，再到華北兵團（徐向前部）任副團長，參加山西太原戰役。1949 年初解放軍進行整編時，所有的「縱隊」均改稱「軍」，唯有「兩縱」的番號未變。劉培調回兩廣縱隊任五團團長。

新中國建立後，劉培繼續為建設現代化國防力量做出貢獻，1951 年任中南軍區海軍萬山獨立水警區副司令員，年二十九歲。1953 年任中南海軍工程部副部長，1956 年任海軍榆林基地副司令員。1958 年到南京軍事學院學習，1961 年任海軍南海艦隊工程部部長，1971 年任國防科工委「064 基地」副總指揮。1976 年再任海軍榆林基地副司令員。1979 年 2 月 17 日中國對越南進行了「自衛反擊戰」（軍內稱「2·17」反擊戰）。當時，南海海域有美國的海軍特混編隊（含航空母艦）在遊弋，蘇聯的戰略轟炸機圖 95 型亦已經飛到越南，但中國軍力量還未能控制南沙群島。為確保西沙群島安全，於「2·17」前夕，奉命率領配備坦克（做臨時堡壘用）等重武器的部隊開赴「西沙」。此後，兼任「西沙建設領導小組」的軍方領導，曾提出「把西沙建成永不沉沒的航空母艦」。

劉培到海軍工作後，主要精力都放在軍事工程建設上。概括地說：「文革」前南海艦隊的大型、系統的工程，從設計到施工的組織、領導，他都付出了心血。以後在四川主持建設導彈研製基地 ——「064 工程」，以及在南中國海上的「西沙工程」，這些都是國家的重點工程。1981 年任南海艦隊司令部顧問，1984 年離職休養。2002 年 12 月 3 日在廣州病故。

　　劉培屢立戰功，建國之後，1955 年授上校軍銜，同時授予二級「獨立自由勳章」一枚、二級「解放勳章」一枚。1964 年授大校軍銜，1990年授「獨立榮譽勳章」一枚。[7]

三、組織護航隊

　　1941 年 1 月劉培調到惠陽時，初任政治戰士。3 月，成立惠陽短槍隊，劉培任支部書記。月底，蔡國樑通知，調任茜坑、馬鞍嶺自衛隊政治指導員。當時，江水任茜坑、馬鞍嶺自衛隊隊長，隊員有三十多人，裝備有二挺駁殼手提機，單響十來枝，粵造七九步槍五、六枝，雙筒二枝，其餘是粉槍和大刀。日軍登陸大亞灣，惠陽、東莞、寶安淪陷，從上、下涌、茜坑到茶園，成為廣東通往香港的主要交通線，香港的輪胎、棉紗、西藥、火水、機器零件大都從這條交通線運往內地。劉培的自衛隊任務：一是配合部隊擔任護送客商，收取保護費，解決部隊的活動經費；二是打擊零星出來偷雞摸狗的日軍，利用夜晚襲擊沿海各據點的日軍，使他們不得安寧。[8]

（1）組織海上護航隊

　　1941 年 12 月 8 日，惠寶地區的淡水、澳頭、大鵬城、葵涌、沙魚涌、坪山等沿海各據點的日軍入侵香港。蔡國樑率領部分部隊挺進香港新界，10 日劉培指揮茜坑、馬鞍嶺自衛隊乘勢解放了金龜肚、葵涌、沙

7.　劉培提供資料。
8.　陳敬堂：〈劉培先生訪問記錄〉（2002 年 8 月 10 日）；劉培口述、李宇光整理：〈從茜坑、馬鞍嶺自衛隊到護航大隊戰鬥歷程〉（未刊稿）。

魚涌一帶沿海地區。這時，各地土匪流氓和國民黨的散兵游勇，亦乘機
蠢湧進入大鵬灣為非作歹，殺人搶船，無惡不作。因此漁民不敢出海捕
魚，生活無着，坐以待斃，商旅視大鵬灣為畏途，紛紛離去。

　　11 日曾生派劉培所部分乘兩艘一百多擔大的漁船，進入西貢半島
的赤徑、企嶺下、深涌灣一帶，打擊土匪，擴大游擊隊的影響。20 日
左右，蔡國樑指示劉培：江水、賴祥、賴章等十多人暫留在西貢活動，
劉培率領餘部立即返回葵涌、沙魚涌，組織海上護航隊，擔任隊長，在
海上開展鬥爭，迅速肅清海匪，控制從西貢北岸至大鵬半島的航線，保
證航渡的安全。[9] 任務有三：一是護送八路軍駐港辦事處領導，和被困在
香港的文化界人士以及各民主黨派負責人返回大隊部田心接待站；二是
保護客商從香港搶運出來的輪胎、火水、棉紗、機器零件、西藥等物資
回內地，可以收取一些護航費、運輸費等；三是消滅海匪，保護漁民生
產，解除他們的痛苦，逐步把漁民組織起來，把大鵬灣發展成海上游擊
戰的根據地。[10]

　　劉培立即率部乘船返葵涌、沙魚涌，找中共惠陽縣大鵬區委書記何
清，要求幫助解決護航船隻。何清寫信介紹劉培到土洋找沙溪鄉鄉長李
秀靈幫忙，李秀靈知道後，立即動員當地船主李華靈借船給劉培使用。
李華靈一口答應，並吩咐舵工利進秀、利加小兩人：「船借給部隊用，你
們二人幫部隊駛船。」於是劉培取得了創建海上護航隊時的第一艘風帆
（槽仔）戰船。

　　劉培分中隊為三組，一是派賴桂、江九、賴養等上船，做好兩個舵

9.　　曾生：《曾生回憶錄》，頁 213。

10.　陳敬堂：〈劉培先生訪問記錄〉（2002 年 8 月 10 日）；劉培口述、李宇光整理：〈從茜坑、
　　　馬鞍嶺自衛隊到護航大隊戰鬥歷程〉（未刊稿）；劉培：〈大亞灣馬鞭洲海權的爭奪戰〉，惠
　　　陽縣人民政府編：《大亞灣風雲》（廣州：廣東人民出版社，1992），頁 312。

工的思想政治工作，並迅速學會海事常識和海戰技術，儲足糧水，做好海上戰防措施，準備出海；二是派江忠帶人在沙魚涌建立稅站，負責檢查往來貨物和收稅；三是派餘下的隊員組成小分隊，在葵涌、沙魚涌、疊福、金龜肚、牛草棚沿海一帶村莊，宣傳抗日救國，擴大游擊隊的影響，動員和組織群眾，維持社會治安。

（2）護送文化人士

　　1941 年 12 月 31 日，劉培率部出海，於 1942 年 1 月 1 日到達深涌灣聯絡站，蔡國樑親自交待任務說：「今天有三位首長，乘你的船回沙魚涌，一路上要照顧好這三位首長，保證他們的安全。」天黑後，三位首長來到深涌灣，劉培接他們上船後，便揚帆返航，次日下午，返抵沙魚涌。飯後，劉培親自帶一個班，配上一枝手提機，護送到田心大隊部。這三位首長是誰？蔡國樑沒有告訴劉培，劉培也不能問。後來才知道是廖承志、連貫和喬冠華。[11]

　　護航隊很快從一艘船擴充到四艘船，有些船是消滅海匪搶過來的，有些是海匪自新參加游擊隊繳獻的。取得船隻後，劉培立即組織人員上船，參加護航。那時，需離開香港逃避日軍捕殺的各界人士很多，為了盡快接送他們返回大後方，劉培馬不停蹄地接送，三、四天跑一水（一個來回），到 2 月底，劉培四條船跑了二十多水，接送有一百二十多人和大批物資回根據地。[12] 劉培勝利地完成了營救文化界人士的護航任務，並擴充了部隊，從原來的四十多人擴大到五十多人。陸上編成二個小隊，

---

11. 陳敬堂：〈劉培先生訪問記錄〉（2002 年 8 月 10 日）；劉培口述、李宇光整理：〈從茜坑、馬鞍嶺自衛隊到護航大隊戰鬥歷程〉（未刊稿）；《曾生回憶錄》，頁 219。
12. 〈從茜坑、馬鞍嶺自衛隊到護航大隊戰鬥歷程〉（未刊稿）。

分別由賴桂和葉展明當小隊長，海上編成一個隊，四條船。蔡國樑又補充了一挺英式機槍。護航隊的人員和裝備都比以前大大增強，能在葵涌、沙魚涌一帶站穩了。[13]

（3）消滅海匪、保護漁民生產

香港淪陷後，大鵬灣海盜多達十餘股，比較有名的匪首有黃福仔、黃祥仔、莫仔、吳仔、何聯芳、陳乃秀、鄧芳仔。1942年1月初，劉培從深涌灣出海到塔門，遇上了海盜黃福仔。劉培決定消滅他，接受舵工利加小建議，從船尾方向追上黃福仔的船，發動突襲，機、步槍齊射，當場擊斃匪首黃福及二名匪徒，三名匪徒跳海逃生，舵工一人投降。繳獲匪船一艘，步槍五支。這是護航隊第一次海戰，而且是旗開得勝。[14]

勝利消息很快傳遍了坪洲、塔門、吉澳、土洋、大小梅沙、疊福、牛草棚沿海地區，漁民聽到後，高興得拍手叫好，帶着海鮮到沙魚涌慰勞劉培部隊。劉培乘勝公開宣佈：「大鵬灣東從南澳，西至吉坳，南至塔門整個海區不准任何土匪船隻活動、搶劫，誰膽敢在這一海區搶劫，將與黃福匪幫同樣命運，叫他們到海裏喂鯊魚。」上述一帶活動的海匪知悉黃福仔被劉培消滅了，已經非常驚慌，再聽到這宣佈後，有的就散伙（如黃祥仔等），有的就逃往別處（如鄧芳仔、莫仔），有的就投靠日軍當漢奸、偽軍去了（如陳乃秀），有的起義參加抗日。原本是大鵬半島牛草棚村的海匪葉琪，經鄉親勸說和群眾動員，元月底託人到沙魚涌找部隊說：「要改邪歸正，洗手不當土匪，要參加游擊隊打日本仔。」劉培

---

13. 同上註。

14. 〈曾生回憶錄〉，頁213。

對來人說：「你回去告訴葉琪仔，希望他要安份守紀，不要再幹壞事了。願意參加游擊隊打日本仔，我們非常歡迎。」過了幾天，葉琪親自駛船率部到沙魚涌，連人帶船參加了護航隊。葉琪等人都是為勢所迫挺而走險，誤入歧途的，並非本質惡劣的流氓。參加部隊後，一直表現很好，刻苦善戰。來自坪洲島的詹東生、殷福生兩人成了護航隊的骨幹。葉琪起義後，劉培的海隊便共有三艘武裝船了。[15]

1942 年 1 月中旬至 3 月下旬，劉培連續作戰，把五股海匪驅逐出大鵬灣海區。黃祥仔（葵涌流氓）從坪洲海面逃到塔門東南的外海；謝天帶（西貢大浪人）由塔門海面逃到大浪灣，棄船登陸逃走，劉培將匪船繳獲；鄧芳與陳乃秀二股海匪，離開大鵬灣，投降日寇為偽軍；莫仔被國民黨收編為雜牌軍。到 1942 年底，劉培肅清了大鵬灣的海匪，牢牢控制大鵬灣。[16] 該區漁民感謝劉培說：「劉隊長，我們漁民是望海為田的，有了你們在，我們就放心出海捕魚了。」自此，漁民在海上發現特別情況，馬上就用各種方法向劉培報告。日軍炮艇一出來，各漁船主動迅速向護航船隊靠近，把游擊隊掩護起來。[17] 土匪船和走私船一露頭，他們就吹起海螺角，將船頭指向土匪船或走私船。有好幾次劉培接到漁民的報告後，在漁民的協助下，很快把散匪消滅掉。劉培在 1942 年初的連場海戰，共繳了三條海匪船，連同葉琪起義的船，共有四條船。蔡國樑又給護航隊補充了二挺衝鋒槍（英式）和十枝紅毛十（英式步槍），大大加強了海上護航隊的戰鬥力。[18]

---

15. 〈從茜坑、馬鞍嶺自衛隊到護航大隊戰鬥歷程〉（未刊稿）；劉培：〈大亞灣馬鞭洲海權的爭奪戰〉，《大亞灣風雲》，頁 312。

16. 劉培：〈大亞灣馬鞭洲海權的爭奪戰〉，《大亞灣風雲》，頁 313。

17. 葉昌：〈獨立中隊海隊的組建及其活動〉，中共惠陽縣委黨史辦公室、東縱邊縱惠陽縣老戰士聯誼會編：《東縱戰鬥在惠陽》（廣州：廣東人民出版社，1993），頁 173。

18. 〈從茜坑、馬鞍嶺自衛隊到護航大隊戰鬥歷程〉（未刊稿）。

（4）打擊奸商走私、保護民族利益

香港淪陷後，不少漢奸與敵偽勾結，從內地運礦砂、豬鬃毛、銀元、鹽、豬、牛、雞、鴨等到香港賣給日本人；又從香港運回鴉片等毒品到內地荼毒人民，有時也運一點火水、輪胎、棉紗回內地高價販賣，牟取暴利。1942 年 2 月上旬，劉培帶葉琪仔出海護航，到達坪洲海面，葉琪仔對劉培說：「隊長，遠遠那條船是奸商偷運礦砂到香港去的走私船。」劉培問：「琪仔，你怎麼看得出是運礦砂的走私船呢？」葉說：「你看那條船的載重都超過水線了。」劉培說：「琪仔，開過去把它抓返來。」劉培喊聲剛落，葉琪仔已在轉帆轉舵，直向那條船駛去，走私船看到游擊隊的船直駛過來，立即轉向外海逃跑，因載重太大，走得很慢。劉培快追上時，鳴槍叫它下帆檢查。它不理睬，劉培等人一邊開火，一邊追，最後把它打沉在外海。

1942 年 2 月底，護送文化界人士任務基本結束，海匪也差不多絕跡，劉培船隊主要轉入護送客商、轉運貨物和開展海上緝私活動。那時，正是吹東北風季節，是走私良機。護航隊經常在坪洲海面活動，發現走私船，便揚帆追擊，不願受檢查的，便將之打沉。於是不少船停航受檢，在短短的四個月裏，護航隊就抓獲二十多條走私船，每條船都有一百多擔大。私貨全部沒收，船員經教育後釋放；緝獲的私貨交給設在沙魚涌的省委交通站 —— 萬隆貨棧處理，交通站將貨運往惠州、淡水去賣，所得的錢上繳總隊部，作為抗日活動經費。[19]

經過近一個月的護航活動，劉培熟悉了航道，也掌握了海情，又有了四條武裝船。於是把李華靈的船物歸原主，還給利進秀、利加小舵工

---

19. 同上註。

和船主一些酬金，對他們的支援表示感謝。

（5）護送客商、增加部隊收入

護送物資回內地也是護航隊的任務之一。從香港護送回來的物資有兩種情況，第一種是港九大隊在香港收集起來的英軍遺棄武器、彈藥和各種軍用物資，這些物資運回來就交給大隊部補充給各部隊。第二種情況是客商從香港運往內地的各種物資。劉培主要是負責海上護航，保證他們的安全，有時船空，也幫忙運一些。到了沙魚涌，客商向游擊隊的稅站繳納保護費。那時，來往客商很多，護航隊收入不少，這些錢都上繳總部。

貨物到了沙魚涌後，從陸上轉運內地，客商又需幫忙。劉培把土洋、葵涌、金龜肚、三家村、咸水湖、馬鞍嶺、下峯、田心等村的群眾組織起來，幫客商卸貨和轉運內地，按規定收取搬運費，遂使貨物快速和安全送到淡水鎮，客商滿意，群眾亦因收入增加而高興。

劉培積極協助客商運貨和護送商旅，徵收護航保護費，建立稅站收稅，以及對走私罰款等經濟活動，為部隊籌措了不少款項，解決經費困難。

（6）實行公平交易、保護漁民利益

很多不法商人乘戰亂，哄提物價，盤剝群眾。沙魚涌的黃珍記魚欄對漁民的欺壓尤為嚴重，他規定漁民的漁穫，只能賣給他；漁民所需的煤油、網具和日常用品，卻只可到他那裏買。但他大秤入小秤出，賣 100 斤魚只秤得 80 斤；買他一斤米，只有 14 兩。因此，漁民極為憤恨，紛

紛向劉培投訴。為保護漁民利益，劉培派出工作組，向商店宣傳游擊隊的經商政策，召集各店主開會，宣佈買賣自由，不准缺秤短兩。對黃珍記進行嚴肅批評，要他改正過去的不法行為。工作組還經常到各店舖檢查。自此，漁民可以自由買賣，不受欺壓，非常感謝劉培幫他們撐腰出氣。經過一段時期的工作，漁民群眾把劉培看成是自己的隊伍，紛紛要求加入。第一批參軍的有邱財、袁賢、袁發、范祥、王友仔、廖夢仔等十多人。第二批要求參軍的有彭觀粦、彭靈、黃純仔、徐章、徐林、徐青、王林仔等十多人。於是，護航隊便從六十多人發展到八十多人。船隊擁有六條船，戰鬥力也提高了。[20]

四、抗日統一陣線

太平洋戰爭爆發後，駐大鵬灣沿岸各點日軍大部分調走，國民黨軍乘機重返淡水地區，看到中共游擊隊迅速擴大，不少逃兵土匪，結幫立寨，各霸一方，割地稱雄。為控制局面，遂用抗日名義，收編游雜部隊，給其「經濟游擊總隊」的番號，發給薪餉，頒授各隊頭目予大隊長官銜，劃分防區。如王竹青、梁永年、陸如鈞三個大隊分別佔據葵涌及其以東至大鵬城、澳頭一帶；莫炯炎、吳斌大隊佔領葵涌以西橫崗、鹽田一帶。國民黨利用各股部隊間的矛盾，製造流血內鬨，並驅策其剿共，使之互相消耗，而達借刀殺人的目的。游雜部隊亦清楚國民黨的陰謀，只不過利用收編來取得正式番號，以軍方身份名正言順地霸佔地盤，繼續幹那包煙庇賭、走私販毒、設關抽稅的勾當。故在惠寶邊地

20.　同上註。

區，呈現了「日、偽、頑、雜、共」多角鬥爭的十分複雜的局面。[21]

　　曾生與尹林平等領導人研究，認為在他們的主力部隊只有百人左右的「虎門隊」，其餘幾支小分隊缺乏重要戰鬥經驗，部隊的數量和裝備都不及雜牌部隊的一個大隊，不可能採取軍事消滅的政策。但各部隊之間互有矛盾，可以利用。為了在大鵬半島站穩腳，決定運用抗日統一陣線策略，開展統戰工作，爭取、分化、瓦解雜牌部隊，粉碎國民黨的陰謀。

（1）編入王竹青部

　　其時雜牌部隊王竹青對抗日游擊隊的態度比較友善，故曾生派高健同王竹青談判，內容有三點：堅持抗日，不當偽軍；友好合作；不欺壓老百姓。王竹青表示都同意。1942 年 2 月 13 日，曾生與王竹青合作，聯合進攻梁永年，把他從葵涌趕走。[22] 為進一步團結王竹青和擴大武裝力量，中共惠陽工委決定將茜坑、馬鞍嶺抗日自衛隊，塘埔抗日自衛隊和長槍隊等三個中隊，編進王竹青大隊。尹林平和曾生指示劉培等單位負責人：「一是你們要扮得像土匪一點，可以參加三合會，並指定張東荃、劉培和羅春祥三人去參加劉漢東的三合會，學會土匪的日常生活動作和語言。為了廣交朋友，掌握國民黨和王竹青的動態，可以上茶樓，進賭場打麻將，但不能嫖，不能吹（抽大煙）。二是想辦法搞經濟、緝私、收稅等，搞到錢和物資一切繳獲要歸公。三是部隊的管理要保持革命隊伍的一套，嚴格遵守紀律。」曾生和尹林平還十分嚴肅的對劉培等人說：

---

21. 同上註。
22. 曾生：《曾生回憶錄》，頁 262－265；〈從茜坑、馬鞍嶺自衛隊到護航大隊戰鬥歷程〉（未刊稿）。

「這是對你們的嚴峻考驗，你們要把他們改造過來，絕不能被他們溶化掉。」[23]

（2）抗日軍登陸作戰

劉培等三個中隊編進王竹青大隊後，積極抗日。

4月12日，關湖鄉民來報三艘日軍炮艇企圖登陸洗刦村莊，劉培分析每艘炮艇只能載十多名士兵，艇上只有兩條橡皮艇，每條橡皮艇乘載六名士兵，扣除兩名操槳，每條橡皮艇只能送四名士兵上岸，合共不過二十餘人。他們部隊有二十多人，如再增加一些人員，有信心能重重打擊日軍。於是劉培勸喻鄉民留下抗日，根據日軍上次登陸地點及高潮海水上漲之處，游擊隊與村民一齊研究和判斷日軍登陸的唯一位置，在沙灘放置六、七堆柴枝，撒上火藥，佈置機槍陣地，準備「迎接」日軍上岸。晚上，六艘橡皮艇駛到海灘，日軍萬萬想不到會遇到游擊隊的伏擊，大搖大擺地上岸，以為又可以盡情搶掠村莊，滿載而歸。豈料腳一踏下沙灘，劉培立即下令點火、開槍，六、七堆柴枝迅即燒成熊熊烈火，把沙灘照亮得如同白晝，日軍還弄不清是什麼一回事，重機槍、手提機槍、衝鋒槍、步槍已從四方八面猛烈掃射過來，當場打死打傷十個人，打沉了兩條橡皮艇。日軍慌忙拖着同伴的屍體返回橡皮艇逃走，三艘炮艇急忙開機關炮掩護撤退，只能把沙灘的柴火打得滿天亂飛，卻沒傷到游擊隊一人。游擊隊因彈藥少，不與日軍糾纏，勝利撤退。

第二天，漢奸陳乃秀以為沙魚涌、葵涌已被日軍佔領，派人駕駛一

---

23. 曾生：《曾生回憶錄》，頁265；陳敬堂：〈劉培先生訪問記錄〉（2002年8月10日）；〈從茜坑、馬鞍嶺自衛隊到護航大隊戰鬥歷程〉（未刊稿）。

條二、三十噸的電扒來到沙魚涌，看看還有什麼便宜可以撿。五名偽軍上岸，被劉培埋伏擒獲，船上留守的三名偽軍和頭目亦隨即被俘，船被扣留。村民認出該偽軍頭目殺人無數，要求嚴懲。劉培召開公審大會，將罪大惡極者處決，其餘偽軍經教育後，每人送兩斤米作路費釋放。是役繳獲電扒一艘，俘偽軍八人，衝鋒槍兩支，長短槍十多支。不過因劉培等不懂駕駛電扒，同時警惕性不高，被陳乃秀於翌日請得三艘日軍炮艇來搶走。[24]

「日本兵在關湖沙灘被打死」、「偽軍電扒被游擊隊繳了」的消息傳遍沙魚涌、葵涌、叠福、關福、茜坑、馬鞍嶺、橫崗一帶，群眾十分高興，男女老少到處讚揚游擊隊打了一個大勝仗。這一勝利大大地擴大了游擊隊的影響，群眾的抗日熱情從此更加高漲，打敗日本的信心更加增強，從而更積極地支持游擊隊，協助打擊日偽。

五、成立獨立中隊

劉培等部隊連續的勝利，引起了國民黨軍和日軍的注意，不斷派遣漢奸、特務來偵察收集情報。劉培先後把偽軍派來的漢奸韋鐵錚、國民黨派來的女特務毛芝英和監視他們的伍權消滅。國民黨見控制不了劉培部隊，王竹青又不可靠，於是發動內戰。1942 年 4 月中旬，國民黨張光勤部進攻廣東抗日人民游擊隊路東惠陽大隊和王竹青部。王竹青和劉培部隊暫時轉移到香港新界，張光勤部主力撤退後，王竹青和劉培隨即打回茜坑。

---

24. 陳敬堂：〈劉培先生訪問記錄〉（2002 年 8 月 10 日）；〈從茜坑、馬鞍嶺自衛隊到護航大隊戰鬥歷程〉（未刊稿）；葉昌：〈獨立中隊海隊的組建及其活動〉，《東縱戰鬥在惠陽》，頁170。

　　因國共關係惡化，曾生考慮到惠寶邊抗日根據地中心地區是梧桐山以東、葵涌以西、坪山以南至沿海，面積只有約八百多平方公里。國民黨軍一旦進攻，游擊隊的迴旋餘地就很小，必須盡快擴展。西向梧桐山周圍擴展，以加強與陽台山抗日根據地的聯繫，並打通與港九大隊的陸上聯絡；同時還要東向大鵬半島擴展。開拓根據地需要有兩個條件：一是必須有一支強而有力的民運隊去發動群眾；二是有足夠的武裝部隊去建立根據地。當時只有惠陽大隊，力量十分單薄，必須設法再組建一兩支有戰鬥力的部隊。

　　1942 年 7 月初，國民黨從第 187 師、保安第 8 團、徐東來支隊集中了共約兩個團的兵力準備進攻惠寶抗日根據地，曾生遂決定立即把編在王竹青大隊那三個中隊拉出來，組建一支新的作戰單位。他召集劉培、葉基、羅哲民、張東荃、吳海等開會說：「張光勤就要來進攻了，根據情報，頑軍分兩路，一路從茜坑、坪山、金龜肚到葵涌；一路從壩崗、上下徑心直撲葵涌，企圖夾擊我們於葵涌。你們三個中隊今晚撤到金龜肚進行整編，編成一個獨立中隊，直屬總隊部，由劉培任中隊長，葉基任副中隊長，張東荃任黨代表，羅哲民任政治指導員；陸上編三個小隊（由林英、賴桂、魏區當小隊長），一個短槍隊（王健任隊長），海上編一個船隊（吳海任隊長）。整編之後，部隊連夜轉移到上下徑心隱蔽待機，打頑軍一個埋伏，給它一個下馬威，緊緊配合茜坑、坪山方向的惠陽大隊作戰，共同粉碎頑軍的進攻。」曾生又接着說：「你們中隊今後的任務，在大鵬半島和兩灣（大亞灣、大鵬灣）活動，在戰鬥中壯大部隊，提高部隊戰鬥力，開闢和鞏固大鵬半島抗日基地，開闢海上游擊戰場。要緊緊依靠人民群眾，注意做好群眾工作。」[25]劉培遵照指示，連夜把部隊撤

25.《曾生回憶錄》，頁 272–273；〈從茜坑、馬鞍嶺自衛隊到護航大隊戰鬥歷程〉（未刊稿）。

到金龜肚，整編後，立即開進了上、下徑心。自此，劉培的獨立中隊便轉戰於大鵬半島的高山密林之中，出入於大亞灣、大鵬灣之間，緊靠着人民群眾，一次又一次地粉碎了日、偽、頑的進攻。在戰鬥中不斷地鞏固和發展了大鵬半島抗日根據地，開闢了海上游擊戰場，壯大了革命隊伍，提高了部隊戰鬥力。

劉培指揮的獨立中隊在陸戰和海戰均有輝煌的戰績，現只介紹海戰部分。

（1）坪洲海戰

1943 年 2 月，日軍出動二艘炮艇在大鵬灣進行掃蕩。一日，吳海帶領四條船剛出坪洲灣不遠，漁民便向海船隊掛出信號，說有二艘日軍炮艇出來了。吳海立即下令船隊返航。日軍炮艇發現吳海這幾條船可疑，便全速駛過來，向海隊開火，要停船檢查。漁民為掩護吳海撤退，假作捕漁，派小艇在海中撒下大量釣網，日軍炮艇因怕漁網纏繞其螺旋槳，迂迴曲折地航行。吳海等船隻迅速靠上沙灘，立即登岸，佔據了坪洲島高地，佈置火力，待日軍炮艇進入平射機和機槍的有效射程時，便集中火力猛轟前頭那條企圖靠近海隊的炮艇。日軍用一條炮艇向岸上還擊，掩護另一條炮艇向海隊船隻接近和射擊。因吳海佔據了島上高地，容易發揚火力，又有山頭掩蔽，敵炮艇在海面上，空曠無掩體保護。經過一個小時的激烈戰鬥，日炮艇不單無法靠近海隊船隻，前面那一條炮艇更被打成重傷，射傷了數名甲板上的日軍。日艇只好撤退，把被擊傷的炮艇拖回三門關去。海隊的船也有一條被炮火打壞。這次戰鬥游擊隊無一傷亡，坪洲的老百姓高興得很。

吳海分析日軍吃虧後，一定會調動更多的炮艇搜索掃蕩海隊，和對

坪洲島進行燒殺搶報復，為避實擊虛，吳海佈置船隊轉移到吉澳、大小梅沙一帶海區分散隱蔽，坪洲島居民立即轉移到牛草棚、下沙、王母墟等地暫避。果然，坪洲海戰後第三天，日軍集中了五艘炮艇到鵝公灣、坪洲、塔門、獨牛一帶海域搜索。但過了三天都找不到游擊隊的蹤影，只得收兵。日軍撤退後，海隊又返回坪洲活動。

（2）夜襲日鐵拖

1943 年 6 月間，一天漁民報告在黑岩角有一艘日軍的鐵拖（運輸船），接報後，吳海決定消滅它。當時海隊有五艘船靠近南澳，吳海派出兩條船在外圍警戒，自己親自帶葉琪等三條船擔任突擊。晚上 10 時左右，日軍都已入睡。吳海帶領三條突擊船，採用鉗形戰術，從鐵拖的左右舷接近，一靠近鐵拖，便迅速從兩舷爬上去，撲到日軍的住艙，點燃兩個包有辣椒粉的魚炮擲進去，魚炮一響，住艙裏的日軍，有的被炸死，有的被炸傷，有的被炸暈過去，有的直打噴涕。突擊組乘勢衝進去，俘虜了七名日軍，繳獲大批黃煙葉、中西藥材和布匹。撤退時，將敵鐵拖炸沉，勝利返航。[26]

1942 年 1 月至 1943 年 6 月，劉培領導的海上游擊隊在大鵬灣海上共作戰二十餘次；其中與日偽海軍作戰六次，斃傷日海軍水兵二十多人，擊傷日海軍小型炮艇一艘；繳獲日海軍 50 噸的小型運輸船一艘，偽海軍有機器的木質武裝船一艘，步槍八支，俘虜偽海軍八名；海隊只損失武裝船一艘（在坪洲島海灘），人員無傷亡。與海匪作戰六次，繳匪船三艘，步槍十二支；在截擊國民黨官僚偷運資敵戰略物資船和緝私時，與

26.〈從茜坑、馬鞍嶺自衛隊到護航大隊戰鬥歷程〉（未刊稿）。

其護航船隻作戰十餘次，擊沉其三艘，繳獲資敵物資船、走私船共四十多艘，其中沒收七艘，物資一大批。獨立中隊海隊的船隊迅速增加到九艘。日軍近海航線的不斷受襲，特別是小型運輸船被殲滅後，大為震驚，下令禁止其小型運輸船到大鵬灣的小海灣停泊修理。[27]

（3）馬鞭島戰鬥

大亞灣有小島三十多個，面積約 650 平方海里。馬鞭島是散佈在主航道的西側的諸小島之一，形狀似馬鞭，又名馬鞭洲，位置適中，能控制漁民出海捕魚和港內航運交通。

日軍為確保其近海運輸線的安全，遏止劉培海隊進入大亞灣，向稔平半島及其以東地區發展，便收編了龜靈島上的一批土匪（漁民稱這幫土匪為「龜靈仔」），成立「中華民國廣東省反共救國軍海軍第四總隊第四大隊」。1943 年 6 月中旬，偽海軍大隊長陳強從海豐縣帶領了一百幾十人和五條大眼雞船進入大亞灣，錨泊在馬鞭島前 400 公尺的海上，派出兩艘船到大亞灣內的虎頭門、金門堂、牛過水、鍋蓋洲、芒洲、三洲、赤洲、川洲、白頭洲、小辣甲、大辣甲等海面，控制大鵬半島和澳頭、下涌等地漁業，封鎖大鵬半島與澳頭的海運交通，把整個大亞灣港都封鎖起來，向漁民和渡船敲詐勒索，搶掠沒收漁民的漁網漁具，迫漁民拿錢贖回，又要漁民和渡船拿錢領牌照，規定漁民的漁穫要送給他們，不准到澳頭去賣。大鵬半島的各地群眾派代表到牛草棚，要求劉培盡快消滅「龜靈仔」，為他們除害。

劉培向曾生報告，獲准去完成這艱巨任務。6 月 20 日夜，劉培中

27. 劉培：〈大亞灣馬鞭洲海權的爭奪戰〉，《大亞灣風雲》，頁 313。

隊轉移到離馬鞭島約七海里的嶺坳村，村裏男女老幼都很高興，紛紛向部隊控訴「龜靈仔」的罪行，請求盡快消滅這些民族敗類！幹部、戰士們聽了都非常氣憤，這就等於讓村民給部隊做了很有力的戰鬥動員。劉培立即召開幹部會議，研究了敵我情況，認為船隊還在大亞灣那邊，一時還過不來，即使過來了，目標也太大，容易暴露意圖，難以進行突襲殲敵。中隊領導經商量後，一致認為：敵人船大人多，要想一戰全殲敵人，只能依靠群眾，發揚軍事民主。於是就分工進行戰鬥準備和動員工作。劉培和副中隊長葉基負責組織敵情偵察、戰術研究和戰鬥組織等，政委賴仲元負責部隊動員，副官李漢興發動群眾參戰。為了更準確、更詳細掌握敵情，劉培先後派人兩次偵察敵情。第一次劉茂班長乘坐嶺坳村董均祥的一條漁船，裝作領船牌，於 7 月 2 日上午前往偵察，探得敵人一共有三隻大眼雞，二隻在前，一隻靠後，三艘船成品字形配置。後面那條船是指揮船，指揮船和左側警戒船的船桅下各放着一挺機槍。指揮船艙面上大約有十六、十八人，尾艙有五、六人在橫臥着抽鴉片，其中一個帶有手槍，艙面上胡亂堆放有十幾支步槍，顯示偽軍還未發現游擊隊已來到他們身旁，所以毫無戒備。為了更準確地掌握偽海軍的情報，決定進行第二次偵察。

第二天，小隊政治服務員葉展明去偵察，結果與劉茂班長的情報一樣，結論也是一樣，偽軍麻痺得很。部隊和群眾經過賴仲元的動員後，情緒非常高漲，嶺坳村群眾說：「打仗要船，我們出船；部隊要人，我們有人。」部隊的幹部、戰士爭先恐後報名參加突擊隊。劉培、中隊幹部和戰鬥骨幹、參戰的舵工，根據大家提出的建議，進行研究接近敵人的方法，戰鬥突擊船隊的組織等戰術問題，一致認為：要全殲敵人，只能奇襲智取，不能強打硬攻。組織短小精幹的突擊隊，分乘三條漁船，偽裝打漁，迅速接近敵船突襲。突擊敵指揮船的要先上，突擊左側警戒船

的一定要在敵指揮船方向打響後才突擊，但要盡快登船配合主攻方向行動，分散敵人的力量；迅速將其指揮船消滅，敵船「群龍無首」，就容易各個殲滅了；對右側警戒船，只要壓倒它不能起錨升帆，就容易解決了。

打法定下來後，劉培從報名參加突擊隊的幾十名幹部、戰士中挑選了葉展明、林英、魏輝、王健、游強、袁賢、江海、彭靈、邱才、廖夢、劉光明、黃遠、黃生等十五人組成突擊隊，由葉基帶領。李漢興從要求參戰的漁民中挑選了董均祥、張壬生，鄭容生三家的漁船，和張壬生、鄭容生、李木連、李華昌、李華喜、董錦珍等六名舵工參加駛船。中隊決定：葉展明為第一突擊組組長，帶領魏輝、江海、邱才、彭靈四人為突擊隊員，乘張壬生的船，負責突擊殲滅敵指揮船的任務；林英為第二突擊組組長，帶領王健、廖夢、黃遠、袁賢四人為突擊隊員，乘鄭容生的船，負責突擊殲滅敵左側警戒船的任務；另一組由葉基帶領，配輕機一挺，衝鋒槍二支，英式步槍二支，乘董錦珍駕駛董均祥家的船掩護突擊船突襲。

7月4日黃昏，突擊隊登船揚帆出征。當晚正是上弦月（農曆六月初三），能見度高，距離敵警戒船幾百公尺，為敵哨兵發現，鳴槍禁止靠近。舵工用大鵬話回答敵船，「我們是來打魚的，不要開槍」。假裝收網返回嶺坳。

第一次未打成，劉培總結了經驗教訓，重新佈置。時間改在晚上8時後起航，待上舷月下山後才接近敵船，在接敵航線上改為在敵指揮船與其左側船的三百公尺中間迂迴插入，利用敵哨兵監視的死角，從側後突擊。5日，派魏輝乘船去勘查進攻航線，並觀察敵人是否加強戒備。觀察結果，「龜靈仔」仍然毫無戒備。

6日晚上8時，副中隊長葉基帶領突擊隊，在嶺坳的大網前登船，揚帆出征。11時半左右，突擊船距敵指揮船30公尺時，敵哨兵才發現喝令

停止前進，舵工張壬生、李木連一面使勁搖櫓靠近敵船，一面回答說：我們是漁民，來打魚的。突擊船迅速靠了敵指揮船的左舷，葉展明一聲令下，突擊隊員一齊躍上敵船，打死敵哨兵。葉展明一個箭步衝到船桅下，將機槍奪到手上；江海、邱才衝向敵住艙，各投下一個手榴彈，「轟、轟」兩聲巨響，炸得敵人頭昏腦脹、手腳癱瘓，舉手投降，敵左側船發現其指揮船被襲，立即以密集火力射過來，葉展明連忙到船桅下用機槍還擊，不幸中彈重傷，魏輝急忙跳過去，端起機槍射擊，不幸也中彈重傷。

這時，快速接近敵指揮船的葉基突擊船，集中猛烈的火力，對準敵左側船進行壓制射擊，掩護第二突擊船進攻。在敵指揮船上的彭靈迅速爬到船桅下，接過魏輝手裏的機槍，轉移到船首向左側船射擊，並命令江海、邱才嚴密監視俘虜。這時，葉基船已靠上敵指揮船與第一突擊組匯合，一面搜索殘敵，收繳武器，一面集中火力掩護第二突擊組進攻。第二突擊組冒着敵人的密集火力，勇猛衝向敵船。鄭容生、李華喜兩位舵工，沉着鎮定，拚命搖櫓，護送突擊組登上敵船。王健登船時，不幸中彈掉下海裏，壯烈犧牲。第二突擊組組長林英指揮袁賢投出一個手榴彈，即時把敵人機槍炸啞；同時命令廖夢、黃遠向敵船首和船尾各投一個手榴彈，並乘勢躍上敵船，把敵人打壓得全部退到艙裏。敵人見大勢已去，便舉手投降。這時在馬鞭海面的敵右側警戒船，看見指揮船和另一艘船已被攻佔，便準備逃跑。葉基立即組織火力，猛烈射擊船尾與船桅下敵人，逼使偽軍舉白旗點燈投降。葉基派江海、游強、黃生坐船去接受投降。在敵指揮船上的偽海軍第四大隊長陳強連衣服也顧不得穿了，一頭就鑽入船艙下面去躲起來，被彭靈發現，大喊：「繳槍不殺，優待俘虜。」陳強企圖抵抗，彭靈便發射機槍把他擊斃。在虎頭門拋錨的兩艘偽海軍船，見馬鞭海域三艘船被殲滅，立即逃回龜靈島去了！

經過四十多分鐘的激烈戰鬥，劉培海隊殲滅了偽海軍第四大隊的三艘武裝船，繳獲輕機兩挺，步、短槍四十多支，生俘偽海軍四十多人，擊斃偽大隊長陳強以下五十多人。犧牲政治服務員葉展明、小隊長魏輝、手槍組長王健、政治戰士劉光明四位，副中隊長葉基腳部負輕傷。戰鬥結束後，葉基指示林英將俘虜送回陸上處理，將三艘大眼雞放火燒掉，烈士遺體隨船回航，安葬在大網前，立碑留念。

馬鞭洲海戰開創了東江抗日游擊戰爭史上以三條「小艄仔」吃掉三條「大眼雞」，十六名勇士殲滅偽海軍近百人的海戰範例。馬鞭島海戰的勝利寫下了嶺坳村群眾和游擊隊合作一起英勇戰鬥的光榮史篇，勝利粉碎了敵偽在大亞灣設置據點的企圖。使獨立中隊能在大鵬灣和大亞灣廣大海域互相配合作戰，建立和鞏固大亞灣的海上游擊根據地，為開闢和建立稔平半島及其以東地區的抗日根據地創造了條件。[28]

（4）擊退偽海軍

日軍獲悉三艘偽軍船隻覆歿後，從香港派出小炮艇二艘，全速駛往大亞灣，企圖消滅劉培。7 日早上 7 時多趕到馬鞭島海域時，劉培已經凱旋而回，除了已經焚毀的三艘船隻和五十多具偽軍屍體外，一無所獲。

7 月下旬，日軍再從紅海灣派出兩艘偽軍大眼雞武裝船進入大亞灣，企圖奪回制海權。與此同時，曾生亦指示劉培迅速從大鵬灣抽調四條船到大亞灣，以便控制整個大亞灣港，鞏固大鵬半島。大亞灣第二回合的爭奪戰展開了。

---

28. 陳敬堂：〈劉培先生訪問記錄〉（2002 年 8 月 10 日）；〈從茜坑、馬鞍嶺自衛隊到護航大隊戰鬥歷程〉（未刊稿）；劉培：〈大亞灣馬鞭洲海權的爭奪戰〉，《大亞灣風雲》，頁 314－320。

　　劉培接到偽軍來犯的情報後，召開作戰會議研究了敵我力量對比、海區和氣象情況。偽軍只有兩艘重約百噸的大眼雞，配備輕機槍二挺，除船大外，火力並無優勢。海隊有四艘武裝糟仔船，載重七噸，火力配備有反坦克槍和重機槍四挺。船數和火力佔優勢。再者，獨立中隊有漁民支持，熟悉海區，可說是佔有地利、人和優勢，完全可以粉碎日偽重佔馬鞭島的企圖。鑒於馬鞭島海戰後，日炮艇約七個小時便可趕到增援的情況，認為這次海戰要速戰速決，乘敵船進入大亞灣後即將其包圍，爭取在五、六個鐘頭內將其擊沉殲滅。

　　劉培派四艘武裝船佈置在大亞灣的西口，鹿咀和勒格島海域錨泊隱蔽待機，等偽軍駛近馬鞭島海域便出擊，切斷其後路，然後集中兵力，先殲敵指揮船，再將殘存的一艘消滅。海隊按照佈置，由鄧金隊長率領，進入待機位置隱蔽，並派出漁船在香港方向「捕魚」，一旦發現日炮艇向大亞灣方向駛來，立即發回訊號報告。當天下午 5 時左右，瞭望哨發現敵兩艘大眼雞船在小星山的外海航線上，由東向西航行。6 時左右，駛進大亞灣的主航道上。隊長鄧金想快點消滅敵人，不等敵船深入馬鞭島，就下令出擊。船隊一開火，偽軍看到海隊船多，火力強，嚇得立即掉轉航向逃跑，船隊追截不及，讓其逃掉。大亞灣的第二次爭奪戰便告結束。從此，偽海軍再也不敢駛進大亞灣。[29] 整個大鵬半島完全被東江縱隊控制，總部為了建設大鵬半島抗日根據地，決定成立大鵬區人民政府，調獨立中隊政委賴仲元當區長。同時，為了建設抗日根據地，把軍事工作與民運工作緊密地結合，將大鵬半島的民運工作統一歸護航大隊領導。[30]

29.　劉培：〈大亞灣爭奪戰〉，《東縱戰鬥在惠陽》，頁 239。

30.　劉培：〈護航大隊的建立及其鬥爭〉，《東縱戰鬥在惠陽》，頁 277。

六、護航大隊的建立和戰鬥

　　1943 年 8 月，劉培獨立中隊從嶺坳轉移到楓木浪。8 月中旬，曾生到來與獨立中隊幹部開會，說：「根據鬥爭形勢的發展，總隊黨委決定，把獨立中隊擴建成為護航大隊，劉培任大隊長，曾源任政委，賴仲元調任大鵬區人民政府區長，葉基任副大隊長。陸上編二個中隊，一個獨立小隊，海上編二個中隊。」曾生還說：「護航大隊成立之後的任務主要向東發展，開闢稔平半島、打通至汕頭的海上交通線，爭取早日和韓江那邊聯繫起來，團結新區可能團結的一切力量，共同打擊那裏的日偽軍；還要提高警惕，嚴防國民黨頑固派的突然襲擊，堅持『人不犯我，我不犯人，人若犯我，我必犯人』的自衛鬥爭原則，解放那裏的人民群眾，壯大革命力量，迎接抗日戰爭的最後勝利。」[31] 劉培被委任為護航大隊隊長時年二十一歲。

　　護航大隊依照指示對部隊進行了調整，一中隊由葉基兼任中隊長，韓藻光任指導員；二中隊（原名展明中隊，是紀念葉展明烈士命名的）由賴祥任中隊長，林英任指導員；袁賢任獨立小隊長，劉賢任指導員。海隊一中隊在大鵬灣西海活動，由吳海任中隊長；海隊二中隊在大亞灣東海活動，由鄧金任中隊長。兩個海上中隊，共一百多人。火力方面除配備輕機槍外，增加了平射機槍（12.7 口徑）和重機槍。以後，港九大隊又在大嶼山中隊和元朗中隊建立了海上小隊。這樣，東江縱隊的海上部隊就擁有三個中隊和兩個小隊的實力。[32]

　　1943 年 12 月，東江縱隊為了控制大亞灣，加強向稔平半島挺進的力

31.　同上註，頁 263。
32.　《曾生回憶錄》，頁 352。

量，決定將護航大隊的海上部隊，除兩條武裝船（連人帶武器）給港九大隊海隊，其餘武裝船從大鵬灣調往大亞灣海域，以壢崗、霞涌、巽寮等地為基地，配合大隊的陸上部隊，開展對日偽頑軍的鬥爭。大鵬半島以西海上戰鬥任務，移交給港九大隊負責。[33]

（1）澳頭戰鬥

澳頭戰鬥是護航大隊成立後的第一次戰鬥，採用船隻運送部隊遠程奔襲的戰術，全殲了王竹青一個中隊。

1943 年 9 月，國民黨發動內戰，東江惠淡守備區羅懋勳委任王竹青為惠淡守備區經濟游擊總隊副總隊長兼中隊長，王竹青約有八十人，配有輕機槍三挺，短槍三十餘支，步槍三十多支，進佔了澳頭鎮。因王竹青曾與抗日游擊隊合作，故曾生先派羅哲明往訪王竹青，爭取停止內戰、共同抗日，但受拒絕。於是只得消滅王竹青，以收復澳頭鎮。

劉培派人到澳頭偵察，然後根據情報擬訂作戰方案。劉培先提出三條意見：一，採取乘「兵艦」到澳頭登陸作戰，避免陸上行軍疲勞，又易暴露的缺點。二、「護航大隊」除在稔平半島西海船隊外，集中全部力量，實施海陸包圍，以陸上奇襲為主，速戰速決。三、戰鬥結束後，召開群眾大會，將羅懋勳派王竹青侵佔澳頭，勾結日偽軍聯合侵佔大亞灣抗日根據地的真相公佈於眾，號召澳頭人民團結抗日，積極生產，發展經濟。最後曾生同意方案，為了確保全殲王竹青部，再從惠陽大隊抽調一個主力小隊來加強突擊力量。由惠陽大隊政委李東明和劉培組成前線

33.　《曾生回憶錄》，頁 354；劉培：〈護航大隊的建立及其鬥爭〉，《東縱戰鬥在惠陽》，頁 263–264；葉昌：〈獨立中隊海隊的組建及其活動〉，《東縱戰鬥在惠陽》，頁 174。

指揮部，一起去澳頭指揮作戰。

作戰計劃確定後，護航大隊從楓木浪村轉移到壩崗集結，9月上旬的一個晚上，吳海率領四艘戰船載着突擊隊到澳頭以東海灘登陸，岩前村地方黨領導劉觀元接部隊進村隱蔽。翌日晚上，劉培兵分兩路各自進入陣地。11時多，主力部隊佔領了螺嶺下面山坡，三挺輕機槍組成火力網，居高臨下控制了王竹青的整個樓房。凌晨2時許，突擊行動開始，賴祥帶領突擊隊迅速迫近敵營房，營房門前的哨兵企圖開槍制止，被賴祥開槍打死。彭靈、范祥和李柯平三個突擊組迅速衝到營房樓前，向第一層樓投擲了幾個手榴彈，敵人傷亡慘重，沒死的棄械投降。

王竹青在樓上聽到槍聲，立即將樓上的殘部編成兩組：一組以兩挺機槍為核心火力組，封鎖大門入口。另一組手槍組，死守樓梯，頑強抵抗。東西二側樓閣上的輕機槍瘋狂掃射，企圖阻止突擊隊推進。賴祥抓住機槍射擊暫停的一剎間，一梭子彈把東樓側敵機槍射手打下來，范祥也迅速把右邊的機槍手消滅了。

這時在山坡上劉培端起機槍向敵樓房猛烈射擊，李東明的衛士李強從山上朝敵人營房的屋頂投了兩個手榴彈，炸打得敵人非死即傷。王竹青眼見陷入包圍，大勢已去，乘亂從地道逃跑。王竹青一逃跑，餘部立即投降。整個戰鬥不到半個小時就勝利結束，全殲了國民黨一個中隊，計斃敵二十餘人，俘敵四十餘人，繳獲輕機槍三挺，手槍、步槍各三十餘支，達到戰鬥預期目的，戰鬥中犧牲小隊長李柯平和一名戰士。這次戰鬥是大亞灣第三次爭奪戰的勝利，消滅王竹青中隊，第四次解放澳頭。

曾生分析，羅懋勳一定很快就會全面進攻。因此決定護航大隊從楓木浪村轉移到東涌，佈置賴祥帶一個中隊埋伏在南澳後面山，待敵退卻時打埋伏。果然，幾天後，羅懋勳便派兵進攻澳頭、南澳，直插楓木浪，企圖消滅護航大隊。但撲了個空，不敢再前進，撤兵時，後面部隊

被賴祥中隊伏擊，於是迅速撤回淡水。從此，大亞灣沿岸除稔平半島的范和港仍駐有國民黨的雜牌軍外，從大鵬半島的鹿咀，到稔平半島的大星山下，沿海岸線的墟鎮、鄉村皆為護航大隊所控制。[34]

（2）挺進稔平半島

稔平半島地理位置非常重要，是華南的重要鹽場和漁業基地，物產豐富，為歷來兵家必爭之地。曾生對開闢稔平半島根據地十分重視，護航大隊成立前後，就派了練鐵、蔡端和曾城到稔平半島開展秘密工作，建立地下黨組織，發展武裝。護航大隊成立後，曾生再派葉基副大隊長帶一個中隊去稔平半島，配合練鐵等人開展稔平半島的工作；派袁賢獨立小隊挺進到霞涌和稔山之間打游擊；海隊派兩條船到霞涌、范和崗、異寮的海面活動以配合建立稔平半島的抗日根據地。護航大隊經營稔平半島的主要戰鬥有：

（A）消滅暗街偽鹽警隊

1943 年 12 月，敵偽在離平海三公里的暗街建立了鹽稅站，收繳港口一帶鹽田的鹽稅，並派出十幾名武裝鹽警保護稅站的安全。葉基經過偵察，親自帶領部隊繞過平海城，直插暗街，將鹽警隊全部殲滅，繳步槍十餘支，宣佈暗街解放。

34.　劉培：〈大亞灣爭奪戰〉，《東縱戰鬥在惠陽》，頁 240－243；劉培：〈護航大隊的建立及其鬥爭〉，《東縱戰鬥在惠陽》，頁 264－266；李強：〈夜襲澳頭港〉，《東縱戰鬥在惠陽》，頁 257。

（B）霞涌戰鬥

1943 年底，國民黨周義心大隊佔領了抗日游擊隊的霞涌，以阻止護航大隊東進或將之趕出稔平半島。為鞏固大亞灣沿海根據地，支援葉基在稔平半島的活動，護航大隊決定打下霞涌，以便進一步加強袁賢小隊在霞涌與稔山之間的活動。

駐紮在霞涌周圍的是國民黨惠淡守備區經濟游擊總隊第三大隊第八中隊（即周義心大隊的葉維屏中隊），有七十多人，機槍兩挺，駐在蘇茅坪小學校。根據情報，劉培決定集中賴祥中隊、袁賢獨立小隊、大隊部短槍隊和海隊參加戰鬥。

賴祥指揮中隊包圍蘇茅坪小學後，親自帶突擊隊突襲學校大門。但被敵人發現，關起大門，依靠學校的圍牆和房頂抵抗。賴祥指揮突擊隊三次進攻，戰鬥待續了一個多小時，小隊長范祥犧牲了，都未攻進去。劉培叫吳海將船上的平射機抬上來，掩護突擊隊進攻。剛拿過小鬼班劉傳的步槍，瞄準敵人射擊時，被敵人機槍打中右手和臂部，小鬼廖嬌立即為劉培包紮撤出戰鬥。這時，賴祥也負傷，劉培看難於攻下來，而天也快亮了，便決定撤出戰鬥，乘船返回壩崗。葉維屏中隊在戰鬥中也傷亡了四十多人，翌日也撤回稔山。霞涌墟遂被收復。[35]

（C）送港搶救

劉培傷勢不斷惡化，東江縱隊決定要他離隊治療，派袁庚任副大隊長，代理其職務。劉培被轉移到高嶺治療，交東縱衛生處主任江鳳醫生和招麗貞治療。曾生、尹林平等領導遍尋抗日根據地名醫，都束手無

---

35. 劉培：〈護航大隊的建立及其鬥爭〉，《東縱戰鬥在惠陽》，頁 267；〈從茜坑、馬鞍嶺自衛隊到護航大隊戰鬥歷程〉（未刊稿）；陳敬堂：〈劉培先生訪問記錄〉（2002 年 8 月 10 日）。

策。劉培傷重垂危，尹林平遂購買棺木準備為劉培辦後事，但曾生決定冒險送劉培到香港醫治。當時香港日軍哨崗林立，經港九大隊政委陳達明和蔡國樑大隊長細心安排，把劉培送到香港跑馬地養和醫院，入住一間位置偏僻的房間。[36] 主診醫生王大偉見劉培失血過多，準備立即輸血。王醫生估計劉培是「O」型血人物，經驗血後正確。當時沒有錢買血，怎辦？幸好港九大隊事前已經動員香港女工驗血，準備好適當血型的捐血者，接到消息後，迅速安排五名「O」型血女工，共捐了 500cc 血液給劉培。劉培接受輸血後，昏迷了差不多二個小時才甦醒。王醫生吩咐立即準備手術，劉培問醫生他的手能治嗎？王醫生說希望能保存你的生命、保存你的手。劉培說如不能保存手便把它割掉。王大偉醫生很有民族意識，從劉培受槍傷和港九大隊安排他醫療的情況，估計到他是個抗日英雄，他回答說盡可能爭取把這隻手保存下來，因為這隻手作用大！劉培接受手術後，昏迷了兩天，到第三天才甦醒。劉培手術後的身體十分虛弱，需飲用當時最高級的「獅子血」補品來恢復健康（「獅子血」是豬肝煲蕃茄湯）。王醫生吩咐護士長每隔十二小時為劉培洗淨傷口，護士長與一位廣華醫院的護士二十四小時輪班照顧，經過二十三天休養後，劉培雖仍未能下牀走動，但他照鏡一看自己的樣子，知道死不了。1944 年 5月因護士在晚上照顧劉培時，燈光外露，破壞燈火管制禁令，印籍憲查來醫院查看。為免洩露身份，港九大隊遂安排劉培出院到西貢大浪村大隊部休養。[37]

這時戰況緊急，劉培急着想回部隊參加戰鬥，但領導不批准，直到 6月初才讓他回到大鵬半島。部隊再調他到大鵬城東江幹校去休養。

---

36. 陳達明先生提供資料。
37. 陳敬堂：〈劉培先生訪問記錄〉（2002 年 8 月 18 日）。

（D）第二次解放暗街

　　1944 年 7 月，暗街又被偽反共救國軍海軍第二大隊佔領，大隊長黎強率一百多人，在暗街對鹽民和漁民進行血腥統治。群眾與之結下深仇大恨，要求游擊隊消滅這幫賣國賊。為了解放暗街，鞏固和發展稔平半島游擊區，游擊隊決定長途奔襲暗街。

　　劉培指示葉基在巽寮附近集結部隊，曾源和袁庚帶領葉昌中隊、短槍隊乘吳海中隊四條船從鹽灶到達巽寮與葉基會合。休息一天後，於晚上按行動計劃迅速行軍，晚上 10 時許，包圍了偽海軍第二大隊，經猛烈突擊，很快全殲了偽海軍。偽大隊長黎強和他的老婆住在暗街的另一間房子，也給包圍俘虜。這次戰鬥，共殲敵一百多人，繳獲長短槍一百餘支，沉重打擊了敵偽的囂張氣焰，進一步擴大了東縱的政治影響，擴大和發展了稔平半島的抗日游擊區，為下一步向海豐推進創造了有利條件。[38]

（E）平海戰鬥

　　1944 年 8 月初，東江縱隊副司令員王作堯讚揚護航大隊的戰功，並指示劉培向東發展，早日打通和韓江方面聯繫的路線。9 月中旬，國民黨又準備發動攻勢，護航大隊幾位領導幹部認為如攻佔國民黨在稔平半島的政治、經濟中心平海，消滅駐該地的鹽警中隊，不但有利於進一步鞏固稔平半島的游擊區和根據地，而且對從稔（山）平（海）線以東向惠陽、海豐邊界發展，海上部隊向大亞灣港以東開展游擊戰爭，進行緝私、建立稅站工作等也極為有利，更可以有力地打擊國民黨對路東根據地的進攻計劃。因此，決定集中大隊主力，由劉培和袁庚率領前往，將

38.　劉培：〈護航大隊的建立及其鬥爭〉，《東縱戰鬥在惠陽》，頁 268–269。

鹽警中隊消滅。

9 月下旬的一天，大隊主力從壩崗出發，乘海上中隊的船到巽寮南面的沙灘登陸。葉基安排部隊在巽寮南面的村子裏休息，並匯報已偵察得鹽警中隊分開住在南門和西門兩個城樓上。劉培等大隊領導根據情報，研究了打法。決定分兵警戒和阻擊，由葉昌中隊和大隊短槍隊擔任突擊。

第二天晚上，劉培和袁庚帶葉昌中隊和短槍隊，進入南門外面的小山坡。11 時，短槍隊長王嵐帶突擊組突擊南門，駐紮在南門城樓上的鹽警沒有放哨，王嵐突擊組直衝進去，大喊：「繳槍不殺！」敵鹽警嚇得從夢中驚醒，舉手投降，前後僅花數分鐘的時間。接着，王嵐突擊組沿城牆向西門突擊，快接近時被鹽警哨兵發現，王嵐一槍射殺哨兵，突擊組迅速突進鹽警營房，投進一個手榴彈，「轟」的一聲，炸得鹽警非死即傷，舉手投降，從戰鬥發起到結束僅一個小時，打得很順利，計生俘敵鹽警七十多人，長短槍七十餘支。[39]

經連場海陸戰鬥，東江縱隊鞏固了稔平半島的抗日根據地。1944 年12 月東江縱隊為執行北進的戰略任務，派劉培率部北上，於是劉培暫別大海，轉戰於高山叢林、河谷原野，直到建國之後，才再返海軍。

（3）海上戰鬥

陸上戰鬥激烈進行的同時，護航大隊的海上中隊在吳海隊長的指揮下，也積極開展海上戰鬥，打擊日軍巡邏炮艇和運輸船，並拯救了美國飛行員。[40] 1944 年 12 月，日軍的敗象已呈，美軍取得了南中國海的制空

---

39. 同上註，頁 269−270。
40. 同上註，頁 270。

權和制海權，不斷空襲香港，日軍大型艦艇已不敢在香港出現，分散隱藏於大亞灣的島嶼間，以油布掩蓋，假扮作島嶼，以逃避美機的空襲。由日本、台灣、菲律賓的海運亦放棄使用大型船隻，改用掠奪自平民的小型木船近海航行，以維持其海運暢通。不過，這近岸航行的運輸船，正好成為海上游擊隊的獵物。[41] 以下只介紹護航大隊與日軍兩次較大規模的戰鬥。

（A）襲擊日軍鐵拖

1943 年 10 月上旬，漁民報告在東山和鹿嘴之間，有一條日軍的鐵拖在拋錨，駕駛台上有一個瞭望哨，不時還有小小的錘敲聲。剛好吳海帶着四條武裝船在東山，馬上揚帆起航，編成兩個縱隊戰鬥隊形，利用夜幕掩護，從敵船尾部駛近，直向敵鐵拖左右兩舷靠攏。

左縱隊在吳海直接指揮下，突擊隊快捷爬上敵船，點燃兩個「魚炮」，投向敵人住艙，當即炸死兩人，其餘全部投降；右縱隊在葉琪帶領下，也很快爬上敵船，直奔駕駛台，發現有人跳水潛逃，立即開槍射擊，斃敵一名。此次戰鬥，只消耗兩個「魚炮」，三發子彈，用十五分鐘全部解決，共斃傷俘敵十餘人，敵船貨物、軍用品、機器零件等全成為戰利品。後放火將敵鐵拖燒毀，船隊勝利返航東山。[42]

（B）鹿咀海面戰鬥

護航大隊海上中隊殲滅鐵拖的翌日，香港日軍得到消息（是跳水逃生的船長報告，結果被槍斃），大為震怒，誓言要消滅護航大隊，奪回大

41.　陳敬堂：〈劉培先生訪問記錄〉（2002 年 8 月 18 日）。

42.　劉培：〈大亞灣爭奪戰〉，《東縱戰鬥在惠陽》，頁 243。

亞灣的制海權。經二十餘天策劃，摸清海上中隊活動規律和停泊點，認為只有將之誘出，遠離海岸作戰，發揮其鋼鐵炮艇船堅、炮利、高速等優勢，就有把握將海上中隊靠風力航行的小木帆船消滅。日軍制定嚴密的作戰計劃，派遣兩艘炮艇白天在大亞灣佯作巡邏，天黑才秘密駛入三門島潛伏。

11 月初，吳海帶領五艘武裝船在勒格孤島掩蔽了三天，並未發現敵情，船上的氣象儀預報日內將有大北風到來，吳海準備回澳頭港避風。此時有一條從鹿咀駛來的漁船向吳海報告，鹿咀以上幾里路海面，有一條日軍鐵拖在拋錨，可能是因風浪大才駛進鹿咀近海的。有叮噹聲音，似在修船，艙面用油布蓋着，駕駛台上沒有人放哨。吳海聽後決定打完鐵拖才回港避風，隨即把船隊編為兩個縱隊，左縱隊為突擊隊，船兩艘，由葉琪負責；右縱隊船三艘，吳海指揮。突擊隊登船前，右縱隊負責人力掩護。因是白天強襲，全隊人員化裝成漁民，重機槍亦偽裝好。船隊搖櫓靠近敵船 2000 多米時，發現敵船的首尾起伏不一致，又有兩支桅桿，不像是鐵拖，各船長立即命令重機槍射手就位，作好準備。頃刻，敵兩炮艇拉下油布，四挺機關炮一齊向左縱隊射擊。吳海此時才意識到中了陷阱，船隊四挺重機槍及反坦克槍等武器立即進行還擊。敵水兵趕快解纜起錨，但被海隊重機槍打死打傷二、三人，後敵艇雖然解纜，但前指揮艇的後錨仍未能收起。吳海立即命船隊撤退，由指揮船和五號船殿後。船隊迅速向梅楊坑近岸撤退，這時該村自衛隊聽到海面槍炮聲，迅速佔領海岸有利地形，發現日軍的兩艘炮艇正追擊船隊，自衛隊立即分出部分武裝向鹿咀來路小高地處，用密集火力射擊敵炮艇。在村前的自衛隊則帶引船隊迅速駛入小河涌去，以擺脫敵艇。當天幸好是大退潮，敵艇因水淺無法靠近岸邊，只能用炮火射擊殿後的船隻。船隊進入河涌後，立即把武器都搬上河堤的制高點上，和自衛隊員一起對海

上敵炮艇進行還擊，不到十五分鐘，反坦克槍連續三四發擊中敵炮艇，重機槍也擊傷日艇炮手等四、五人。至此，敵艇被迫撤回三門島去。海隊人員無一傷亡，僅指揮船中炮彈三發，船上氣象儀被擊碎。

這次被敵偽裝蒙騙，未查清敵情倉促上陣，險些造成重大損失。原因是打了幾次勝仗，思想有所麻痺，是一次難忘的輕敵教訓。經過幾次海戰的較量，直到抗戰勝利前，日、偽、頑再也不敢輕舉妄動，護航大隊牢牢地掌握了大亞灣的海上控制權。[43]

（C）營救美國飛行員

1944 年 5 月 26 日，美軍第十四航空隊接獲日軍運輸艦在大亞灣出沒的情報，派出轟炸機前來攻擊，當美機在天空盤旋找尋目標之際，在海面上偽裝為島嶼之日軍運輸艦，突然卸下掩蔽之油布，四門高射炮開火攻擊美機。一場美日海空大戰遂在大亞灣爆發，美機俯衝轟炸日艦，投彈命中爆炸，日艦船首進水下沉，但艦上的高射炮垂死掙扎，也擊中了一架轟炸機，該飛機起火後在虎頭門以東海面墜落。適值吳海率領海上中隊在該海域活動，看到五個降落傘在船隊東面徐徐下降，意識到是盟軍飛機的飛行員跳傘。很快，五名飛行員在距離船隊五六百米遠的海面降落。吳海立即命令船隊搖櫓迅速接近飛行員降落的海面，並把五名飛行員撈上船來。美國飛行員在船上非常害怕，全身發抖，誤以為游擊隊是偽海軍，舉起雙手投降。因語言不通，吳海伸出大母指和食指，表示「八」字，又伸出四個手指，表示「四」字。美國飛行員意會到了游擊隊是八路軍、新四軍，很高興，都把印有「我是美國飛行員，請你們送我們到共產黨游擊隊那裏去，以後酬謝。」字樣的手冊交給吳海。吳看後

43.　同上註，頁 244－245。

點頭微笑，和他們一一握手，然後命令船隊返回東山。當船隊到達東山時，日軍出動了炮艦和飛機，在大亞灣上空和海域巡邏搜捕跳傘的美國飛行員。

吳海親自帶幾個戰士護送五名美國飛行員到楓木浪，停留兩天後，由東江縱隊政委尹林平派人送到南澳，從南澳乘船到大小梅沙，再轉送內地。這五名美國飛行員在離開楓木浪時，把身上所攜帶的手槍和短劍留下來送給船隊，以表示感謝。不久，東江縱隊《前進報》發表了他們給曾生司令員的感謝信，這些美國飛行員是第十四航空隊的勒夫哥中尉、拉忽累爾中尉、沙吉上士、康利上士和艾利斯上士。[44]

七、護航大隊的改組

1944 年 7 月 5 日，中共中央軍委指示曾生、王作堯、尹林平等東江縱隊全體指戰員：「不論在歐洲戰場，太平洋戰場及中國敵後戰場都是勝利的，只有國民黨的正面戰場，則處處失敗，中原淪陷，長沙、耒陽相斷棄守，現粵漢之敵，南北對進，已快會合，並有打通湘桂之企圖，因此大塊華南將淪為敵手，拯救華南人民的責任，不能希望國民黨而要依靠我黨及華南廣大民眾。因此，你們在華南的作用與責任，將日益增大。英美在太平洋上繼續作戰的勝利，一旦接近中國南方海岸，實行對日反攻時，則我華南根據地，將成為一支重要力量，可予盟國部隊以直接的配合，並可能獲得他們一部分幫助。」指示強調：必須加強與根據地人民的血肉聯繫，堅持原陣地，並力求繼續發展，擴大武裝部隊，建

---

44. 劉培：〈營救美國飛行員的經過〉，《大亞灣風雲》，頁 347－348；陳敬堂：〈劉培先生訪問記錄〉（2002 年 10 月 12 日）。

劉培

立廣大的與強固的根據地。[45] 中共廣東省臨委和軍政委員會遵照中共中央的指示，於 8 月在大鵬半島土洋村召開聯席會議，決定在全省開展敵後游擊戰爭，建立根據地與發展游擊區；發展人槍，擴大部隊，建立支隊編制，其下相應建立主力團或主力大隊。[46] 根據土洋會議的決定和省臨委及軍政委員會的指示，東江縱隊負責北進和東進的任務。

　　1944 年 9 月東江縱隊進行整編，建立支隊級的建制，組成了第一、第二和第三支隊。[47] 12 月，為執行北進任務，東江縱隊決定組建第四、第五支隊、北江支隊和西北支隊。第五支隊以原護航大隊、惠陽大隊和第

45. 〈中央軍委關於華南根據地工作的指示〉（1944 年 7 月 15 日），中央檔案館：《中共中央文獻選集》，第十二冊（張家口：中共中央黨校，1986），頁 535－536。

46. 《東江縱隊史》，頁 269－270。

47. 同上註，頁 272。

二支隊、大亞灣人民抗日自衛隊各一部組建。支隊長劉培，政治委員饒璜湘。[48]

自此，劉培便率領第五支隊北上東江上游紫金河源，轉戰粵北山區。東江縱隊北撤時，劉培隨隊北撤山東，參加淮海會戰，獲得很好的鍛煉機會。其餘護航大隊陸上隊伍編入第六、第七支隊，海上中隊則連人帶船與港九大隊海上中隊合併。至此，護航大隊的歷史任務結束。[49]

八、小結

日治期間的三年零八個月是香港歷史上最悲慘的歲月，也是最輝煌的年代。悲慘的是日軍攻佔香港後，逼迫百多萬市民離港，使之顛沛流離，走難途中因病餓而死者不計其數；留港市民在暴虐統治下，亦活在人間地獄，苦不堪言。不過，亂世出英雄！為了拯救黎民百姓，驅逐敵人，不少英雄人物在各個領域不怕犧牲、威武不屈地抗擊敵人，他（她）們成為照亮香港漆黑夜空中的明星，給活在痛苦中的同胞帶來抗戰必勝的信心。劉培就是其中一顆光芒萬丈的明星！

香港九龍城出世的劉培，與香港以至全中國大部分同胞一樣，都是善良的平民百姓，只在一般學校讀書，沒有接受過軍事教育，可以說是連槍都未見過。但身陷國破家亡、親人遇害的人間地獄，忍辱也不能偷生的絕境，那便只有消滅敵人，才有生存的希望。再加上本身受大哥和大姐的薰陶，參加了革命，此後，不斷肩負重任，不斷學習，掌握更豐富知識，為肩負更大的任務作好準備。

---

48. 同上註，頁 286。
49. 陳敬堂：〈劉培先生訪問記錄〉（2002 年 10 月 12 日）。

　　香港淪陷後，劉培返港抗日，奉命籌組東江縱隊第一支海上武裝力量——護航隊，護送廖承志、連貫、喬冠華自香港撤返抗日根據地。其後船隊不斷擴大，由一艘借來的槽仔船發展到有十多條船。海上游擊隊寫下以小船打大船、以木船打機動船、反登陸作戰、遠程奔襲登陸作戰等戰例，譜寫了海上游擊戰的獨特作戰模式。1943 年 7 月馬鞭島海戰，指揮十六名突擊隊突襲殲滅偽海軍一個百多人的偽軍後，部隊再擴建為護航大隊，海上游擊戰場由大鵬灣伸展到大亞灣。劉培除在海上游擊戰有輝煌戰績外，在淮海戰役亦曾立下豐功偉績，陸戰的表現與海戰相當。劉培屢立戰功，先後獲頒二級獨立自由勳章一枚、二級解放勳章一枚和獨立榮譽勳章一枚。英雄出香港，香港同胞與有榮焉！

　　本文完成之際，劉培老將軍不幸於 2002 年 12 月 3 日在廣州辭世，享年八十一歲。筆者非常幸運地掌握了一個稍縱即逝的機會，訪問了一位在香港出生的英雄人物。謹此對葉維理、詹雲飛、黃作材、梁少達和葉青茂幾位老先生表示感謝！如果不是這幾位老先生告知劉培已經到了癌症晚期，並協助我爭取時間，順利地進行了劉培的口述歷史工作，這位傳奇人物和護航大隊的歷史便可能湮沒了！此外，劉培的友善和認真的態度，劉曉河先生和陳達明先生的提供資料，對完成口述歷史和本文，有很大的幫助，謹此致謝！

【本文曾在陳敬堂編之《香港抗戰 —— 東江縱隊港九獨立大隊論文集》（香港：香港歷史博物館，2004）發表，2013 年 7 月 7 日修改】

第六章

王錦

——從海上游擊戰到八·六海戰

一、前言

　　日軍發動全面侵華戰爭之後，燒殺搶掠，強姦婦女，無惡不作。手無寸鐵、從未受過軍事訓練的同胞，逼迫於國難當前，深感非與強敵拚死相搏，無法拯救國家民族於危亡，於是紛紛以各種形式，參加抗日救亡運動。有些從事宣傳籌款、賑災支前；有些直接參與軍事鬥爭，築成保衛國家民族的血肉長城。他（她）們年齡從老到少，從北方到南洋，都在神州大地的抗日戰爭中，作出了偉大的貢獻！

　　許多動人心弦的故事就發生在我們生活的香港，故事的主人翁有些是市區名校如皇仁、華仁、喇沙、拔萃、聖瑪利、德貞等校的男女同學，有些是小學老師，有些是工人、漁民，甚至是十餘歲的小伙子，大部分都從未受過軍事訓練。但為了國家民族的生死存亡，他們憑着機智和勇敢，抱抗戰必勝的信心，與已受嚴格軍事訓練的日偽軍作你死我活的鬥爭。他們之中，除得到幸運之神眷顧而倖存外，不少已經貢獻出了寶貴的生命！

　　王錦是其中一個令人尊敬的游擊戰士，他在 1923 年 2 月出生，廣東東莞厚街北社村人，父親業小販，母織草蓆販賣。七歲時讀小學，至十一歲讀小學四年級時，因父病逝而停學。為了幫助家計，十三歲開始做各種散雜工，最後在厚街新紀元茶樓工作。1938 年日軍侵佔廣東，十五歲的王錦見日軍經常到茶樓挾持女招待員輪姦，因而義憤填膺，誓要把日本侵略者驅逐出國土之外。當時東莞有抗日游擊隊，王錦在愛國人士和中共地下黨的鼓勵下，1940 年 10 月 15 日之後與兩位朋友到大王嶺參加了曾生領導的廣東人民抗日游擊隊，編入第三大隊虎門彭沃中隊，在東莞、寶安一帶抗擊日偽軍。有時一天作戰一、兩次，經常轉移陣地，睡在山頭，食一餐餓一餐，生活雖然非常艱苦，王錦都堅持下來。1941

王錦

年在東莞大嶺山附近打了幾場仗，後由曾生大隊長帶領王錦等兩個中隊到寶安縣石橋坑山上駐守。香港淪陷時，1942 年 1 月王錦從彭沃中隊抽調出到九龍西貢，與在西貢的短槍隊一起拯救文化界人士、掃蕩土匪、打擊日偽，後負責組織海上隊，率部多次與日軍血戰，以弱勝強，立下不少汗馬功勞。抗戰勝利後，率部到鹽田改編。隨即北撤煙台，參加華東軍政大學學習，畢業後曾調渤海軍區海防總隊、海上部隊工作一段時間。後調回兩廣縱隊，參加濟南、淮海等戰役，隨部隊轉戰南下，1950年 5 月率炮兵營協同 131 師解放青洲、牛頭、大小萬山、白瀝、竹州、黃茅等島嶼。新中國海軍成立後，在「八‧六海戰」，一戰擊沉兩艘大型美製軍艦。

　　王錦以小學文化程度，從一名小游擊隊員，累積戰功晉升至汕頭川島兩個水警區參謀長副司令；從率領兩三艘船隻的海上游擊戰，到指揮

十餘艘艇艦規模的大海戰。先後獲頒「中華人民共和國三級獨立自由勳章」、「中華人民共和國三級解放勳章」、「中國人民解放軍獨立功勳榮譽章」。曾得到毛主席和黨中央領導兩次接見，還被邀請到天安門觀禮台參加國慶觀禮。新中國海軍的一個重要人物與香港有這麼密切關係，我們所有香港同胞與有榮焉！

二、籌建海隊

全面抗戰開始後，香港對支援抗戰承擔了日益重要的任務。戰爭爆發不久，日軍便迅速攻佔了中國所有沿海港灣，並封鎖沿岸海面，阻止援華物資進入。中國除了只能維持與蘇聯的陸路交通外，便餘下香港成為與西方列強保持聯繫的唯一門戶，成為了援華物資的中轉基地。無數的帆船以此為中轉站，遠航華中、華南沿海一帶，形成了向腹地運送補給品的通道。香港倉庫的軍需物資堆積如山，下面的香港貿易統計數字，反映了當時情況：

年度	進出口貿易合計（港元）
1936	525,078,000
1937	1,008,440,000
1938	1,130,100,000
1939	1,127,600,000

上表顯示，以七七事變為轉折點，香港貿易額增加了一倍以上，據日軍參謀本部估計，在 1940 年 6 月間月補給量約為 6000 噸左右。

抗日戰爭史專家魏宏運教授指出：「八年抗日戰爭中，有正面戰場和敵後戰場，應該說還有一個『海外戰場』，這一戰場是由世界各地華僑

開闢的，範圍更為廣大。它不像前兩個戰場那樣炮火連天與日軍短兵相接，然而鬥爭也極激烈，是抗日戰爭重要組成部分。」[1]

香港就是連接「海外戰場」與內地戰場的重要橋樑。此外，上海淪陷後，一大批中共黨員和文化界進步人士轉移到香港，紛紛成立了各種救亡組織，除了各行業的賑濟會，還有宋慶齡領導的保衛中國同盟會、工合國際委員會等。各類商會、同鄉會此時也都成為了抗日救亡活動的活躍團體，如瓊崖華僑救鄉聯會總會，統一了南洋各地的瓊籍華僑組織。

據國民政府僑務委員會統計，截止 1940 年底，海外華僑組織的大型救國團體有 649 個。幾乎所有的華僑團體都在努力開展新的渠道，鑄造僑胞的愛國主義思想，華僑的報刊雜誌、學校、社團及會館都動員起來。如巴黎的《救國時報》、紐約的《華僑日報》、舊金山的《世界日報》、新加坡的《星洲日報》、菲律賓馬尼拉的《華僑商報》等。全世界華僑報紙的總數在七十種以上，其共同的特色就是突出地報道祖國的抗日動態，開闢「祖國消息」和「華僑救亡運動」等專欄，香港成為華僑報紙的總匯，共有十多種。[2] 僑胞踴躍捐輸，抵制日貨和回國服務等，顯示了愛國的偉大力量。日本認為香港對中國抗戰扮演一個無可代替的地位，為徹底切斷中國與英美的聯繫，侵佔香港，可以「在精神上予重慶政府以巨大打擊」。[3]

1939 年 9 月 1 日歐戰爆發，12 月 14 日日本批准了 1940 年度的「香港作戰要領」。1940 年 5 月 10 日德軍發動大攻勢，英國遠征軍潰敗，慌忙自敦刻爾克撤回本土，6 月 17 日法國貝當政府投降。日本朝野上下大

1.　魏宏運：〈華僑對抗戰的貢獻〉，陳敬堂主編：《跨世紀：七七事變六十周年紀念專號》（香港：1998），頁 123。

2.　同上註，頁 127。

3.　日本防衛廳防衛研究所戰史室：《香港作戰》（北京：中華書局，1985），頁 5、6、17。

受刺激，躍躍欲試，廣泛流傳「不要趕不上公共汽車」的暗語。這是「把英國勢力從中國和香港趕出去」及「徹底切斷列強援蔣」大道的難得的好機會。[4]

1940 年 1 月 8 日，日本大本營參謀本部第八課間諜坂田誠盛潛入香港，企圖利用香港黑社會進行擾亂顛覆活動，坂田與黑社會頭子駱寶山取得聯繫，建立天組（香港島）和佑組兩個組，並發給手槍和手榴彈，準備策動反英暴動。日本同時企圖利用漢奸發動侵港戰爭，任命謝文達在番禺組織中華人民自治救國集團軍（兩個師）12,000 人，集中 200 艘帆船，計劃從珠江一帶或寶安渡海，進攻九龍。[5]6 月 22 日，日軍攻佔深圳，完全封鎖英中邊境。越境侵港，只待適當時機而已。

1941 年 12 月 8 日，日本發動太平洋戰爭，同日進攻香港，駐港英軍抵抗十八日後投降。日本人一進入香港便張貼佈告，限令「抗日份子」前往「大日本行政部」報到，否則格殺勿論。文化界人士命懸一線，形勢相當嚴峻！

幸好，周恩來在日軍侵港的同日，急電駐港八路軍辦事處主任廖承志，要求東江人民抗日游擊隊不惜一切代價，營救文化人士。[6]於是，在日軍侵港之戰進行期間，拯救抗日文化界人士的行動便已經開始了。廣東人民抗日游擊隊從惠陽、東莞、寶安分別抽調一支精幹的部隊進入港九新界，開闢一個新的敵後戰場。東莞第三大隊派出蔡國樑、黃冠芳、江水、劉黑仔、王錦等渡海進入西貢，向沙田、坑口發展，進逼九龍市郊。寶安第五大隊派出黃高陽、曾鴻文、林沖等率短槍隊插入沙頭角、

4.　同上註，頁 7、12。
5.　同上註，頁 12、13。
6.　陳達明：《香港抗日游擊隊》（香港：環球出版社，2000），頁 31。

元朗一帶建立據點，[7] 配合進港的游擊隊搶救和護送了大批文化界和民主人士離港返國。為了更好地統一指揮港九部隊，更有效地打擊敵人，更好地開展游擊區的活動和搜集失散的武器物資等，在 1942 年 1 月，廣東人民抗日游擊隊決定把進港的幾支武裝部隊統一組成港九大隊。2 月初陳達明帶着林平、曾生等領導的信到九龍西貢和蔡國樑、黃高陽開會研究，確定 2 月底在西貢黃毛應村的天主教堂裏正式成立港九大隊。大隊長蔡國樑、政委陳達明、政訓室主任黃高陽，下屬各區部隊，除劉春祥、曾芳兩個隊和西貢區短槍隊隊長黃冠芳參加之外，其他區都只派代表參加成立大會。港九大隊從成立起至 1945 年日軍投降時止，發展為下屬西貢、沙頭角、元朗、大嶼山、市區、海上等六個中隊，一個留守處和各區無數民運工作隊。[8]

　　六個中隊中以海上中隊的戰鬥最為激烈，也最具特色。因為香港及九龍半島地形狹小、山低林疏，沒什麼迴旋餘地。同時在市區與日軍衝突，很容易誤傷無辜。但西貢周圍海岸曲折，港灣眾多，還有五、六十個大小島嶼，各個海灣多數都有漁村，如果能把漁民動員起來，建立海上武裝，在大海開展游擊戰，就進可伺機打擊敵人，退可掩蔽在大海作業的漁船群中，擴大游擊隊的活動範圍，把大海作為一個機動靈活的戰場。

　　此外，香港雖然是彈丸之地，但不僅是一個國際商業中心，而且也是一個優良的天然港口，是日本經沖繩、台灣到新加坡、馬來群島等地的中間樞紐、進行南太平洋戰爭的中轉站。因香港戰略地位非常重要，日本任命陸軍中將磯谷廉介為總督，成立了憲兵隊，建立了警備司令部與區役所，嚴密管治香港。廣九鐵路因經常遭受游擊隊的襲擊和破壞，

7.　王錦：《港九大隊海上游擊隊》（未刊稿），1990 年 12 月 12 日。

8.　同上註。

並不暢通，於是開闢了一條從東南亞、中國西南方，經香港到汕頭、台灣和朝鮮、菲律賓等地到日本的海上運輸補給線。

大鵬灣海面是日本海上運輸線的必經之路，游擊隊為了切斷此海上運輸線來打擊敵人，也相應地在大鵬半島東西兩側成立兩支海上游擊隊。東側一支在澳頭一帶活動，以劉培為大隊長的護航大隊，活動範圍是大亞灣至汕尾一帶。西邊一支是蔡國樑為大隊長的港九大隊海上隊，活動於西貢龍船灣、坑口、果洲島及大鵬灣一帶。[9]

1942 年 7 月，廣東人民抗日游擊總隊指令港九大隊成立一支海上隊。港九大隊長蔡國樑立即指示：現大隊決定，由陳志賢於 1942 年秋在西貢龍船灣負責組建海上游擊隊。隊長陳志賢，副隊長王錦，下屬賴連、黃康為班長的兩個班，兩條木船。其成員是以原來海上護航的「順風隊」十幾位戰士為基礎，加上大隊部從其他陸上中隊抽調來的七、八位戰士共二十幾人。這時王錦只有十九歲，肩負籌建海隊和訓練隊員的工作。經過差不多近半年的艱苦經營，順風隊發展到四條槽仔船，五、六十人，配備有一挺平射機槍、兩挺馬克沁水龍重機槍、一支衝鋒槍和幾十支步槍，武器都是英國式的，還有魚炮。有兩條船在舵手位置裝上了甲板，船頭堆了沙包，頗具海軍規模。[10]

海隊初時駐在西貢龍船灣，後蔡國樑和尹林平先後指示，把沿海漁村和漁民活動海域連成一片，擴大游擊戰的迴旋區。「發動和組織漁民，依靠漁民，向漁民學習。這是我們海隊能不能堅持海上抗日游擊戰爭的關鍵。」陳志賢隨即和王錦擬訂海隊的工作方針：

1. 從基地附近的魚欄開始，限制魚欄檔主對漁民的嚴重剝削。廢除

9.　同上註。

10.　吳展：《激流》（廣州：自刊本，1999），頁 29－31；王錦：《港九大隊海上游擊隊》（未刊稿）；陳志賢口述：〈港九海隊〉，李征：《虎口大營救》（廣州：自刊本，1996），頁 109。

各種苛捐雜稅，減輕漁民負擔。

　　2. 香港糧食困難，海隊通過大隊部軍需處到寶安縣買米回來，平價賣給群眾。

　　3. 打土匪、除漢奸，保障群眾安全。

　　4. 吸收愛國青年漁民參加海隊，密切海隊與漁民群眾的關係，建設一支海上人民子弟兵。

　　1943 年 7 月，海上隊從西貢龍船灣轉移到大鵬灣南澳墟附近羊槽灣海邊一間房子內住，此時林伍、羅歐鋒兩人先後到來。大鵬灣灣內比較寬闊，南北寬有十多浬，東西長二十多浬。主要港灣墟鎮有南澳、沙魚涌、鹽田、大小梅沙、沙頭角、大小滘、大埔、蜑家灣等十多處，漁船比較多，便於開展海上游擊戰。陳志賢主要負責龍船灣的統戰工作和群眾工作。副隊長王錦帶一條索罟船，到伙頭墳建立海上稅站，也做那一帶的上層和漁民的工作。另外，從大隊部要來一批民運工作者，派到各村各漁灣做漁民群眾工作，如林伍到觀門灣，蔡冰如到白臘村，陳萍到北亞村。[11]

　　當時漁民飽受漁霸欺凌，受岸上人家歧視。香港淪陷後，更深受日本鬼子蹂躪，抓船打人，輪姦婦女，嚇得漁民不敢出海捕魚，日子更為困苦。海上隊根據掌握的情況和群眾的要求，首先除掉鄭寡婦、陳豬仔等漢奸，以及鄧芳仔、陳乃壽等殺人放火、搶劫、強姦婦女的海匪。同時還廢除苛捐雜稅和剝削漁民陋規，接着幫助漁民成立鄉政權、漁民小學，組織聯防會、婦女會、兄弟會、游擊之友等各種群眾組織。海上隊同時組織救濟貧困漁民，發動漁民修船補網、出海捕魚、開荒種雜糧自救。經過民運工作和漁工組的宣傳教育，群眾認識到海上隊是自己的子

11.　陳志賢口述：〈港九海隊〉，《虎口大營救》，頁 98－104。

弟兵，紛紛要求參加部隊。

　　1943 年 10 月左右大隊部又調來十幾名隊員和一隻槽仔船，海隊人數達百多人。於是海上隊編制改為中隊，番號改名為「大華隊」，中隊長陳志賢，政治指導員林伍，下屬兩個小隊。第一小隊長羅歐鋒，副小隊長賴連，政治服務員黃康；第二小隊長王錦。1944 年 2 月王錦到後方學習，5 月返部隊。9 月陳志賢調返大鵬後方辦事處，林伍調到大隊政訓室任漁民幹事。羅歐鋒任中隊長，王錦任副中隊長。1945 年 1 月，由於部隊發展，大華隊一分為二，羅歐鋒和黃康率領一個中隊，調去第二支隊；留下的另一半人也組織為中隊，改番號為「海鷹隊」，王錦任中隊長，一小隊長陳傳，羅耀輝（當時名羅瓊）任政治服務員；二小隊長劉捷，直到日軍投降。[12] 海上中隊活動於大鵬灣內、九龍西貢區至南邊擔桿島一帶的沿海及海上，任務兩條：監視和控制由香港駛往東面，或由日本、台灣進入港九航線的船隻。[13]

　　1943 年春，香港日軍總督磯谷廉介大力推行「強化治安運動」，要把香港變成「大東亞模範治安區」，出動海陸空軍分區掃蕩。為應付險惡的鬥爭，總隊政委尹林平選定大鵬半島的南澳為港九大隊的海軍軍港。蔡國樑把「中華隊」（陸上中隊）和「大華隊」（海上中隊）都拉到南澳楓木朗村整訓。[14]

12. 陳敬堂：〈黃雲鵬先生訪問記錄〉（2002 年）。
13. 吳展：《激流》，頁 39；王錦：《港九大隊海上游擊隊》（未刊稿）；陳志賢口述：〈港九海隊〉，《虎口大營救》，頁 113、132。
14. 陳志賢口述：〈港九海隊〉，《虎口大營救》，頁 113。

三、稅收工作

　　香港淪陷後，原有社會秩序崩潰，新界、沿海、海上盜賊多如牛毛，到處搶掠商旅，騎船劫貨。加上日軍實行「以戰養戰」，頻繁掃蕩、掠奪資財，平民客商的生命財產毫無保障，因此當他們知道黃冠芳和江水等游擊隊在西貢一帶打擊土匪、保護人民的消息後，都來要求他們護送，可以「論擔收稅」。為了能站穩腳跟，堅持在敵後抗日、剿匪，保障人民生命財產，游擊隊的稅站便應運而生。稅站所定的稅率不高，而且是一次過的「進出口稅」。客商不論從新界進內地，或由內地出新界港九，凡經過抗日游擊區，只納一次稅，便可以憑稅票通行全區，決不重複徵稅。既減輕了客商的負擔，又保障了客貨安全，故絕大部分客商都樂意交稅。當時，每月能收到四至十萬多元的港幣、軍票稅款。港九大隊經費來源較充裕，不但保障了本隊的給養，並能大力支援總隊。

　　1942 年 7 月以前，海隊主要任務是護航，不直接抽稅。1943 年，蔡國樑、陳志賢、袁老板、歐連、方覺魂在北潭涌軍需處開會，決定今後除戰鬥、護航外，還要在航線上收稅，以增加抗日經費。海隊隨即抽調人員組成海上稅站。選人的條件是：一、可靠、二、勇敢機智、三、會做群眾工作、四、海上作業熟悉。最後派王錦副隊長率領徐帶、陳傳、何根和石十五，配長短槍，乘一條索罟船開到伙頭墳島的北灣漁港（龍船灣南面）開展稅收工作。那裏西南面是九龍、香港，東北面是大鵬灣、大亞灣、汕尾、汕頭等沿海港口，是一般往來港九貨船的必經要道。

　　開展稅收工作是一項重要的群眾工作，首先向群眾解釋收稅是為了籌集抗日經費，維持游擊隊的起碼給養。重點是做好伙頭墳及附近漁港漁民的工作，取得他們的支持和掩護。接着要做好來往貨船人員的工作，使他們支持和配合稅收工作。最後是做好貨主客商的團結工作，說

服他們自覺交納抗日捐款。稅收時還可以通過往來船隻，收集沿海各地日、偽、頑的情報。

稅站常是日偽匪特襲擊的目標，可以說是處於第一線的戰鬥狀態，隨時準備打，十分艱險。遇到敵人來襲，能打則打，不能打則撤，撤不了時便藏到群眾中去。

伙頭墳稅收人員曬得黝黑、一身漁民打扮，稅船偽裝成漁船。敵情緊張時，王錦就把人員分散到漁民中去，與漁民同吃、同住、同勞動。1942 年 12 月，香港仔的一艘日軍巡邏艇突然駛到伙頭墳北灣漁港。其時港內泊有七、八十條漁船，稅站的索罟船泊在船群中間，稅站人員來不及分散隱蔽，只好沉着應變。時年十九歲的王錦身懷短槍和手榴彈，其他人的武器都藏在船艙板的夾艙內。日軍巡邏艇一開進港便駛到稅船邊停靠，日軍叫游擊隊員打開艙蓋檢查，東看西看，左問右問。王錦示意何根和石十五，叫他們應付，自己站在船尾，監視敵人，準備萬一暴露時，便先發制人，往敵船扔手榴彈，用短槍同鬼子拚。全港漁民都提心吊膽，害怕打起來。但經過二十分鐘的查問，日軍沒發現，開船離去。類似這樣突然遇到日軍巡邏檢查和險些迎頭相遇的事發生過多次，全靠漁民群眾掩護，以及稅站人員的勇敢沉着機智而度過險關的。[15]

四、海上游擊戰

港九海上游擊隊從成立到抗戰勝利的三年間，打了不少大大小小剿匪、鋤奸、打擊日偽軍的戰鬥，下面介紹王錦在海隊期間參加的主要戰鬥。

15.　同上註，頁 142−145。

（1）夜殲挺進隊

　　1944 年 8 月上旬，中隊長陳志賢、小隊長羅歐鋒調大鵬城東江縱隊軍政幹校學習。大華隊縮為一個獨立小隊，年僅二十一歲的王錦任隊長，林伍仍任指導員。8 月 15 日早晨漁民向王錦報告，在黃竹角停泊着三隻木船，檢查搶劫來往船隻。下午港九大隊政委黃高陽通知王錦到南澳墟交通站二樓，說沙頭角敵人最近組織一個海上挺進隊，由一名日軍軍曹任隊長，帶着二、三隻木船在黃竹角附近海面，保護其海上運輸線，並封鎖游擊隊的海上運輸線。黃高陽指示王錦帶兩條船到黃竹角海區，趁敵人立足未穩，採用搜索夜襲的打法，堅決拔掉敵人據點，保護漁民生產和來往客商船隻的安全。

　　因任務緊急，去大隊受領任務前，王錦已命令部隊做好一切作戰準備。受領任務後，王錦來不及返回駐地與林伍研究，便跑回船上，召開班以上會議，傳達敵情及作戰任務，隨即與大家研究具體的作戰策略。全隊開會動員，會後各隊員分別檢查自己戰備情況。準備完畢，王錦即下令起航離開南澳港，朝黃竹角前進。

　　快到中秋節的夜晚，本來月色是最明朗的，但當晚卻濃雲密佈。將到黃竹角時，王錦重申各人一定要服從命令，聽指揮。一會兒忽然下起雨來，雨點拍拍地打在帆上，隊員十分興奮，因為這正是偷襲敵人最理想的好天氣，敵船距日軍據點沙頭角鎮只有三浬，怎也想不到游擊隊會在這種惡劣天氣發動突襲。

　　半夜兩點，到達紅石門海面，在船頭瞭望的重機槍射手李泰報告，正前方黃竹角方向發現一道打信號的手電筒光，王錦認為這很大可能是海上挺進隊，立即命令大家作好戰鬥準備。駛近時發現三條木船並排地停在一起，按照預定的作戰方案，二號船向敵船左側靠近，一號船直插

敵船右邊。兩船飛馳前進，將要接近那三條船，被敵船哨兵發現，大聲喝問，並呼呼打來兩槍。因游擊隊早已作好準備，只怕誤傷一般漁船，不敢胡亂開火。現受到攻擊，確定是敵船了。沒等敵人打出第三槍，王錦一聲令下，所有武器同時向敵船開火，一張火網迅速籠罩着敵船。這一突襲，出乎挺進隊意料之外，頓時亂成一團。正當一號船飛快地衝向敵船時，風力逐漸減弱，船速減慢，敵人趁機重新組織火力向一號船還擊。來伯、吳滿友等幾個隊友見勢不妙，勇敢地站起來，冒着敵人彈雨奮力搖櫓划槳，迅速迫近敵人，轉被動為主動。二號船也迅速接近左邊敵船，曾佛麟、吳貴來一連投出兩枚魚炮，炸得敵船立即燃燒起來，並漸漸下沉，敵人火力同時沉寂了。這時一號船也接近右邊的敵船，石觀福搶先投出一顆魚炮，把敵船炸毀，中間的那條敵船見勢不妙，想升帆逃脫。李泰、邱球兩人操起一根長竹篙一悠蕩就跳過敵船，大聲喊道「那裏跑」。這時石觀福和其他幾個隊友手持槍支、魚炮從被炸起火的敵船上跳上要跑的敵船，敵人被嚇得喪魂落魄，急忙降帆求饒，戰鬥至此以勝利結束。最後逐船打掃戰場，清理俘虜，找不到日本軍曹，王錦下令在屍體中進一步尋找，還是找不到，經審問俘虜，原來這日本隊長膽小如鼠，當魚炮一響，就跳海逃命了。這次戰鬥共炸沉敵船三艘，斃敵二十五人，生俘十三人，繳機槍兩挺，衝鋒槍四支，步槍二十多支，手槍四支。這是第一次海戰的大勝利。

　　被炸敵船燃起的大火，把黃竹角海面黎明前的黑暗照得通紅，海隊準備揚帆勝利返航，忽然黃竹角對面小島邊上打槍過來，審訊俘虜才知道挺進隊從沙頭角出動六條船，分兩邊島岸停泊。當這邊爆發大戰時，爆炸聲、戰防槍聲、重機槍聲、步槍聲震動了整個黃竹角，對面那三條船一時摸不清海隊有多少船，什麼裝備，不敢妄動，更不敢前來援救。到天亮，敵人才發現海隊只有兩條船，遂拼命向海隊射擊，企圖拖住等

沙頭角炮艇趕來支援。王錦命令部隊一面組織對敵船還擊，一面靠近岸邊朝南澳方向返航，兩船順風航行近兩小時返回南澳港。部隊回到南澳港，不到一小時敵炮艇已從沙頭角追來，但看着游擊隊的船已進入南澳，並進入山上陣地，只好掉頭回去。

殲滅日軍挺進隊三艘船的大捷，大大地提高海隊指戰員開展海上游擊戰和切斷敵人海上運輸線的信心，同時也加強了大鵬灣內沿岸漁民、半農漁民的抗日信心。[16]

（2）夜殲敵大電扒

1944 年 11 月 30 日下午，漁民發現一艘大電扒在大鵬角大落灣內下錨，並用日本語叫漁船靠過去查問，漁民便趕快返航向游擊隊報告。時間晚上 8 時，港九大隊長魯風獲情報後，派人通知海上中隊領導羅歐鋒、王錦、黃康前往南澳墟交通站二樓研究敵情。魯風提出如果是敵船，一定要把它消滅。受領任務後，中隊領導分工召開班以上幹部會，介紹敵情，傳達打擊方案，最後全隊進行動員，號召大家英勇殺敵，完成殲敵任務，爭取立功。各項戰備工作準備完畢，三艘戰船晚上 10 時左右準備出航。臨行前魯風把王錦叫到他處，再次強調要他帶的突擊船，像尖刀狠狠地率先插進敵人心臟。

從南澳到大落灣雖然只有幾浬航程，但當晚風平浪靜，沒半點風，而且遇上逆流。海隊求戰心切，生怕敵船跑掉，只好拚命搖櫓划槳，爭取時間，足足用了近三小時才趕到大落灣附近。按預定方案，羅歐鋒一

16　王錦：《港九大隊海上游擊隊》（未刊稿）；王錦：〈大鵬灣上打游擊〉，《星火燎原》，第六輯（北京：解放軍出版社，1997 年修訂二版），頁 443－450。

號船配一挺重機槍靠岸登陸，翻過小山嶺到大落灣正面山上佔領陣地，掩護海上二、三號船。王錦乘的二號船是突擊船，配一挺輕機槍，直向敵船左舷靠去，黃康乘的三號船配一挺重機槍直向敵右舷角展開。為掩護二號船突擊，避免夜間互相碰撞，二三號船都從敵船尾小角度接近。快接近敵船了，曾佛新班長報告發現敵船駕駛台上有個黑影往下跑，並向我船打一槍。戰鬥於是爆發，王錦命令全船所有武器都向敵船開火，快速靠上敵船。曾佛新先帶幾個隊員作好爬上敵船準備，陳華立即朝敵船投出第一枚魚炮，轟的一聲巨響後。曾佛新爬上敵船欄桿，被敵機槍擊中，倒在鐵欄桿上，光榮犧牲，年僅二十三歲。王錦率領其他戰士爬上敵船，衝向駕駛台和船倉殲敵。快到駕駛台，被一發從下至上的子彈擊中左大腿，貫穿受傷。時三號船已靠近敵船右舷，黃康也率部衝了上來。日軍見勢不妙，跑回船尾，找來襯衣用竹桿豎起當白旗投降。王錦與日軍較量無數次，遇上這樣如此怕死沒什麼抵抗的還是第一次，戰鬥結束清理戰場，只發現後尾倉有七名日本兵驚慌地圍在一起，其中一名受傷，還有其他船員五人在船頭倉內，遍尋武器不獲，可能都掉下海裏，企圖藉口他們不是軍人，以得到更寬厚的處理。日軍大電扒被部隊押着，勝利返回南澳港，電扒上載的全是高級呂宋煙葉，還有其他一些物資，全部交由大隊軍需處組織動員群眾卸運到王母墟。七名日軍戰俘送東江縱隊政治部，其他偽船員經宣傳教育後釋放。

這次戰鬥犧牲一名班長，負傷副中隊長和舵手各一人。繳獲約二百多噸電扒（即機動船）一艘，俘日軍七人，煙葉物資等一大船。海上中隊接着又在大鵬灣外海三門島至枱桿島等一帶戰鬥，繳獲十二條滿載軍用品及走私物資的船隻，收繳敵人武器，消滅了大鵬灣內活動的敵人、漢奸及附近的海匪。經過這一連串的打擊，迫使敵人單一船艇不敢輕易

出來活動。[17]

（3）巧俘敵運輸船

　　1944 年 12 月上級把「大華隊」羅歐鋒中隊長、黃康副指導員所率的部隊調離海上隊到第二支隊主力部隊，留下的幾十人為骨幹，重新組織海上中隊，番號為「海鷹隊」，晉升二十一歲的副中隊長王錦為中隊長，繼續堅持海上鬥爭。

　　日軍半隊海上挺進隊在黃竹角被殲後，一艘大電扒又在大鵬角大落灣被殲，日軍因此老羞成怒，調集駐港九部分陸海軍，對大鵬灣及沿海地區，開始了殘酷的大掃蕩。海隊在陸上兄弟部隊和漁民群眾配合下，採用避實擊虛、避強擊弱的戰術，對我不利時，就化整為零，分散隱蔽或到漁民中去，同漁民一起打漁勞動，使敵人撲空。當敵情對我有利時，又集中兵力襲擊敵薄弱或孤立之點，搞得敵人處處被動。經過一段艱苦的歲月，大掃蕩終於被粉碎。

　　1945 年 5 月一天早上，一個漁民急急忙忙跑到海隊駐地「南澳關廠」，報告敵運輸鐵殼船一艘、大木船兩艘停在水頭沙岩石邊。因那時候敵人運輸船在盟軍飛機的轟炸，以及海上游擊隊的不斷打擊下，白天是不輕易航行的，更不敢跑到海隊駐地附近的水頭沙，把肥肉送到這群海上蛟龍的咀上。敵運輸船為什麼要開進大鵬灣內？船上的軍力、裝備又怎樣？這些全不了解，為慎重起見，王錦一邊派人前往偵察，弄清情況，一邊做好戰鬥準備。那時，留下部隊的手槍不多，王錦於是派人到半天雲村港九大隊軍需處找許志明、何華借來三支手槍，同時召開

17.　同上註。

支委擴大會，研究打法。有人主張把部隊帶到山上，往敵船上打，消滅敵船。也有人提議在陸地上曾經化裝襲擊敵人，在海上為什麼不可以試試呢？後一種打法提醒了大家。王錦沉思一下，認為要消滅敵人，不能在山上打，在山上向船打槍，只能趕跑它。要把敵人消滅，只能從海上打。[18] 王錦同意後一種打法，大家都支持隊長的意見。討論會剛剛結束，派去偵察的隊員回來了，原來這三條船是從香港開往汕頭方向的。昨晚海面霧大迷航，開到水頭沙岸邊停泊。因天亮不敢繼續航行，只好停在此。船的甲板上未發現架着什麼重武器，只是大運輸船上有幾個日軍在活動，兩條木船上是中國人，還有幾個日軍在岸邊游泳。那條鐵殼運輸船在中間，兩條潮汕地區樣式的大眼雞木船在運輸船的左右兩舷，把船帆拉得高高作為偽裝，以避盟軍飛機轟炸。

情況查明，王錦決心殲敵。部隊經過動員，鬥志激昂。具體作戰計劃是先派三個隊員扮成漁民，腰藏手槍，帶着魚炮划一小船，靠近敵船作為突擊組，主力船沿南澳岸邊隱蔽地接近敵船突擊殲敵。海隊分乘兩條船，一色漁民打扮，重機槍架在船頭，用布蓋着，隊員都藏在船倉內。王錦乘一號船，羅耀輝政治服務員乘二號船，繞過下咀的山邊，在海邊一排岩石後面隱蔽起來，離敵船約有二百多公尺，清楚地看見三條敵船平排地靠在一起，中間那條運輸船約 200 多噸，兩條大木船約 30 至40 噸，都裝滿着軍用物資，三個日軍仍在海裏游泳，幾個日軍坐在船頭上聊天。其中一個不時地對空瞭望，防備飛機轟炸，卻料想不到游擊隊會在大白天從海上突擊他們。

此時，羅興、楊元、鍾國楷三人划着那條小船，看到自己兩條船後，趕緊按原計劃靠近敵船。他們穿着用薯莨染成的紫銅色漁民服裝，

18.　陳敬堂：〈王錦先生訪問記錄〉（2002 年 3 月 30 日）。

手持釣魚用具，十足當地漁民打扮，船上還擺着一些活蹦亂跳的鮮魚。敵船上日軍見到鮮魚，真像貓看見魚一樣高興的立即呱啦呱啦向他們喊叫起來，小船上的三人立即說：太君「鮮魚大大的有」，借機划向敵船。只見羅興、楊元各人手拿鮮石班魚遞向日軍，太君大大的……，正當日軍高興地伸手來接魚的時候，鍾國楷胳膊一甩，一顆魚炮便點着投上敵船，小船一拐，便躲到敵木船的後面。魚炮轟一聲巨響，在敵船上爆炸了。日軍亂成一團，王錦借此時機，命令集中火力射擊敵人大船，實施火力壓制。大家迅速搖櫓划槳，拚命衝向敵船，離敵船差不多 100 公尺左右，只見幾個日軍急忙從倉內爬起，拿出一挺輕機槍架在船頭，企圖頑抗。就在這一關鍵時刻，羅興等人飛快地跳上敵船，對準正準備開火射擊的日軍又投去一顆魚炮。日軍丟下機槍慌忙地躲進船艙，魚炮爆炸，兩條大船也迅速靠上敵船，各人一齊衝上去，日軍無法抵抗，全部被俘，在岸邊游泳的那三名日軍，想逃上岸躲避，也被活捉了。

　　這次戰鬥與往次不同，是大白天襲擊，那天離水頭沙不遠的陸上，還有日軍在掃蕩。因此，戰鬥只能速決，從打響至結束，只用了幾十分鐘就全部解決戰鬥，將幾十名俘虜其中二十多名中國偽員工都一起押進船艙裏，繳獲的三條船必須迅速撤離戰場返回南澳港。當時因沒人懂開機動船，只好放一名日本駕駛員俘虜和一名輪機員出來開船。那時大鵬半島留守處主任陳志賢剛好趕到，正和王錦商討把繳獲的船押回南澳港後交大隊軍需處的事宜。在敵船上派去一名政治服務員羅耀輝，帶着班長羅興、楊連、鍾國楷等幾位隊員看押，但敵人狡猾地強調駕駛員不夠，要求再增加一人幫助開船，由於心急想把繳獲的船早點開回南澳，沒提防敵人的陰謀，陳志賢和王錦就同意。發動機器開航不久，日俘說有風浪，兩旁木船碰撞危險，很快用斧頭將左右兩邊帶着兩條木船的纜繩砍斷，把木船擺脫，大鐵拖船立即加速開走。一名健碩的日俘與控制

舢盤的楊連爭奪舢盤，其他在鐵拖船看守的幾個隊員見形勢不利，就與日軍打起來，展開肉搏戰。羅耀輝被日軍追打，因個子小，跳上船舷想開槍射擊日軍，可惜借來的手槍失靈，打不響。敵人迫近，羅耀輝只得用槍柄痛擊敵人。這時，敵我雙方在爭奪舢盤，船隻左搖右擺，羅耀輝首先被拋下海去。楊連等打不過日軍，也相繼被丟下海裏，鐵拖船很快朝香港方向逃去。餘下班長羅興一人拿着戰防槍，又長又笨重，不能發揮作用，那時敵船已開到南澳港外的火燒排了。羅興見如再不跳海，就有被帶到香港當俘虜了。見現附近有一條漁船，就找來一塊大木板抱着用繩子栓着戰防槍一起跳下海，那條小漁船急忙救起羅興回南澳，敵鐵拖船加速往香港逃去。[19]

這次戰鬥繳獲滿載物資敵船兩條，斃敵兩人，俘虜三十二人，其中日軍七人，女人一人，中國偽員工二十四人。機槍一挺，步槍六支，指揮刀一把，醫藥器材、軍用氈子、各種罐頭等一大批，解決了當時游擊隊醫藥食品、軍需品等物資短缺的困難。

（4）血戰大浪口

1945 年 8 月初，抗日戰爭正要取得最後勝利的時候，時年二十二歲的王錦帶領着三條船在龍船灣一帶執行巡邏、剿匪和做群眾工作。漁民鄭大爺帶着一個剛從東面返航的漁民匆匆跑來報告，在大浪口外發現有一條奇怪的大木船，整條船除船頭船尾露出之外，其他部分都用帆布蒙蓋着，看不出是商船還是什麼船。

王錦估計有兩個可能，一是日軍偽裝的運輸船，怕飛機轟炸，企圖

---

19. 陳敬堂：〈羅耀輝先生訪問記錄〉（2002 年 6 月 28 日）。

掩蔽過關；二是載有日軍的船，偽裝吸引游擊隊靠近，然後發起突襲。海上中隊召開支委會討論，經詳細分析，大家一致認為後一種可能性大，必須提高警惕，做好充分準備，不管什麼情況都要立足於「打」。如果消滅敵人偽裝的貨船，那麼敵人開闢的海上運輸線，就有可能因此被切斷。大家又仔細分析了敵我力量，根據漁民報告，假如真是敵船，估計船上最多只是四十人左右，一條木船不會有重裝備，最了不起是輕重機槍。海隊有三條船五十多人，三挺輕重機槍，一支戰防槍，還有魚炮。船隻、兵力、裝備都佔優勢，而且海區熟悉。8月份是西南風季節，海隊從西南方向往東北方向航行是順風，機動性大，非常有利，加上船小航速快，操縱靈活，只要勇敢地接近敵船，就算敵人船上有小口徑炮，也不能發揮作用；敵船大、航速慢、操縱不靈活，加上它從東北方向往西南方向航行是逆風，用之字形航行，速度就更慢了。另方面，我船佔上風，敵船佔下風，我是主動，敵是被動。經過多方面分析，認為各方面對我非常有利。因此，支委會決定：堅決消滅它！儘管有利條件很多，但王錦在動員時還是再三強調一定要百倍提高警惕，千萬不能麻痹，就算它是死老虎，也要當活老虎打。經過一夜的周密準備，第二日早飯後，離開伙頭墳島出海，船往東航行，剛剛通過觀門口海面，就發現正前方處有一條大木船。再過一刻，接敵船更近，看得更清楚，船身雖被帆布罩着，只露出船頭和船尾，但可以肯定它絕對不是貨船，更不是漁船。王錦立即打旗號命令各船作好戰鬥準備。

王錦一方面警惕地觀察着敵船的行動，另方面叫各人收緊帆繩，加快航速前進。由於是順風，半小時後，快接近大浪口，距離那條怪船只有幾百公尺，海隊三條船編成前三角隊形接近敵人。敵船看見海隊擺開戰鬥隊形駛近，便首先開火。海隊的一切武器早已做好準備，就怕誤擊民船而沒有開火。敵船第一槍打響，各船待命很久的輕重機槍、戰防

槍按照王錦命令，立即奮起還擊。王錦拿起望遠鏡仔細觀察敵船的火力點，發現敵船尾的火力射擊最猛，指揮一、二號船集中火力猛轟敵船尾，掩護三號船衝鋒。由於風浪太大，三號船被吹到敵船左側，未能接近敵船尾，吳滿友迅速地連續投出兩顆魚炮，也都從船蓬上滾下海裏。當他站起來又要投第三顆魚炮時，被擊中彈倒在船上，邱畢立即又舉起魚炮，還沒有點火急着扔出去，又給敵人一槍射中他的腳部，也倒下了。三號船的火力因此減弱，且處境不利。王錦急忙命令一、二號船掩護三號船迅速撤退。三號船在一、二號船的火力掩護下剛轉過船頭把帆升起，可惜船帆繩被敵槍打斷落下來。在這緊急關頭，邱畢頑強地忍着傷痛，冒着彈雨抱着桅桿爬上去，但又中了一槍，從桅桿上掉了下來。但邱畢忍受着兩處負傷的劇痛，再次頑強地又支起身子，把船帆徐徐地升起來。躺在船尾的吳滿友側起身來，一手操舵，一手拉緊帆繩，小船迅速脫離險境。[20] 就在這時，二號船迅速駛到有利位置，作好衝鋒準備，王錦把紅旗一擺，二號船便衝向敵人船尾。

一號船上的機槍射手劉火煥也不停地向敵人射擊，二號船邊打邊進。敵人見二號船快接近，集中火力阻止二號船前進，舵手石觀福同志胸部負傷了，來伯緊接過來操縱船隻。這時撤到右後方的三號船，包紮好傷員後，再度參加作戰。二號船各人大感鼓舞，「快呀！」隨着這喊聲，船速增得更快，不一會便接近敵船尾。

鄒來一連投出兩顆魚炮，把敵船炸得船蓬、船板和其他東西都飛上了天空，又唰唰地落了下來，升起高高的水柱。敵船尾部開始下沉，有的日軍慌忙地奔向船頭，有的跳海逃命。滿海都是日軍，都在拚命游去岸邊。跑往船頭去的日軍，已經水深過腰，仍然負隅頑抗。王錦叫懂得

20.　同上註。

幾句日語的朱來喊話勸降，但竟被日軍開槍擊中頭部而光榮犧牲。一號船各人十分憤怒，駛近敵船頭，鄒來剛站起來想投魚炮，胸部被擊中一槍。其他隊員見戰友負傷，更惱火，接過鄒來未投的魚炮，一連投了幾顆，把敵船炸沉。在海上的日軍，有的抱着船板，有的抱着木箱，仍堅拒投降，有的還在打冷槍。戰士們更加悲憤，三船把海上的日軍團團圍住，一陣槍打槳砸，除救起兩名俘虜了解敵情之外，其他日軍全被消滅。

敵船雖被炸沉，因是木船，處於半沉半浮狀態，海隊潛下去打撈起幾支三八步槍，因大浪灣風浪大，不能再潛下去打撈，船上肯定還會有軍用物資和武器，故用兩條船將半沉的敵船拖回大鵬灣的鵝公灣以便詳細檢查。可是因西南風風浪太大，拖了一段時間，纜繩被拖斷，船往三門島方向飄去，因在三門島媽灣上駐有日軍，且常有炮艇出入，不能在此停留時間過長，繼續拖帶已不可能，白白看着這條敵船被西南風吹到三門島外面的那個小島。

過了幾天，三門島上的群眾在那條船上打撈起幾支三八式步槍和一部電台，送來鵝公灣交給海隊。又過幾天，又撈起一門九二式日本山炮，送給駐澳頭部隊，後來這門山炮在 1946 年東江縱隊北撤山東煙台，還把它帶去山東戰場。

這一仗結束後，日軍的末日也來臨了，日軍運輸船再沒有在海上露面，海上游擊隊切斷敵人海上運輸線的任務也圓滿地勝利完成。

港九大隊海上隊在王錦指揮下，從 1944 年 8 月至 1945 年 8 月的一年時間裏，主要戰鬥的戰績是：

繳獲敵船 8 條，其中機動船 2 條，木船 6 條，內炸沉 4 條。

繳獲敵走私船：木船 4 條，其中炸沉 1 條。

俘敵：63 人，其中中國偽船員 25 人。

斃敵：65 人，其中黃竹角 25 人，水頭沙 2 人，大浪口 38 人。

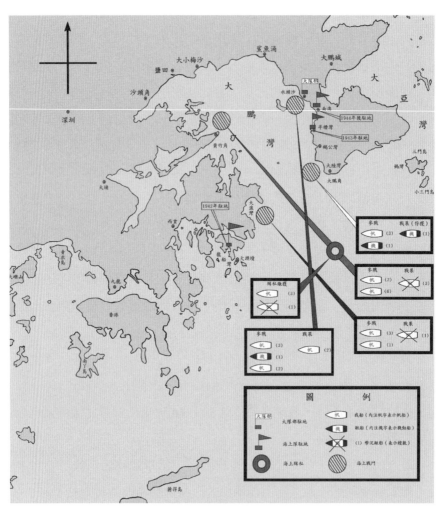

港九大隊海上隊活動、戰鬥示意圖

繳獲各種武器：輕機槍 3 挺，衝鋒槍 4 支，步槍 36 支，手槍 4 支，電台一部，指揮刀一把。山炮 1 門。

繳獲走私物資：高麗參四佰多斤，鹽五百多噸。

以上物品既解決了東江縱隊當時物資短缺，特別是藥品、醫藥器材、軍需用品等困難，也解決了經濟上的困難。[21]

五、南征北戰

抗戰勝利，二十二歲的王錦把海上中隊帶到鹽田交給陳志賢，陳志賢將海上中隊連人帶船改編為護航大隊，陳任大隊長，駐於三門島，王錦自己返回陸上。1946 年陳志賢因與林文虎關係欠佳，要求王錦重返護航大隊協助工作。但王錦隨部隊北撤山東煙台，沒有留下。[22] 1946 年 6 月底王錦等人到達煙台後，受當地群眾熱烈招待，情緒十分高漲，新四軍張雲逸知道東江縱隊隊員是廣東人，不慣食麵和饅頭，設法弄來一批大米，使各人非常高興。中共中央對這支部隊特別照顧，先讓他們學習政治、軍事、技術等知識，再安排他們參加一些較次要的戰鬥。當時王錦被派送到華東軍政大學學習。

東江縱隊北撤時的 2400 人主要是軍政幹部，士兵很少。而國民黨部隊很多廣東和廣西士兵，故中共中央決定成立兩廣縱隊，一方面專門對付國民黨的兩廣部隊，同時可以把投降過來的兩廣士兵收編到一個語言合適的部隊去，1947 年 8 月 1 日東江縱隊改編為兩廣縱隊，其後解放華南時，兩廣縱隊便發揮了很大作用。王錦等東江縱隊戰士北撤後，經過

21.　王錦：《港九大隊海上游擊隊》（未刊稿）。

22.　陳敬堂：〈王錦先生訪問記錄〉（2002 年 3 月 30 日）。

不斷鍛煉，增加了很多軍事知識，從游擊戰，慢慢掌握了陣地戰、野戰等正規戰的經驗。從打小仗，慢慢學懂打大仗了。中共中央為了保存兩廣縱隊的實力，以備將來解放華南，打回廣東，一般大仗都不用兩廣縱隊參加。兩廣縱隊主要參加的大戰有 1948 年 8 月解放濟南，兩廣縱隊配合其他部隊進攻濟南西部機場吳化文部隊，戰鬥十天，濟南全部解放，王耀武十萬守軍被殲。10 月兩廣縱隊參加淮海戰役，這場大會戰給兩廣縱隊很大的考驗和鍛煉，學識游擊戰和大兵團會戰的分別。

　　淮海戰役後任職連長的王錦進炮兵學校學習，兩廣縱隊編入第三野戰軍第十兵團葉青部。王錦的炮兵部隊的裝備初時是山炮，進入廣東後，接收了數門榴彈炮。這時已沒有什麼大規模戰鬥，只是在羅浮山附近包圍了國民黨 154 師，迫之投降。[23]

（1）解放萬山群島

　　建國之後，王錦主要參加兩場海戰，第一次是解放萬山群島。1950年國民黨主力部隊在大陸敗退後，少數殘部佔據廣東珠江口萬山群島，在桂山島設立司令部，以護衛艦等艦艇組成海陸防線頑抗，並企圖封鎖珠江口。萬山群島東為香港、西為澳門，北通廣州，戰略地位重要。因此解放軍決定解決海南島戰事之後，便對萬山群島用兵，由第四野戰軍131 師負責進攻。王錦當時二十七歲，指揮炮兵營，支援 393 團作戰，進攻萬山群島西邊青洲、牛頭、大馬山、小馬山等一帶島嶼。另一個炮營則支援 392 團進攻萬山群島東邊桂山島、檑桿山島一帶島嶼。從 1950年 5 月 25 日開始，一直打到 8 月 1 日，共兩個多月，比打淮海戰役還要

23.　同上註。

長。負責進攻的 131 師，在小炮艇組成的江防部隊和炮兵營的支援下，逐島作戰。王錦當時的任務是指揮炮兵，火力壓制國民黨艦艇，掩護 393 團步兵登陸，並沒有直接參加海戰。

（2）八‧六海戰

第二次是 1965 年 8 月 6 日海戰。1961 年王錦三十八歲，到南京海軍學院學習，在汕頭海軍水警區任參謀長，水警區屬師級單位。其時國民黨艦艇經常運送小股特務到中國沿海地區騷擾、破壞，因此上級下令必須徹底消滅所有敵人，給以嚴厲打擊。

八‧六海戰的戰場位於福建東山島以南，福建省近汕頭邊界，兩省的交界處，國民黨企圖用兩艘戰艦運送特務登陸破壞，但被雷達發現，南海艦隊司令部下令水警區艦艇在海面上將之殲滅。汕頭水警區 41 大隊派出一艘 400 噸的戰艦（與國民黨章江號同級）和四艘百餘噸的高速護衛快艇，每艘護衛艇上裝有兩條雙管的 37 炮，兩座 25 炮。另外，駐海明第 11 大隊派出 11 艘魚雷快艇參加作戰。魚雷快艇是蘇聯第二次世界大戰退役下來的，每艇廿餘噸，配備兩個魚雷發射管。

8 月 5 日晚王錦參謀長與副司令員孔照年在汕頭水警區出發，魚雷快艇在海明出發。兩艦隊在汕頭外之南澳島雲澳港集合，伺機行動。岸上雷達發現兩艘敵艦行縱後，引導四艘高速快艇和六條魚雷艇首先出擊。

兩艘敵艦分別是美製的劍門號和章江號，劍門號是美製海鷗級掃雷艦，1965 年 4 月送給台灣，排水量 1250 噸，航速 18 海浬，有 76.2 毫米口徑炮 1 門，40 毫米炮 4 門。章江號是美製獵潛艦，排水量 450 噸，航

速 20 海浬，有 76.2 毫米口徑炮 1 門，40 毫米炮 1 門，20 毫米炮 5 門。[24]

　　按照原來作戰方案，先打大艦，再打小艦。結果因為晚上黑，視野欠佳，艦上雷達發現了小的章江號，便集中火力先消滅它。

　　戰鬥開始後，六艘魚雷快艇展開攻擊，海上黑暗，視野不良，有兩艘魚雷艇看到一個大黑影，以為是大敵艦，把四條魚雷發射過去，發生猛烈爆炸後，大黑影仍然屹立不倒，再駛前看清楚，原來是個小海島。又有兩艘魚雷艇誤把高速護衛艇為敵艦，將魚雷發射過去，幸好艇速高避過。魚雷全射空了，魚雷快艇再無戰鬥力，於是王錦下令其返航，由四艘高速護衛艇獨力戰鬥。當時兩艘敵艦被高速護衛艦和魚雷艇衝散，王錦乘此機會，下令四艘高速護衛艇集中全力圍攻章江號。不久，章江號彈藥庫中彈發生爆炸，很快沉沒。

　　南海艦隊下令繼續追殲敵大艦劍門號，劍門號見章江號被打沉，立即向江門島逃走。岸上雷達指導王錦追擊劍門號，這時高速護衛艇 611號受創，船艙進水深一米多，王錦遂命令它退出戰鬥返航，其餘三艘快艇繼續追擊劍門號。劍門號見護衛艇追來，立即用 76 炮、40 炮、20 炮開火猛轟，王錦所乘坐的先鋒艇指揮台曾被 40 炮和 20 炮擊中，幸好只是穿過，沒有爆炸，否則指揮台上的人都會嚴重傷亡。三條護衛艇從敵艦尾追上，一直猛轟。王錦等艦初時以小船角接近，迫近後，再與劍門號距離數十米平行前進。三艘護衛快艇，每船 37 炮 4 管，25 炮 2 管，共數十支火炮向劍門號猛烈射擊，結果艦隊司令當場被射殺，艦長重傷，船員傷亡慘重，艦上火炮完全被壓制，毫無反抗能力。這時第二波五艘魚雷快艇趕上來，王錦估計四至六條魚雷已經足以打沉劍門號，下令二

24　胡彥林：《人民海軍征戰紀實》（北京：國防大學出版社，1996），頁 325－326；李健：《台海兩岸戰事回顧》（北京：華文出版社，1996），頁 348－349。

至三艘魚雷快艇開火。但魚雷艇隊為了立功，全部衝前，把十條魚雷全部發射，結果有三條魚雷命中，劍門號發生猛烈爆炸，在短短數分鐘內迅速沉沒。

劍門號下沉時，船員急忙跳海逃生，王錦下令艦隊拯救俘虜。南海艦隊以國民黨空軍即將飛到戰區上空，下令王錦立即返航汕頭，一方面派機隊增援，同時派出一團高射炮在汕頭佈防，保衛勝利歸來之艦隊。王錦盡力拯救海上俘虜，經艦隊總部多次電令催促才返航。這時國民黨戰機雖已飛近，但因解放軍戰機已佔領高空，失去優勢，只好撤退。[25]

戰後，國防部通令嘉獎參戰部隊，讚揚「這一仗打得堅決，打得乾脆，打得漂亮，是近幾年來海上作戰最大的一次勝利」。這次海戰戰績輝煌，王錦指揮小艦艇隊一舉擊沉國民黨兩艘大型美製戰艦，擊斃國民黨海軍少將胡嘉恆以下一百七十餘人，俘劍門號中校艦長王韞山以下三十三人。護衛艇、魚雷艇各兩艘輕傷，601 號艇艇長吳廣維等四人陣亡，二十八名戰士負傷。[26]近年解密的史料顯示，八·六海戰令蔣介石認識到國民黨海軍力量薄弱，無力掩護陸軍渡海，結束了他籌劃多年「反攻大陸」的計劃。

1965 年 8 月 17 日中央領導人毛澤東、周恩來等在北京人民大會堂接見孔照年等戰鬥英雄。王錦因師級以上將領不敘功的規定，及需要留在基地處理各方面查詢，沒有前往北京。[27]

---

25. 陳敬堂：〈王錦先生訪問記錄〉（2002 年 3 月 30 日）。

26. 胡彥林：《人民海軍征戰紀實》，頁 335–338；李健：《台海兩岸戰事回顧》，頁 361。

27. 陳敬堂：〈王錦先生訪問記錄〉（2002 年 3 月 30 日）。

六、小結

　　有些歷史學者分析法國大革命，認為革命軍之能夠打敗歐洲封建國家的軍隊，是法國革命軍用人不論階級，只要有能力，憑着戰功都可以晉升為高級將領，於是將士用命，革命政府因有大量人材而取得勝利。中國春秋戰國時代的秦國，也是用人唯材，所以統一六國。歷朝立國，知人善任，可說是君主成功的重要因素。王錦就是一個活生生的例子，他的文化程度還沒有小學畢業，只憑着一腔熱血，不怕辛苦的毅力，以及超乎常人的膽色，從戎抗日報國。經歷百戰，從陸上打到海上，其後又登陸作戰，再打回海上。除了多次受傷之外，也多次與死神擦身而過。日軍檢查稅船的時候，他便拿着手榴彈在船尾監視，隨時準備肉搏戰；多次冒着敵人的炮火衝鋒，八·六海戰時，炮彈就在他指揮台下穿過，生死之間只差一線。王錦由一個小兵，久歷戰陣，慢慢升為小隊長、副中隊長、連長、營長、師長，不斷在戰火中和軍校中磨練成長，這也是一個用人唯才的好例子。

　　王錦是港九大隊海上中隊的創辦人之一，經歷海上中隊從成立到結束的過程。海上游擊戰是香港抗日游擊戰爭中最重要的一環，打得最激烈的部分，所以王錦的一生見證了香港抗日戰史中最重要的一頁。香港海上游擊戰有其特色，海戰與陸上的游擊戰不同。陸上戰爭打不過敵人便跑，埋伏也較容易。海戰則不同，海上一望無際，大海茫茫，與敵接戰，跟本無路可逃，只有消滅敵人才是唯一的生路。還有敵船較大，游擊隊的船較小，只有拚死衝上敵船，肉搏血戰，才能消滅敵人。游擊隊沒有大型火炮，不能靠炮火遠距離殲敵，只有近戰才能擊敵之虛。

　　新中國成立後，海軍的力量仍然相當薄弱，王錦指揮百餘噸的高速護衛艇打沉了兩艘美製千餘噸和四百多噸的大艦，這是新中國海軍首次

一次過打沉兩艘大艦的佳績。被俘的劍門號艦長王韞山看見汕頭港內的高速護衛艇那麼細小，很不服氣，不肯相信他的戰艦是被這些小艇打沉的，而是另有什麼秘密武器。當然，王錦還有一些秘密武器，這就是「不怕死，隨時準備拚命」！

【鳴謝：本文先後得到陳達明、王錦、林伍、羅耀輝、黃雲鵬等老戰士接受訪問，並提供海上中隊的寶貴資料，王錦伉儷費神親自校訂此文，謹此致謝】

第七章

劉黑仔

——智勇雙全真英雄

一、前言

　　日軍佔領香港期間，姦淫擄掠，無惡不作，很多香港居民家破人亡、傾家蕩產，留下的只是世世代代無法磨滅的痛苦記憶！在豺狼當道、生靈塗炭的悲慘歲月裏，可有英雄豪傑出來鋤強扶弱、拯救萬民於水深火熱之中？戰前統治香港的重要官員不是被關進集中營，便是潛逃避難；在香港有龐大人力物力的國民黨，在香港淪陷後，除少數黨員繼續留港作情報工作外，並無領導港人保家衛國。那麼保護香港人民生命財產的人，會是誰呢？

　　日軍侵略華南之後，廣東地區已有人民組織游擊隊抗日。很多香港同胞都回鄉參加抗日隊伍，這支「廣東抗日人民游擊隊」知道日軍準備入侵香港之後，他們亦準備進入香港，開闢敵後戰場。游擊隊進入香港之後，領導香港同胞奮勇作戰，堅持了三年零八個月。很多小商人、青年、學生、工人、農民、漁民和婦女，都加入了保家衛國的行列。港九大隊有兩文兩武的傳奇人物，兩文是黃作梅、林展；兩武是劉黑仔、王錦。劉黑仔因在市區進行游擊戰，故他的事跡最為香港人熟悉，知道他槍法如神、機智勇敢，多次深入敵人戒備森嚴的市區，處決特務漢奸，爆破啟德機場油庫和飛機庫，令敵人聞風喪膽。由於劉黑仔的事跡廣泛流傳香港和廣東地區，不乏以訛傳訛，誇張作大的故事情節。

　　現根據當年劉黑仔上司下屬、戰友的文章，以及劉黑仔戰友的訪問記錄，如實介紹這位香港英雄的歷史，以反映香港 —— 一個國際城市 —— 游擊戰的片段。這位英雄人物並非虛構的故事主角，而是有血有肉、大仁大義的虎膽英雄。本文的主要資料來源如下：

（1）文字資料

1. 黃冠芳、鄧斌：《虎膽英雄 —— 劉黑仔的故事》，未刊稿。黃冠芳曾任沙田短槍隊特派員，劉黑仔初任短槍隊副隊長，後升任隊長。黃冠芳是劉黑仔的領導。鄧斌是劉黑仔的得力助手。

2. 張子燮：《英雄劉黑仔》，未刊稿。張子燮是港九大隊老戰士，戰後花了大量精力搜集東縱抗戰史料，走遍廣東各地採訪各單位戰友，錄下了二百餘卷錄音帶。此文根據賴仲元、黃冠芳、邱石、鄧斌、陳勳、梁志堅、江海、簡棠、黃觀仕、吳生等許多老戰友的回憶，綜合整理，於 1983 年完稿。

（2）口述歷史

1. 陳達明訪問記錄，陳達明是港九大隊政委，直接指揮劉黑仔戰鬥任務。

2. 袁庚訪問記錄，袁庚曾任東縱護航大隊副隊長、情報處處長，是劉黑仔的小學校長。

3. 張婉華訪問記錄，張婉華是黃冠芳夫人，民運工作者。當年與劉黑仔同在西貢和沙田工作，劉黑仔負責短槍隊（北方稱武工隊），張婉華負責民運工作，互相配合活動。

4. 詹雲飛訪問記錄，詹雲飛是沙田原居民，沙田短槍隊的骨幹，多次與劉黑仔一起戰鬥。

5. 李坤訪問記錄，李坤是港九大隊交通站站長，曾多次與劉黑仔並肩作戰和拯救盟軍。

6. 鄭潮訪問記錄，鄭潮是劉黑仔的勤務兵和小鬼。

劉黑仔

　　7. 韋植生訪問記錄，韋植生是劉黑仔的小鬼和交通員。

　　8. 楊聲訪問記錄，楊聲是市區中隊領導，多次與劉黑仔合作。

　　9. 黃作材訪問記錄，黃作材是東江縱隊電台工作人員，曾與劉黑仔相處一段時間。

　　此外還有許多有關劉黑仔的傳奇文章，因非原始資料，此文沒有引用。本文屬一篇香港抗日英雄的紀實報道，而不是一個虛構情節的英雄故事。

二、英雄出少年

　　劉黑仔原名劉錦進，1920 年廣東大鵬半島大鵬城出生。父親劉基，是個貧農，因家境貧窮，父母親相繼在一個星期內病死。兄劉錦添，弟

劉錦材，還有兩個妹妹。[1] 1938 年大鵬城成立區立第一小學，聘請燕塘軍校畢業的袁庚當校長、兼青年抗日自衛隊教官，劉黑仔當年就是這間小學的學生。袁庚說他很佻皮，敢作敢為，很有膽量；非常聰明，但讀書成績則一般。大鵬城人有兩個大姓氏，一個姓賴，一個姓劉。賴府和劉府家人均曾在清朝當大官，大鵬城祠堂有他們的牌匾，非常風光。劉黑仔可能是將門之後，有戰士的遺傳基因。[2]

　　劉黑仔是一個非常有個性的青年，生性好動活躍，每逢鄉間年節或建醮喜慶等日子，他都是舞麒麟及武術隊伍中的活躍份子，曾同他哥哥扮演青猴黃猴，在兩個行進中的人抬着的竹桿中上下跳躍。他還有一種「絕技」，就是在城牆上高地演「豎頂鐘」（或稱倒樹葱 —— 兩腳伸向天，雙手撐着地，頭頂向下）。這位「佻皮」的小夥子天生領袖性格，不過卻沒有倚仗身手欺凌弱小，反而懂得照顧別人。他經常爬上樹摘果子分給其他小孩吃，所以深得村中兒童歡心，奉為「大阿哥」。[3] 劉黑仔這種關心愛護別人的性格，使他成為一個深受部下愛戴的領導。香港抗戰時，物資十分缺乏，很多游擊隊員都患上了瘧疾。曾當過劉黑仔勤務兵的韋植生回憶說：「當時他患上了瘧疾，不斷發冷，又沒有藥物醫治，身體很虛弱。幸得劉黑仔把每月特別配給的雞蛋留給他吃，讓他調整身體，才能救回一命。」受遇劉黑仔雞蛋之恩的韋植生談到劉黑仔遇難時十分難過，說如當時知道劉黑仔有難，就算犧牲自己的性命，也要保護劉黑仔！[4]

　　劉黑仔少年時代唸書成績平平，長大後卻是文武雙全。跟隨劉黑仔的小鬼鄭潮極力讚揚劉黑仔文武雙全，不但寫得一手好書法，還會作

1.　　張子燮：《英雄劉黑仔》（未刊稿）。

2.　　陳敬堂：〈袁庚先生訪問記錄〉（2002 年 3 月 23 日）。

3.　　張子燮：《英雄劉黑仔》（未刊稿）。

4.　　陳敬堂：〈韋植生先生訪問記錄〉（2002 年 1 月 20 日）。

詩。劉黑仔在鄭潮的筆記簿寫下了這首詩送給他：「國土慘遭蹂躪，山河相繼沉淪；若無雪恥報仇心，實與獸禽同等。」[5]

劉黑仔的文化素養在統戰香港上層人物時發揮過很好的作用。香港淪陷後，一位曾在港英政府任督學（學校視學官）的沙田原居民許達章返鄉避難，見到短槍隊在沙田活動，不知道他們是否打家劫舍的土匪，於是用《三國演義》考驗劉黑仔和張婉華等游擊隊員。劉黑仔和張婉華等人對答如流，顯示他們不但懂武裝鬥爭，也有文化修養，是一群拯救國家民族的愛國志士。經過多次交談，這位督學深受感動，最後也加入抗日行列。[6]

劉黑仔很有語言天份，能說日語、普通話、客家話。1943 年黃冠芳率領短槍隊往西貢布袋澳（今高爾夫球場）打土匪。當時土匪佔據炮樓頑抗，游擊隊的短槍射程不及土匪的長槍遠，還未到達攻擊射程，已被土匪的長槍火力壓制。游擊隊利用地形掩護前進，劉黑仔率領另一名隊員迂迴到炮樓後面，見炮樓大門沒有關上，立即把握戰機，拋進兩枚手榴彈，把土匪炸得傷亡慘重。劉黑仔接着用廣州話、客家話、上海話、普通話等不同方言喊降，讓土匪誤認為被游擊隊重兵包圍。土匪正疑惑不決之際，劉黑仔再擲入一個手榴彈，炸得土匪們魂飛魄散，只好伸出一件白襯衣當白旗投降。土匪全部跑出炮樓列隊投降，看到只有劉黑仔兩人，其他游擊隊還遠在山上，後悔不已！[7] 劉黑仔運用機智和語言能力，以弱勝強，以少克眾，寫下了游擊戰爭光輝的一頁。

劉黑仔舉動異於常人，引起了當時惠陽縣縣委黃宇的注意，他對大

5.　陳敬堂：〈鄭潮先生訪問記錄〉（2002 年 7 月 22 日）。

6.　陳敬堂：〈張婉華女士訪問記錄〉（2002 年 2 月 2 日）；陳敬堂：〈詹雲飛先生訪問記錄〉（2002 年 5 月 5 日）。

7.　陳敬堂：〈李坤先生訪問記錄〉（2002 年 7 月 23 日）。

大鵬古城

鵬城黨支部書記賴仲元說：劉黑仔日後不是大英雄便是大壞蛋。地下黨
積極開展群眾愛國教育工作，爭取了很多青年參加抗日。1939 年上半
年，賴仲元介紹時年十九歲的劉黑仔入黨。不久，劉黑仔要求參加武裝
鬥爭，於是賴仲元送他到坪山曾生部隊。1940 年曾生部隊回師惠陽，劉
黑仔一度在葵涌競新小學任代課教師，在大鵬城附近一帶作地下活動。
1941 年 2 月 5 日日軍第二次登陸大鵬灣，劉黑仔初試鋒芒，參加處決王
母墟維持會長袁德的鬥爭。[8]

三、香港游擊戰

　　1941 年 12 月 8 日日軍進攻香港，廣東人民抗日游擊隊執行上級指
示，分別從惠陽、東莞、寶安等地，抽調精銳尾隨日軍進入港九新界，

8.　　張子燮：《英雄劉黑仔》（未刊稿）。

開闢香港游擊戰場。東莞第三大隊派出蔡國梁、黃冠芳、江水、劉黑仔、王錦等渡海進入西貢，向沙田、坑口發展，進至九龍市郊。寶安第五大隊派出黃高陽、曾鴻文、林沖等率短槍隊插入沙頭角、元朗一帶建立據點。[9] 1942 年 1 月，游擊隊決定把進港的幾支武裝部隊統一指揮，2月底在西貢黃毛應村的天主教堂裏正式成立港九大隊。

黃冠芳率領劉黑仔等人進入香港後，在沙田活動，成立短槍隊。黃冠芳任短槍隊長，劉黑仔任副隊長。後黃冠芳調任特派員兼支部書記，李唐任中隊指導員，劉黑仔任短槍隊長。短槍隊主要活動範圍在沙田和西貢，但亦多次深入哨崗林立的市區，消滅敵偽、爆破啟德機場油庫。劉黑仔神出鬼沒地轉戰港九，打擊敵偽，令敵人聞風喪膽，成為華南地區人民所愛戴和傳頌的傳奇式虎膽英雄。[10] 他的英雄事跡顯示了中華民族不屈不撓的抗日精神，以及國際城市游擊戰的英勇戰鬥。

四、清除土匪、為民除害

香港淪陷後，新界地區兵慌馬亂，盜匪橫行，趁火打刼，謀財害命，老百姓痛苦萬分。為保護鄉民的生命和財產，游擊隊於是執行清除土匪任務。短槍隊最初的大半年時間，共肅清了十多股土匪。最著名的有：陳乃壽二十多人，鄧芳十多人，張明仔（西貢當地國民黨三青團骨幹，繳獲兩挺輕機，四十多支步槍）二十多人，鐮仔佬十二人，黃福一百人，李觀姐六十人，謝天帶一股土匪（繳獲槍二十多支）。第一次打土匪是在隊伍開到西貢後數日內發生的，1941 年 12 月 17 日有一小股土

9.　王錦：《港九大隊海上游擊隊》（未刊稿），1990 年 12 月 12 日。

10.　黃冠芳、鄧斌：《虎膽英雄 —— 劉黑仔的故事》（未刊稿）。

匪搶刼打蠔墩村，打死一個村民。游擊隊聞訊後，立即追捕土匪，擒獲了七名土匪，在西貢墟開了宣判大會，把土匪頭當眾槍斃。

在各次剿匪戰爭中，劉黑仔等短槍隊員表現得機智勇敢，以小擊眾，以弱勝強。

其中最廣為傳頌的事跡是計殲李觀姐匪幫。李觀姐是職業土匪頭子，家人幾代做賊，日軍侵華時，糾集了六十多個土匪乘戰亂大發國難財。1942 年農曆 7 月 13 日中午，李觀姐帶領土匪在新界荔枝窩搶刼。一位青年農民立即跑到西貢村通知黃冠芳和劉黑仔，請短槍隊前往打土匪。游擊隊很早便想懲罰這幫土匪，現在接報他們公然搶刼，劉黑仔拍了拍那把插在腰間的 20 響駁殼槍，要求懲罰土匪。黃冠芳點頭同意，向身旁的戰士掃了幾眼，劉黑仔機智地知道黃冠芳在考慮什麼。

當時有些短槍隊戰士已外出執行任務，現只剩下八個人，兩支衝鋒槍和六支駁売槍。李觀姐手下土匪六十多人。敵眾我寡，如何殲敵？劉黑仔想了一陣，問黃冠芳道：「老黃，你與李觀姐不是有幾面之交麼？」「對呀，他至今還以為我是冠字型大小的。」原來游擊隊挺進港九後，為了便於動員各界同胞抗日，暫時沒有公開是共產黨領導的武裝隊伍，故土匪還認為這支武裝隊伍跟他們一樣是拿槍吃飯的。劉黑仔把他的作戰計劃說出來，其他戰士聽了之後都同聲叫好，各人相繼提出意見。最後李唐根據大家的意見，制定了一個制敵的戰鬥方案。

黃昏時候，黃冠芳和李唐以「冠」字型大小身份到荔枝窩拜會李觀姐。李觀姐問是什麼風把你吹來了，黃冠芳神秘地說：「當然是南風。」土匪的慣用黑語即是財路來了。李觀姐聞言大喜，黃冠芳接着說：「明天香港唯利公司有批貴重貨走水運，可惜我身邊只剩下幾個人，少了點。我便想起你老兄。怎麼樣，合夥生意幹不幹？」李觀姐見錢開眼，高興地拍一拍老黃的肩膀：「好！好！夠朋友，我們先乾幾杯。」老黃說：「慢

着，有福同享，外面還有六名兄弟空着肚皮呢？」「哦，快請進來，我們
兩幫兄弟歡宴一場。」不久，在學校禮堂課室擺開了七席酒菜，劉黑仔
和黃冠芳在首席，不停灌李觀姐飲酒。酒過三巡，大部分匪徒已醉眼昏
花。劉黑仔和黃冠芳交換了一下眼色，動手了！劉黑仔一摔酒杯，跳上
桌子，右手撥出快掣駁殼，左手握着手榴彈，大聲喝道：「繳槍不殺！」
土匪們給這突變嚇呆了。李觀姐也酒醒了一半，本能地往腰間一摸，可
是，配槍已被黃冠芳拿去，並指着他的大肚子說：「你還是舉手吧。」分
坐各桌的戰士亦分散進入預定的戰鬥位置控制局面，鄧斌敏捷地用手銬
把李觀姐扣上。

　　劉黑仔義正辭嚴的對土匪說：「我們是抗日字型大小的共產黨游擊
隊，你們有槍不抗日，反而趁火打劫，欺壓群眾，應受懲罰。現在我命
令你們放下武器，一個接一個從門口出去排隊，不然我這鐵傢伙是要點
名的。」這一仗，游擊隊不發一槍一彈，全部生擒李觀姐六十多人，繳
獲了六十多支長短槍和輕機槍。經教育後，願回家的土匪釋放回家，願
意抗日的改造過來。消息一傳開，其他土匪聞風喪膽，群眾無不拍手稱
快，熱烈支持游擊隊抗日。[11]

五、城市游擊戰英雄

　　港九大隊政委陳達明認為劉黑仔是城市游擊戰英雄，他頭腦靈活、身
手敏捷、英勇愛國，戰鬥技術了得。有一次，劉黑仔到游擊隊坑口稅站視
察，該地與油塘將軍澳隔海對望，有日本憲兵巡邏。坑口是游擊隊徵稅的

11　黃冠芳、鄧斌：《虎膽英雄 —— 劉黑仔的故事》（未刊稿）；張子燊：《英雄劉黑仔》（未刊
　　稿）；陳敬堂：〈張婉華女士訪問記錄〉（2002 年 2 月 2 日）；陳敬堂：〈詹雲飛先生訪問記
　　錄〉（2002 年 5 月 5 日）。

稅站所在地，經常被漢奸特務伏擊。劉黑仔在稅站的小屋內與工作人員喝茶聊天，突然有兩名特務同時從小屋的前後門衝進來，喝令：「不許動！」立即被劉黑仔連開兩槍擊斃。原來劉黑仔警惕性很高，坐下喝茶時，仍然手拿着快掣駁殼，放在膝上，打開保險掣，然後用布蓋着，準備應付敵人的偷襲。結果這個習慣讓劉黑仔快過特務一二秒開火，而且更是一槍奪命。此戰之後，劉黑仔威名遠播，日偽特務聞風喪膽。[12]

六、窩塘殲敵

劉黑仔短槍隊的成員只有鄧斌、邱石、曾九、陳勳、黃青、詹雲飛等二十多人。短槍隊依靠出色的情報工作和群眾支持，每次行動均充份掌握敵人情報，然後突然迅速出擊，再隱沒在群眾的海洋之中。沒有群眾不怕犧牲的支持和參加，游擊戰是打不下去的。例如一次，日軍在觀音山腳窩塘構築工事，群眾迅速通知游擊隊。黃冠芳先行派出一位「游擊之友」鄭容生往偵察敵情。鄭容生是當地村民，提着一籃雞和雞蛋，行到日軍住屋附近，故意把雞放走，然後假裝捉雞，實際上是把雞趕到日軍的住屋，入內一看，見到有十二支槍和被褥，鄭容生回報黃冠芳。

晚上，黃冠芳和劉黑仔短槍隊十二人出動殲敵，乘敵人熟睡，以一對一的方法，把連軍曹在內的十二名日軍消滅。是役繳獲輕機槍一挺、步槍十支、手槍一支和一些彈藥糧食。[13]

這次是短槍隊出動人數較多和消滅敵人較多的一次戰鬥。

12. 陳敬堂：〈陳達明先生訪問記錄〉（2005 年 8 月 26 日）。

13. 張子雙：《英雄劉黑仔》（未刊稿）；陳敬堂：〈張婉華女士訪問記錄〉（2002 年 2 月 2 日）。

七、金棠酒家殲滅漢奸

　　金棠酒家是九龍上海街（近山東街）一間豪門歡宴的酒樓，香港淪陷時期成為漢奸、特務的樂園。某天，金棠酒家特別熱鬧，便衣特務、漢奸地痞擠進擠出，像是有重要聚會。下午 3 時，一輛黑色轎車風馳電掣駛到在金棠酒家門前停下，早在那裏等候的一位便衣特務笑臉躬身向前：「蕭隊長有請。」一陣皮鞋響過，便衣抬頭一看，來人不是蕭九如隊長，而是陌生的四人，身穿綢衫綢褲，大沿氈帽，腰後都插着武器。領頭者還戴着黑眼鏡，手執拐杖，氣派非凡。他們大搖大擺登上門階，直奔二樓。便衣揣摸來人的身份，笑臉迎人的問：「怠慢大哥，請問是蕭隊長的客人還是……。」戴眼鏡的頭目動火罵了一句粗口：「問三問四，叫你們蕭隊長來見！」便衣被喝罵得不知所措，連忙賠過不是：「請大哥多多包涵，蕭隊長還沒有到。」「哦，好說，請抽根煙吧。」那頭目從暗袋裏掏出一包日本香煙，不經意的拉出半截特大的信封，讓便衣看到信封正中濃墨隸書寫上「蕭九如親啟」的字樣。頭目不讓便衣看清楚，把信封一按送回暗袋，抽出一支煙說：「嚐嚐，是新到的日本貨。」便衣頓時受寵若驚，不住哈腰陪笑：「大哥辛苦了，剛從省城來？」頭目從鼻子裏哼了一聲，便衣忙殷勤引導上樓。

　　樓上已坐滿了四十多個漢奸特務，面對着已經上桌的山珍海味，可是蕭九如還未到，誰也不敢動筷。四位來人上樓後，在右邊開了個廂房特座，拉住便衣說：「你熟路了，先報報菜譜嘛。」便衣正開腔介紹金棠酒家的名菜，從樓梯口傳來一陣雜亂的腳步聲，便衣連忙起身往迎。但卻被頭目按住了，「不准作聲，否則要你腦袋。」還未來得反應，便被一棉布塞了咀吧。頭目透過廂房的花格窗看見六位便衣漢奸，前呼後擁着蕭九如上樓。這個黑社會流氓投靠日軍，成了為虎作倀的特務隊長。

漢奸們見蕭來到，立即拱手作揖。蕭九如舉杯祝酒說：「兄弟們，今天設宴慶祝我們另有新任務，日本憲查隊長要捉拿和除掉頑匪劉黑仔等游擊隊，他們活動得太厲害了。誰活捉劉黑仔，就獎 5000 元，誰打死劉黑仔就可賞 2500。」蕭九如的話引起特務七咀八舌的議論起來。「慢！蕭隊長，5000 元太小氣了吧？」隨着話音，四位不速之客走出廂房，在場各漢奸特務都怔了一下，蕭九如本能地：「你是什麼人，敢誇海口？」那頭目打開衣衫，拿出兩支駁殼槍說：「你太健忘了吧，剛才說了又忘了。拿錢來領，狗膽的，我就是劉黑仔！」「呀！」蕭九如大喊一聲，突然抓起酒杯猛擲向劉黑仔，劉黑仔早有防備，閃身避過，同時開槍打倒蕭九如。其他隨從也想拔槍反抗，迅速被其他戰士解決。「誰願意當漢奸，就是如此下場！」劉黑仔說完，轉身下樓。三位戰士跟着迅速鑽進停在門前的小轎車離去。等到日本憲兵和漢奸清醒過來追捕時，只看到游擊隊散發下來的抗日傳單。[14]

八、俘虜日本特務東條正芝

日本華南派遣軍司令部為了消滅香港游擊隊，特別派遣高級特務東條正芝大佐到新界搜集游擊隊情報。

東條正芝能說流利華語，化名為陳新義，以視察礦山為名，從九龍乘汽車到西貢界鹹村，進行偵察活動。劉黑仔接到情報，知道東條正芝的行動路線和時間，決定在半路伏擊。劉黑仔在西貢公路等了很久，還不見東條的蹤跡，於是從公路跑下山坡，查看情況。不久，東條的汽車來到，劉黑仔從山坡行回公路，被站在車沿踏板的衛兵舉槍喝令舉手。

---

14. 黃冠芳、鄧斌：《虎膽英雄──劉黑仔的故事》（未刊稿）。

劉黑仔拿着油紙傘，慢慢舉起，當紙傘舉至與衛兵的平腰時，劉黑仔便從油紙傘內開槍，一槍射殺那個衛兵。原來劉黑仔有個習慣，就是把他的駁殼槍藏在油紙傘內，爭取與敵人駁火的制敵先機時間。

打死衛兵後，鄧斌幾個人同時舉槍，活捉了東條正芝和他的通譯，其後把他們押送到大隊部審問。[15]

九、計殲密探小隊

劉黑仔金棠酒家擊斃大漢奸蕭九如和俘虜特務頭子東條正芝一事，震動全港，新上任的日本駐港憲查隊長野間賢之助大佐大為震驚，同時又暴跳如雷，大叫：「我就不信小小的劉黑仔有多大能量！」立即派出大批漢奸和日本特務喬裝打扮，四出偵查。

初夏的一天，天剛發亮，劉黑仔帶着兩名戰士從觀音山下來到九龍市區執行任務。三人行到觀音坳，忽然一位戰士警覺地喊道：「有密探！」劉黑仔亦同時看到了密探，相隔一百多米。六個密探正欲上山搜索游擊隊蹤跡，他們看見劉黑仔三人，迅速散開，拔出駁殼槍準備戰鬥。

當前敵我兵力是三比六，何況敵人已經拔槍準備開戰，硬拼佔不到優勢。往後撤，部隊在山上，豈不是引敵人入山，暴露目標？劉黑仔腦筋一轉，對隊友說：「跟着我，小心大膽……。」說完，雙腿一軟，「驚惶失措」地從山上連滾帶跑地一直到了山下密探腳跟前。這情況令密探弄糊塗了！劉黑仔對那六個密探說：「劉黑仔追來了！」那些密探立即慌亂起來，一個密探膽壯一些問：「膽小鬼，你們是哪部隊的？」「我們是警備司令部特務隊的，大哥是日本憲查隊的吧？」劉黑仔拍着身上的泥

15.　張子燮：《英雄劉黑仔》（未刊稿）；陳敬堂：〈韋植生先生訪問記錄〉（2002 年 1 月 20 日）。

沙，不時往後回望，似乎追兵已到。密探們似信非信的打量着劉黑仔等人。劉黑仔先發制人：「大哥，快想辦法。來，先到山洞裏躲起來，待他們追下山，我們就出其不意，從背後攻擊！」說完，便自動帶着兩位戰士往山洞走去。密探們一聽，連說妙計，便跟着劉黑仔進了一個四米深的山洞。等密探們全部入洞後，劉黑仔說：「兄弟，我先到洞口去監視。」他帶着兩位戰士迅速跳出洞口，從腰間取出兩個手榴彈，一拉導火線，投入洞裏，「轟、轟」兩聲爆炸聲後，六名密探全數被殲。[16] 劉黑仔不費一兵一卒，用計消滅了兵力比他們多一倍的敵人，寫下了沙田短槍隊城郊游擊戰的一個短兵相接的戰例。

十、巧拔牛房崗卡

　　敵人知道港九大隊從西貢運送情報到九龍市區，又搞武器、物資自市區運回西貢，為了切斷游擊隊的交通和封鎖游擊區，沿途崗卡林立。這些崗卡對游擊隊活動起了很大的障礙，尤其是九龍牛池灣牛房崗卡，握着九龍通沙田、西貢的要道。由一名日軍伍長帶着五名印度兵據守，這日軍為非作歹，狂徵暴斂，調戲過路婦女，令群眾恨之入骨。

　　1942 年底，春節將到，又是辦年貨的時候。一個年輕大姐身穿藍花格衫，下身條紋西褲，頭帶涼帽，手挎菜籃，行近崗哨。另外有小販、挑擔和行醫的三人隨着排隊，等候檢查。

　　躲在沙包掩體裏的印度兵走出來大喊：「站住，幹什麼的！」花姑娘扭扭身肢，害羞的往後退。印度兵見狀忙喝道：「站住！站住！」這喊叫

---

16. 黃冠芳、鄧斌：《虎膽英雄──劉黑仔的故事》（未刊稿）；陳敬堂：〈張婉華女士訪問記錄〉（2002 年 2 月 2 日）。

聲驚動了小崗樓內的日軍伍長，他跑出來看見花姑娘，頓時淫心大作，追了上來：「花姑娘，哈哈，請等等，皇軍的喜歡！」日軍愈追愈近，忽然小崗樓電話鈴聲大作，日軍回身往接電話。花姑娘當機立斷，向後一揮手，三個「趕集人」急步上前，兩個印度兵擋着檢查。花姑娘從菜籃子抽出駁壳槍，指着印度兵。挑擔的小販原來是鄧斌，他放下擔子，拿槍與曾九、黃青兩位戰士衝進小崗樓，那日軍正要出來，一見鄧斌已來到門口，便拿起枱上的公事包猛擲過來，並趁機拿起手槍開火。鄧斌眼明手快，一槍打中日軍的右手，日軍拼命奪門而逃。一出門外，便被裝扮成花姑娘的劉黑仔連開兩槍射殺。鄧斌將崗樓內其餘三個印度兵抓出來，五個印度兵跪地合十求饒。劉黑仔向他們宣傳一番抗日道理，散發了一些傳單，釋放了他們。此後，敵人撤銷了這個崗哨，游擊隊遂開闢了半山上吊草岩村附近的活動範圍。[17]

劉黑仔這次喬裝打扮花姑娘，成功殲敵，是經過小心策劃的。事前，向張婉華請教，學習化裝成一個美女，以及少女的行路姿態，反覆練習，才能成功欺騙敵人。[18]

十一、九龍塘除奸

1944 年 2 月 11 日美國 14 航空隊轟炸啟德機場，克爾中尉座機被日軍防空炮火打中，着火燃燒。克爾中尉跳傘逃生，地面日軍正待把他生擒活捉。豈料一陣東南風把克爾中尉由九龍半島上空吹過獅子山，降落在觀音山附近山頭，遇上游擊隊小鬼李石，把克爾收藏在一隱蔽山洞，

---

17. 黃冠芳、鄧斌：《虎膽英雄 —— 劉黑仔的故事》（未刊稿）；張子燮：《英雄劉黑仔》（未刊稿）。
18. 陳敬堂：〈張婉華女士訪問記錄〉（2002 年 2 月 2 日）。

再通知民運隊長李兆華把克爾轉移隱蔽。日軍眼見打下的美國飛行員失去了蹤影，大為憤怒，派出了千多名日軍對沙田西貢等地游擊區進行「梳篦式」的大搜捕，並企圖乘機一舉殲滅港九大隊。由於形勢一日比一日嚴峻，為了牽制敵人，減輕大隊壓力，劉黑仔帶領短槍隊插入敵人大後方，到九龍市區騷擾日軍的老巢。短槍隊先後襲擊了日軍的巡邏艇、燒毀倉庫，但震撼不大。劉黑仔經過研究，決定剷除漢奸特務陸通譯。

陸通譯原來是港英政府的高級密探，香港淪陷後當了日本憲查隊的嚮導，每次日軍清剿游擊隊，他都是充當馬前卒，故除掉陸通譯便等於打掉了日軍的耳目。陸通譯住在九龍塘一幢兩層高小洋房，那時住在九龍塘的都是頗有身份的敵人，那裏崗哨林立，被認為是游擊隊沒法滲入的「安全地帶」。

一天晚上，身穿馬刺，佩着指揮刀的日本軍曹，帶領着兩個長槍刺刀，頭帶鋼盔的「日本兵」，再後是戴着通帽的「密探」。一行四人，穿街過巷，通過了無數崗哨，來到了九龍塘陸通譯門前。日本軍曹按過電鈴後，一個女人走出來開門，一見是皇軍，便歡迎入內。

日本軍曹原來是劉黑仔所扮，他留下一人在門口放哨，帶着鄧斌和另一位戰士邁步入屋，大搖大擺往沙發一坐，問：「你的男人呢？」那女人一邊忙着端茶送煙，一邊朝樓上喊：「阿陸，太君有請。」陸通譯連忙下樓，笑臉相迎問：「太君半夜來小宅，有何貴事需要效勞？」

「你的陸通譯，請你快快的去，司令部有請。」劉黑仔點燃一根香煙，把學到的幾句日語傾囊而出。陸通譯以流暢的日語說：「有什麼事這麼緊？剛從司令部回來不到三小時。再說，太君代步，十分抱歉，為何不打個電話來呢？」劉黑仔為之一怔，「電話？」原來他沒有想到電話這事。不過，毫不猶豫，劉黑仔立刻爆發出一陣大笑聲：「哼，你的電話不通，害得我們代步！大大的不該！快走！」陸通譯想去搖搖電話，但是

一見劉黑仔臉色一沉，又嚇怕了。只得連聲：「哈依，哈依，我走我走。」陸通譯只得跟着劉黑仔往門外跑，穿過橫巷，到了小街口，陸通譯發覺方向不對，便止步不前，問道：「太君，司令部在那邊，這邊⋯⋯」「少說廢話。」陸通譯一怔，發覺腰間被一支硬東西指着，意識到他的末日到了，結巴巴問：「太君，你、你、你要我⋯⋯」「哼！太君，你不認識我嗎？你不是到處揚言要拿我劉黑仔的頭去皇軍去獻功討賞嗎？好吧，我代表人民宣佈，就地處決這條走狗。」劉黑仔剛說完，鄧斌將駁殼槍一扣，「嘣」的一聲，結束了這條漢奸走狗的性命。劉黑仔留下署名的紙條：「槍斃大漢奸陸通譯。」然後與戰士們消失於黑夜之中。[19]

十二、夜襲啟德機場

陸通譯被處決後，引起敵人一陣驚慌，市區戒嚴多了，但對正在新界掃蕩的日軍部隊沒有多大影響，不但沒有撤回市區，反而更為瘋狂，在沙頭角捕捉村民、殺戮村長，燒毀坑口茅寮，使游擊隊各中隊和大隊的聯繫全都斷絕了。[20]

劉黑仔短槍隊孤軍作戰。怎樣把日軍拖回來？這問題困擾着劉黑仔和戰士。經過再三研究，劉黑仔構思了一個大膽的方案。黃昏時候，帶情報的女交通員阿梅來到接頭地點的山洞。劉黑仔問明阿梅這幾天經過啟德機場所見敵兵的動態，各道閘口的戒備情況，停着的飛機有多少架等等。劉黑仔愈聽愈興奮，喊了一聲：「是機會了！」

劉黑仔和隊長黃冠芳詳細研究作戰方案後，一個春雨霏霏的晚上，

19.　黃冠芳、鄧斌：《虎膽英雄──劉黑仔的故事》（未刊稿）。

20.　張子燮：《英雄劉黑仔》（未刊稿）。

黃冠芳率領劉黑仔、鄧斌、張金伯、張興等人，從鑽石山下來，蛇行龜步，埋伏在山下的草叢中，避開每隔五分鐘一次的日軍巡邏摩托車，和從高處瞭望哨不停射出來的探照燈光。在燈光下，可以看到環繞機場有幾層鐵絲網，機場內有巡邏隊在巡邏。機場的南門和北門均設有崗樓，警戒森嚴。情況和女交通員提供的情報一樣。

深夜 11 時，行動開始。黃冠芳帶着張興趁着摩托車駛過的一剎那，衝過環繞公路來到南門崗哨，只見兩個印度兵穿着雨衣在放哨。黃冠芳兩人一躍而上，迅速繳了印度兵的槍械，將其捆好塞進崗樓，並換上哨兵的雨衣穿上，假扮哨兵站崗。黃冠芳將手一揮，劉黑仔、鄧斌和張金伯三人通過南門，直向油庫摸去。他們沿着飛機跑道跑，不時要躲過敵人的探照燈。快到汽油庫了，忽然傳來皮鞋聲。糟糕！踫上日軍巡邏隊了。鄧斌殺敵心急，想要幹掉敵人，但被劉黑仔按住。三人立即散開臥倒，但跑道空曠，沒有任何掩蔽物。決一死戰似乎無法避免！

日軍一步步地迫近了，劉黑仔打開駁売槍保險掣，屏住呼吸伏在地上。一秒、二秒、三秒，一步、二步、三步……，多漫長的幾秒！在距離他們約一百公尺，巡邏隊忽然轉向東邊走去，離開了油庫。劉黑仔等人立即走去油庫，幹掉哨兵，將一顆定時炸彈放了進去。隨後，又摸到飛機庫，停着飛機，劉黑仔拔出尖刀，把哨兵解決，然後拿出定時炸彈放進一架飛機座倉。

黃冠芳、劉黑仔與鄧斌等人迅速撤離機場，跑到離機場不遠的觀音山山頂，等待午夜 12 時的來臨。「轟隆隆……」陣陣巨響，大地震動，幾丈高的火焰照紅了半邊天，啟德機場癱瘓了！劉黑仔發出勝利的笑聲：「我看這回不把你轟回來才怪！」

次日凌晨 2 時，日本憲查隊撤回市區。與此同時，市區中隊也採取行動，在九龍和香港市區散發傳單，爆破九龍窩打老道火車鐵橋。頓

時，港九市區四處流傳：「劉黑仔游擊隊要攻打日本南支那派遣隊司令部。」日軍大後方陣腳大亂，在新界掃蕩的日軍被迫撤回市區。日軍駐香港司令機谷廉介中將費盡心機佈置的「梳篦式」的大搜捕於是終止。克爾中尉遂在日軍停止搜捕行動後，被游擊隊安全護送返回大後方。[21]

十三、攻擊四號地窿

1944 年夏，劉黑仔即將調到大隊部，當時敵人修建廣九鐵路沙田到大埔間的四號地窿（隧道），以打通廣九鐵路。為了破壞敵人交通和歡送隊長，短槍隊決定在此打一次勝仗。那一天早晨大霧，能見度弱，對面看不清人面。劉黑仔率領服務員鄧斌、小隊長曾九、黃青及戰士詹雲飛、丘勝和吳壽等七人，從沙田九肚山村出發，扮成民工樣子，混進鐵路修建隊裏，作清晨開工狀。在地窿口督工的有兩名日兵、十幾名印度兵。接近目的地時，劉黑仔一槍打倒一名日兵，其餘隊員一擁而上，包圍整個哨所。那些印兵俯首就擒，惟獨不見另一名日兵。劉黑仔等收拾好戰利品，就近落了預先準備好停泊在海邊的小船。不料那漏網的日軍這時在高處用步槍猛烈射擊小船，丘勝、吳壽和船工羅談先後受傷。劉黑仔腿部也中彈，但他仍竭力支撐，走到船尾，一輪快掣駁殼槍掃射，打死那日軍，安全渡過對岸大水坑，經榕樹坳、牛草棚返回大隊部。羅談因傷重犧牲，其餘二人輕傷無礙。劉黑仔等送到大鵬後方醫治，傷癒後參加訓練班。1944 年冬，劉黑仔調離港九大隊，到東江上粵北。[22]

---

21. 黃冠芳、鄧斌：《虎膽英雄 —— 劉黑仔的故事》（未刊稿）；張子燮：《英雄劉黑仔》（未刊稿）；陳敬堂：〈張婉華女士訪問記錄〉（2002 年 2 月 2 日）；陳敬堂：〈詹雲飛先生訪問記錄〉（2002 年 5 月 5 日）；陳敬堂：〈李坤先生訪問記錄〉（2002 年 7 月 23 日）；陳敬堂：〈楊聲先生訪問記錄〉（2005 年 8 月 30 日）。
22. 張子燮：《英雄劉黑仔》（未刊稿）；陳敬堂：〈詹雲飛先生訪問記錄〉（2002 年 5 月 5 日）。

十四、劉黑仔的戀愛故事

一個戰鬥英雄如果沒有愛情故事，好像缺乏了一點人性。藏在他油紙傘中的快掣駁殼，裝的是冰冷的子彈，還是心中的激情？抗戰的殘酷歲月中，身邊可有一個讓劉黑仔魂牽夢縈的女神？這個女神會是一個怎樣的人物？

劉黑仔在大鵬半島澳頭養傷期間，一有空閒就到東江縱隊電台找小張。她是游泳高手，在電台工作，通常晚間值班，白天一有空閒，便到電台旁邊的沙灘游泳。劉黑仔來到電台時，好幾次都碰到小張游泳，於是拉着小張的助手黃作材出去作伴，欣賞小張的跳水和游泳姿勢。當時，小張的泳衣很前衛，只有一邊吊帶，一邊露出肩膊，儼然是一個游泳健將的架勢。澳頭海灘有一個高崖，高約二、三十尺，從上可作高台跳水。小張站在石崖上準備跳水的姿勢，一舉手、一投足，儀態萬千。從崖上跳下來的姿勢，十分美妙。看得劉黑仔和黃作材兩人發呆，沙灘上像放了兩尊木偶，動也不動的。很少講話的劉黑仔，更是坐定定的在崖下面欣賞。鐵漢柔情，與他戰鬥時的果斷勇猛和足智多謀相比，他談戀愛就顯得有點覷睞，不見得很進取和聰明。當然，劉黑仔和小張兩人獨處時，談過什麼，黃作材便不得而知了。經過了幾個月，劉黑仔傷癒，又有任務等着他執行，這段戀情始終沒法開花結果！

黃作材沒有膽量問劉黑仔，只問過小張，為什麼不發展這段愛情？她說：「英雄命短。他們衝鋒陷陣，奮不顧身，犧牲機會很大。我不想做寡婦！」這是發自她內心的真心話，還是劉黑仔對她講的一番話，不得而知了！[23]

---

23. 〈黃作材先生訪問記錄〉（2013 年 4 月 29 日）。

　　愛情是戰爭年代的奢侈品，奮不顧身的戰鬥英雄，付不起照顧愛人幸福的代價。於是有膽量衝鋒陷陣的英雄，便沒膽量談情說愛了。

十五、爭取和平的鬥爭

　　1945 年 4、5 月間，東江縱隊主力部隊準備北上與南下的王震大軍會師，劉黑仔短槍隊奉命同西北江支隊一起北上。劉黑仔任支隊作戰參謀兼短槍隊隊長、邱石為副隊長，蘇光當政委。從 1945 年日本投降前至 1946 年國共內戰全面爆發前的一段時間，劉黑仔率部轉戰博羅、增城、仁化、英德、翁源、清遠等東江粵北近十個縣廣闊地區。1946 年清遠過年後，4、5 月間經新豐再北上到南雄與江西交界一帶。

　　戰後重慶和平談判，試圖調解國共關係。中國共產黨宣佈自十個解放區撤退，以示和平誠意。但國民黨部隊以接受日軍投降為名，進軍中共的抗日根據地，於是兩軍不斷衝突。美國杜魯門總統派馬歇爾來華調處，國共雙方在美國調停下，簽訂停戰命令，頒佈全國雙方部隊執行。但蔣軍拒受停戰命令的約束，進攻中共湖北中原部隊和廣東東江縱隊。廣州行營主任張發奎拒絕承認東江縱隊，繼續派軍圍攻東江縱隊。軍事調處執行部雖然派第 8 執行小組到廣州調處，但成效不彰。經周恩來多次努力，三人會議同意派美國考伊上校陪同中共尹林平去廣州解決問題。[24] 3 月 29 日蔣介石電令張發奎：中共在粵的 2000 至 3000 共軍，以一個月為限，集中在大鵬半島予以安全北撤。31 日，國方代表皮宗敢、共方代表廖承志、美方代表考伊組成的小組由重慶飛抵廣州，根據蔣介

---

24. 〈政府應指令張發奎明確承認廣東中共軍隊的地位〉（1946 年 3 月 27 日），《周恩來——一九四六年談判文選》，頁 175–178。

石前所指示原則，與廣州行營代表王衡及第 8 執行小組協商，舉行聯席會議，反覆討論，4 月 2 日獲得東江縱隊協議，將廣東中共部隊撤至煙台。[25]

十六、英雄遇難、浩氣長存

周恩來盡力營救東江縱隊時，劉黑仔短槍隊和東縱隊友正在艱苦頑抗廣東國民黨部隊的猛烈進攻，戰鬥的頻繁程度和規模遠超過抗日戰爭。1945 年中秋節上午，劉黑仔等部穿過英德、翁源，走到龍頭山一條山徑，遇上國民黨 187 師部隊，初時劉黑仔短槍隊捉了幾個敵軍，國民黨軍立即組織反撲，於是雙方部隊就在這一帶山頭反覆衝殺。劉黑仔五次壓下敵人的衝鋒，也組織了兩次反衝鋒。敵人的輕重機槍、衝鋒槍、迫擊炮，所有美式裝備武器都用上了，火力之猛，簡直令人難以抬頭。從上午 10 時至下午 7 時，連續打了九個小時，敵人死傷近二百人，內有正副連長四人，排長多人。劉黑仔全隊不到三十人，只有一人輕傷，計繳獲輕機兩挺、衝鋒槍三支、駁殼兩支、步槍十多支。

此戰之後，部隊行蹤暴露，敵人立即調了一個營的兵力前來截擊。當部隊翻過湯姆斜這座大山時，機槍、迫擊炮、手榴彈像雨水般灑下，部隊當場被打死打傷三四十人，全隊大亂。劉黑仔奉支隊長鄭少康之命，率領短槍隊掩護撤退。撤出之後，發覺電台和手搖發電機不見了。支隊部決定又派短槍隊偷襲回去，不惜一切代價，要把這些重要通訊器材搶回來。劉黑仔派邱石執行這項艱巨任務，幸而勝利完成。

---

25. 林孝玉、許繼哲、王宏恕編：《和談紀實》，上冊（台北：國防部史政局，1971），頁 90－91。

　　1946 年 4 月國共雙方達成協定，準備將東江部隊北撤煙台，但國民黨暗中加緊佈置，調兵遣將，設法截擊消滅劉黑仔這心腹大患。5 月 1 日已升任短槍隊大隊長的劉黑仔前往南雄和江西交界的界址墟調解民事糾紛。原來這是國民黨佈下的圈套，利用游擊隊為群眾排難解紛的特性，引誘劉黑仔中計。國民黨預先埋伏百多人（一說七百多人），把整個界址墟從後山和墟的東西門重重包圍起來，全力圍剿劉黑仔等十多人。這墟只有上下兩條不長的小街，二三十間破舊泥磚屋，很少商店。當天是墟期，下着雨，趁墟的人很多。上午 10 時左右，劉黑仔和政委蘇光、簡棠等五六人正在上街一間屋裏開會，副隊長邱石等三人在下街巡邏警戒。敵人便衣已潛入墟內，藉故惹起事端，與邱石發生衝突，槍聲一響，街上秩序大亂，當時即有群眾死傷。跟着機槍、手榴彈從四面八方打過來，劉黑仔和下街的戰士各自為戰。首先蘇光和另一戰士在屋內衝出時犧牲。劉黑仔和五六個人衝到一間兩層樓的屋內固守，敵人瘋狂進攻，並兩次挖開牆洞進攻，兩名戰士陣亡。劉黑仔堅守至下午 2 時許，最後從墟西門突圍而出，敵人繼續追擊兩公里。劉黑仔只剩下三個人分頭突擊，邱石在撤出時受傷。劉黑仔兩腳中彈，遊過了一條小河，不幸染上了破傷風，迅速昏迷。[26]

　　倒臥地上，差不多完全昏迷的劉黑仔，看見一個農民經過。該農民見他滿身血污，不敢靠近他。但又看見劉黑仔左手帶着金手錶，在陽光下金光閃亮。想一想此人可能已經倒地身亡，於是走近拿起劉黑仔的左手，想把金錶脫下。突然，腰間被一硬物指着，原來是一支快掣駁殼。劉黑仔用最後一口氣告訴這農民，請背他回隊部，這個金錶就是他的酬勞。劉黑仔的最後一計讓農民背送他回部隊醫院搶救，但因醫藥條件

26.　張子燮：《英雄劉黑仔》（未刊稿）；陳敬堂：〈韋植生先生訪問記錄〉（2002 年 1 月 20 日）。

差，無法救回這英雄一命！[27]

　　抗日戰爭勝利了！停戰命令簽署了！為拯救國家民族作出重要貢獻的劉黑仔，浴血苦戰，殺出敵人重圍，卻逃不出破傷風病毒的一劫，飲恨粵北。今日偽聞風喪膽的英雄，竟享受不到和平的果實！沒有機會重返大鵬城，沒有機會看到香港主權回歸祖國，能不令人唏噓！他犧牲後一個多月，1946 年 6 月 29 日東江縱隊北撤人員共 2400 名，內男性 2138 名，女性 262 名，在大鵬灣分乘美國登陸艇三艘，北運山東煙台。[28]

十七、小結

　　香港游擊戰雖然沒有大規模的戰鬥，但有在大城市內進行的游擊戰。城市游擊戰的抗日力量體現在龐大的群眾力量、完善的情報網和割敵咽喉的短槍隊。由於香港地狹人多，敵我力量懸殊，無法據地固守，故長槍起不到作用。於是游擊隊使用便於收藏在衣服、油紙傘、菜籃子的短槍，隨時近戰殺敵。近距離接戰，常常有意料之外的情況發生，取勝之道除了過人勇氣、準確槍法、高強武功外，尚需臨陣隨機應變，迅速反應的智謀。劉黑仔就是具備上述條件的抗戰英雄。

　　劉黑仔不但善戰殺敵，還能以德服人，善待部下，得到眾戰友的擁護敬頌，這是香港歷史上真實的英雄！不過，這位英雄卻在內戰犧牲了！像許多國家精英一樣，因為內戰而喪失了寶貴的生命，這是國家民族的悲劇！

27　陳敬堂：〈楊聲先生訪問記錄〉（2005 年 8 月 30 日）。

28.　《軍事調處執行部小組大事紀要：第 8 執行小組大事紀要》。

十八、後記

　　劉黑仔是港九大隊的英雄人物，可惜沒有照片留存下來，讓人一睹這英雄的風采。在那個年代，潛伏敵後作戰，拚過你死我活，當然禁止拍照，或留下肖像，讓敵人可以憑照搜捕。於是這位英雄便成為傳說中的人物，久而久之便被某些人質疑是否真的有這位英雄存在？

　　2013 年年初，港九大隊老戰士黃作材送給我數張克爾中尉拍攝的照片，這些照片是克爾中尉（Donald W. Kerr）獲救之後，為東江縱隊友人拍攝的紀念照片，如今交兒子大衛（David W. Kerr）攜同來華，作為尋找東江縱隊友人的信物。

　　其中一張內有他的兄長黃作梅等五個人的照片，已經分辨出從左起

由左至右：黃作梅，劉黑仔，曾生，林展，尹林平

劉黑仔墓碑

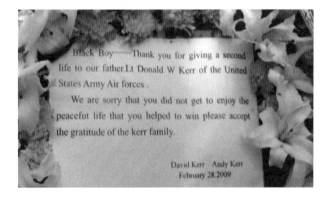

克爾中尉兒子獻給劉黑仔
的祭文

第一位是他兄長，第二位是劉黑仔，然後是曾生、林展和尹林平。雖然
曾與劉黑仔相處幾個月的黃作材認出照片中位左數第二位就是劉黑仔，
但是，有些看過這張照片的老戰士說不是劉黑仔，是周伯明。由於尚健
在知情的老戰士最少年過八十五，視力衰退，很難確認照片人物，有些
人根本未見過劉黑仔本人，所以看過照片的人雖然很多，但有權威下結
論的卻很少！

　　幸而，各人聯絡到住在北京劉黑仔（劉錦進）的親弟劉錦才，及住
在大鵬的劉黑仔同鄉和老鄰居羅育燦，他兩人確認照片當中左數第二人

就是劉黑仔。

　　2009 年清明節前夕，東縱老戰士安排克爾中尉兒子大衛和妻子到大鵬拜祭劉黑仔，代他的父親感謝已經逝世多年的抗日英雄。祭文中譯如下：

　　　　黑仔，感謝你給予我們父親、美國空軍克爾第二生命。我們很遺憾你不能享受因你的犧牲而贏來的和平生活，請接受克爾一家對你的感恩之情。

【英文祭文和劉黑仔墓碑照片由羅育燦提供】

第八章

黃作梅

——犧牲在國際統一戰線的烈士

一、前言

　　1938 年 5 月 26 日至 6 月 3 日延安舉辦了抗日戰爭研究會，毛澤東發表了〈論持久戰〉的講演，指出抗日統一戰線由「中國抗日統一戰線」和「國際抗日統一戰線」兩部分組成。1941 年 6 月 22 日德國發動侵蘇戰爭，翌日，毛澤東立即發出指示：組織「國際統一戰線」，同英美及其他國家一切反對德意日法西斯統治者的人們聯合起來，反對共同的敵人。周恩來亦提議：「運用我們站在東方反日本法西斯強盜的前線地位，聯合東方一切反法西斯的人民、民族和國家，結成更廣大的反法西斯的國際統一戰線。」

　　香港是一個國際大城市，故香港抗日游擊戰場位於兩條統一戰線的交會點，香港抗日游擊隊從成立之日開始，便肩負起團結群眾和國際友人，配合盟軍軍事行動的「國際抗日反法西斯統一戰線」的責任。新中國成立時，正處於社會主義和資本主義兩大陣營對峙的國際局勢，人民解放軍開抵深圳河北，海軍進至澳門外海，並沒有順勢趕走帝國主義，收回香港和澳門。周恩來認為香港和澳門是一個特殊的地方，對中國有好處，有用。基於東西方冷戰鬥爭全局戰略部署的考慮，香港可以作為中國同國外進行經濟聯繫的基地，可以通過它吸收外資，爭取外匯。於是，中央確定了關於香港和澳門問題的基本決策是「暫不收回，維持現狀」。後來，又正式確定為「長期打算，充分利用」的八字方針。

　　周恩來傳召新華社香港分社社長黃作梅到北京，直接指示有關決策。黃作梅忠實地執行中共中央的決策，利用香港的特殊地位，在統一戰線作出了很多重要的工作，最後更在這國際統一戰線的戰場上英勇犧牲，為國家奉獻出寶貴的生命！

　　本文借黃作梅的一生，介紹香港在抗戰時期和共和國成立初期對統

一戰線的作用。統一戰線戰場雖然看不到硝煙彈雨，但其鬥爭的凶險和艱辛，亦不下於軍事鬥爭的戰場。很多統一戰線的戰士都是知識份子，他們聽到衝鋒號吹起，亦會如所有武裝戰士一樣，抱必死的決心，衝向敵陣，犧牲自己的生命來完成任務。黃作梅就是其中的一員！

二、國際抗日反法西斯統一戰線的背景

盧溝橋事變之後，抗日戰爭全面爆發，國共談判達成協議，中共武裝部隊被編入國民革命軍戰鬥序列，八路軍和新四軍迅速開赴前線，奮勇殺敵。抗戰初時，八路軍和新四軍都曾得到蔣介石批准發給每月三十萬元軍費、軍服、防毒面具、輕重機槍等補給。[1]

國共合作抗日的良好關係很快破裂，蔣介石企圖吞併中共，先後在 1938 年 12 月 6 日在桂林約見周恩來，12 日在重慶會見中共到渝參加國民參政會的王明、博古、吳玉章、董必武、林伯渠，提出中共與國民黨合併成一個組織，表示：「此目的達不到，我死了心也不安，抗戰勝利了也沒有什麼意義。」「我這個意見至死也不變的。」[2]

1939 年 1 月 21 日至 30 日，國民黨在重慶召開五屆五中全會。1 月 22 日，中共中央書記處致電蔣介石和國民黨五中全會，聲明：「共產黨絕不能放棄馬克思主義之信仰，絕不可能將共產黨的組織合併於其他任何政黨。」周恩來亦用個人名義致函蔣介石，表示不能接受蔣介石「一個大黨」的主張。[3] 蔣介石惱羞成怒，在國民黨五中全會上確定「溶共、防

---

1. 〈西安行營顧祝同主任電話報告〉（1937 年 1 月 31 日），秦孝儀主編：《中華民國重要史料初編 —— 對日抗戰時期第五編：中共活動真相》，第一冊（台北：中國國民黨中央委員會黨史委員會，1985），頁 261、305－310。
2. 童小鵬：《風雨四十年》，第一冊（北京：中央文獻出版社，1996），頁 197－198。
3. 同上註，頁 199－200。

共、限共、反共」方針，並設置了專門的「防共委員會」，擬訂及修正了
《共黨問題處理辦法》（1936 年 6 月）、《限制異黨活動辦法》（1939 年 4
月）等等一系列反共文件，闡述了「溶共、防共、限共、反共」的方針、
策略和具體辦法。[4] 接着先後掀起了三次反共高潮，加強壓迫中共，在邊
區周圍和抗日前線，不斷襲擊八路軍和新四軍；在國統區，加強對中共
組織和黨員的偵察、破壞、逮捕。

　　面對帝國主義侵略和國民黨打壓，毛澤東認為中共能夠生存與發展
的原因，在於中國是「一個許多帝國主義國家互相爭奪的半殖民地」，
「帝國主義爭奪中國一迫切，帝國主義和整個中國的矛盾，帝國主義者相
互間的矛盾，就同時在中國境內發展起來。」[5] 這就形成了中國革命運動
的生存條件。毛澤東針鋒相對地制定了國際統一戰線，利用帝國主義者
相互間的矛盾，帝國主義者和中國資本階級間的矛盾，取得革命勝利。
1935 年 12 月 27 日，毛澤東在瓦窰堡會議提出了與國民黨建立抗日民族
統一戰線政策，會議作出了「同一切和日本帝國主義及其走狗賣國賊相
反對的國家、黨派、甚至個人，進行必要的諒解、妥協、建立國交，訂
立同盟條約的關係」的決議。[6] 1936 年毛澤東對斯諾說：反戰國家、殖民
地和半殖民地國家、社會主義國家應組成一個反侵略、反戰、反法西斯
的世界聯盟，「組成反對日本帝國主義的統一戰線」。並表示在制定具體
的外交政策時，中共將根據各國的「戰時表現」來制定政策。[7] 由於日本

4.　馬齊彬：《國共兩黨關係史》（北京：中共中央黨校出版社，1995），頁 698。

5.　毛澤東：〈中國的紅色政權為什麼能夠存在？〉（1928 年 10 月 5 日），《毛澤東選集》，第
　　一卷，頁 47–54；毛澤東：〈星星之火，可以燎原〉（1930 年 1 月 5 日），《毛澤東選集》，
　　第一卷，頁 94–103。

6.　〈中央關於目前政治形勢與黨的任務決議〉（中央政治局瓦窰堡會議通過 1935 年 12 月 25
　　日），中共中央黨史資料徵集委員會編：《第二次國共合作的形成》（北京：中共黨史資料出
　　版社，1989），頁 80。

7.　《毛澤東 1936 年同斯諾的談話》（北京：人民出版社，1979），頁 110–127。

企圖獨吞中國，危害英美在華利益，毛澤東認為代表英美利益的中國政治集團，有可能遵從英美的示意，「同日本帝國主義者及其走狗暗鬥以至明爭」。[8] 因此中共可以利用英美影響國民黨實行積極抗戰的政策，通過建立國際統一戰線，協助抗日和解決國共問題，並提出了「和那些在現時願意保持和平而反對新的侵略戰爭的帝國主義國家建立共同反對日本帝國主義的關係。我們的統一戰線應當以抗日為目的，不是同時反對一切帝國主義」。[9]

太平洋戰爭爆發翌日（1941 年 12 月 9 日），中共中央發出指示：建立與開展太平洋各民族反日反法西斯的廣泛統一戰線；努力開展華南敵佔區、海南島、越南及日本在南洋一切佔領區域的抗日游擊戰爭，盡可能與各抗日友軍及英美等抗日友邦的軍事行動協同一致，[10] 並採取下述措施：

1. 加強聯繫：為打破國民黨政府外交封鎖，中共積極開展對美、英、蘇、澳、加等國駐華使館的聯絡工作，使中共抗戰實況漸受外界認識，爭取盟國對華採取務實政策，援助中共抗日部隊。1942 年 8 月 6 日，周恩來致函訪華之羅斯福私人代表居里，希望美國能派正式代表前往延安。隨後，他又多次向美國駐華使館官員范宣德、謝偉思、戴維斯等人建議，在陝甘寧邊區設置領事館，派遣軍事觀察組。同時，中共駐重慶代表團也加強了與史迪威司令部的聯繫。

2. 政治爭取：利用美國的影響來改善中國的政治狀況，制止內戰，促進國民黨政府的改革。1942 年 11 月 26 日，周恩來和林彪與謝偉思會

8.　毛澤東：〈論反對日本帝國主義的策略〉，《毛澤東選集》，第一卷，頁 134。

9.　毛澤東：〈中國共產黨在抗日時期的任務〉（1937 年 5 月 3 日），《毛澤東選集》，第一卷，頁 232–233。

10.　〈中共中央關於太平洋反日統一戰線的指示〉（1941 年 12 月 9 日），中央檔案館編：《中共中央文件選集》，第十一冊（北京：中共中央黨校出版社，1986），頁 788–789。

談，表示希望美國採取如下對華政策：（1）運用美國對國民黨的影響，以改變目前國民黨對日抗戰不力狀況；（2）重申美國希望看見中國有真正的民主；（3）承認中共是對抗法西斯作戰的有力參加者；（4）美國對中國的援助應撥一部分給中共。[11]

3. 配合盟軍作戰：1942 年戴維斯表示希望中共在偵察敵情方面給美國提供便利，周恩來建議美國派一個軍官小組在陝西、山西建立觀察站。5 月，第一次緬甸戰役失利，周恩來即向范宣德表示，中共部隊願與美軍合作，入緬作戰。毛澤東、周恩來和朱德在同英美等國記者以及美軍觀察組成員的談話中，都表示希望建立指揮中國軍隊，包括中國共產黨軍隊的盟國最高司令部。朱德解釋：「唯有一盟軍總司令能夠保證充分利用抗戰的一切武力和克服統一指揮的一切妨害。這一切妨害在過去曾大大阻礙了我們的抗敵方式。除此之外，中國軍隊沒有別的配合方法。」他保證：「中共領導的一切軍隊願意忠誠地服從盟國統帥，因為他們所關心的唯一事情就是盡速得到完全的勝利。勝利的最好保證是由一個盟軍統帥指揮中國一切軍隊。」[12] 7 月 5 日和 10 日，周恩來又兩次向戴維斯詳細介紹了中共部隊的實力狀況。美國鑒於國民黨貪污腐敗，軍隊士氣低落，戰鬥力差，1943 年 9 月 16 日史迪威於是第一次正式向蔣介石提出要武裝和使用中共部隊對日作戰，但遭受蔣的拒絕。

由於受到蔣介石的阻撓，國際抗日反法西斯統一戰線的開展並不順利。不過，蔣介石的封鎖線卻被東江縱隊在香港衝開了一個突破口！

11.　何迪：〈1944－1949 年中國共產黨對美政策的演變〉，《中美關係史上沉重的一頁》（北京：北京大學出版社，1989），頁 79。

12.　劉德喜：〈中共聯美抗日政策的確立〉，《黨史文匯》，1994 年第 2 期，頁 28。

三、東江縱隊對民族和國際統一戰線的貢獻

1941 年 11 月初，廣東人民抗日游擊隊（後改名為東江縱隊）發現日軍第 36 師團在沿廣九鐵路南段及惠寶沿海一帶集結，準備進攻香港。游擊隊立即部署派部隊進入港九地區，開展敵後游擊戰，及接應在港人員的轉移。12 月 7 日，中共中央從延安、周恩來自重慶同時致電香港廖承志迅速做好準備，要不惜任何代價，將聚居香港的大批愛國民主人士和文化人士搶救出來，轉入大後方。[13]

8 日，日本艦隊偷襲美國珍珠港基地，同日日軍第 36 師團越過深圳河進攻香港。9 日，中共中央指示建立與開展太平洋各民族反日反法西斯的廣泛統一戰線，盡可能與盟軍合作，開展抗日游擊戰。同日，周恩來再度急電廖承志，詳細指示轉移在港各界朋友的方法和路線，並特別指示幫助宋慶齡、何香凝、柳亞子、鄒韜奮、梁漱溟等離港。[14]

香港淪陷前，日本特務早把抗日文化人士、愛國民主人士列入黑名單。日軍一進入香港，立即封鎖香港和九龍海面，到處設立關卡，嚴查往來行人，實行宵禁，全面清查戶口，分區分段大舉搜捕愛國人士和抗日份子，並貼出告示限令在港的知名文化界人士前往「大日本軍報道部」或「地方行政部」報到，否則「格殺勿論」。日本文化特務禾久田幸助在電影院打出幻燈字幕，點名要蔡楚生、司徒慧敏等人到半島酒店（香港淪陷初期日軍司令部所在地）「會面」，又在報上登啟事，要茅盾、鄒韜

---

13. 曾生：《曾生回憶錄》（北京：解放軍出版社，1992），頁 208–215。

14. 周恩來：〈轉移在港各界朋友 —— 致廖承志、潘漢年等〉（1941 年 12 月），中共中央文獻研究室編：《周恩來書信選集》（北京：中央文獻出版社，1988），頁 210–211；《曾生回憶錄》，頁 215。

奮等出來共同「建立大東亞共榮圈」。[15]

　　當時，在港的數百名愛國民主人士和文化界人士，大都是外省人，不懂粵語，欠缺社會關係，難以隱蔽，故隨時被捕殺害，形勢極度危急。[16] 幸好，早已部署在深圳河北岸潛伏待機的游擊隊，迅速進入香港，並配合中共地下黨人立即展開營救工作，到 2 月時，重要人物多已離港，行動持續到 2 月底已基本結束，成功地營救了何香凝、柳亞子、鄒韜奮等文化人士和家屬八百多人脫離虎口。[17] 抗日游擊隊不負周恩來的重託，成功完成任務。香港淪陷後，香港萬多名國民黨人自身難保，顧不了他人，甚至需要游擊隊幫忙脫險，當然沒有任何營救文化界人士的計劃。這時，中共不但沒有拋棄文化界人士，反而不惜一切代價營救他們，令避居香港的愛國民主人士、開明國民黨人和文化界精英深受感動。中共這一正確決策，對發展和鞏固抗日民族統一戰線起了重大的作用，在國內外都產生了深遠影響。[18]

　　日軍佔領香港初期，對盟國人士的監視比較寬鬆。有一批英軍和盟國人士先後逃離了集中營和港九市區，然後在游擊隊的幫助下，逃離香港。游擊隊特別成立了國際工作小組進行營救盟軍和國際友人工作，據不完全統計，游擊隊先後救出英國人 42 名，印度人 54 名，丹麥人 3 名，挪威人 2 人，俄羅斯人 1 名，菲律賓人 1 名，合共 103 人。[19] 另加上稍後救獲的美國飛行員 8 人，共計 111 名國際友人。

15. 中共中央黨史資料徵集委員會徵集研究室編：《中共黨史資料專題研究集 —— 抗日戰爭時期》（二）（北京：中共黨史資料出版社，1989），頁 182–183。

16. 葉文益：〈營救文化界人士〉，陳敬堂編：《香港抗戰 —— 東江縱隊港九獨立大隊論文集》（香港：香港歷史博物館，2004），頁 169–170。

17. 陳敬堂：〈楊奇先生訪問記錄〉（2013 年 1 月 5 日）。

18. 《曾生回憶錄》，頁 218–230。

19. 同上註，頁 364。

四、抗戰時期黃作梅在國際統一戰線工作

以下用黃作梅的事跡作為脈絡，介紹東江縱隊（1943 年 12 月 2 日中共中央指示把廣東人民抗日游擊總隊的番號，改為廣東人民抗日游擊隊東江縱隊，簡稱東江縱隊）在國際抗日反法西斯統一戰線的工作。

黃作梅祖籍廣東番禺，1916 年 2 月 13 日在香港新界上水出生。父親在香港政府輔政司當文員，五歲入讀私塾，成績優良。九歲考入香港灣仔敦梅學校。十六歲（1932 年）被保送到皇仁書院（Queen's College）讀書，成績優異，因年年考第一，免交學費。1935 年 6 月，黃作梅考入香港大學，因家貧需幫補家計，放棄了上大學的夢想。1936 年 1 月考入香港政府海軍船塢當文員，後被選為華人文員協會主席。七七事變爆發後，黃作梅積極參加抗日救亡運動，先後參加了「怒潮」讀書會和「中華聖教總會」等愛國組織，當時黃作梅的家成為抗日救亡歌曲、活報劇、舞台劇的演練場，旅行報到的集中地。地下黨人楊康華和陳達明經常到此碰頭開會。[20] 1941 年 6 月，黃作梅在香港加入中國共產黨，同年 10 月轉為正式黨員。[21]

（1）國際工作小組

游擊隊營救盟軍和國際友人離開香港，開始時是不自覺的，隊員見

---

20. 陳敬堂：〈黃作材先生訪問記錄〉（2002 年 1 月 16 日）；黃作材：《香港新華社誕生的來龍去脈》（未刊稿，香港，2004）；黃偉建：〈懷念父親黃作梅〉，中共廣東省委黨史研究室編：《長空英魂 —— 紀念黃作梅烈士文集》（香港：榮譽出版社，2002），頁 7–9。

21. 傅頤：〈黃作梅在香港〉，陳敬堂編：《香港抗戰 —— 東江縱隊港九獨立大隊論文集》，頁 328。

到英軍戰俘就帶到總隊司令部。[22] 後來覺得這樣做有助開展國際統一戰線，為加強營救工作，游擊總隊調派了熟悉英語，又有合適社會關係的幹部回港成立國際工作小組，剛到東莞參加游擊隊的黃作梅於是被調回港，擔任組長。[23] 小組組員有譚天、譚幹、盧陵和林展。最初的接頭地點在九龍彌敦道 800 多號三樓或四樓盧陵家中，其後移到九龍深水埗界限街某號二樓。黃作梅的父母弟妹亦住這裏作掩護。

國際工作小組的工作大約可分為三個階段。

第一階段：營救國際友人。國際工作小組趁日軍立腳未穩，盡快通過各種渠道，搜集國際友人的消息進行營救。搜集消息的渠道有三種：第一是已脫險的國際友人寫信給仍滯留在香港的親友報告平安脫險，並告知其親友可信賴送信人，請其幫助脫險。這時，黃作梅扮演了一個很重要的角色，他和譚幹經常送信聯繫，營救了很多人。

第二是通過小組各人原有的社會關係，去尋找有沒有未被日軍囚禁或囚禁後又逃脫出獄的英、美、印等盟國人士的線索。黃作梅因具備皇仁書院高材生和前香港政府文員協會主席的身份，社會關係良好，發現了很多未被囚禁英籍文職官員。他曾試圖營救原港英政府醫務總監司徒永覺（Selwyn Clark），因日軍防範很嚴，無法接近，於是派林展去找司徒永覺的學生賴寶珠醫生轉達訊息。因司徒永覺不願冒險，此事只好作罷。

第三種渠道是發展新關係來刺探或套取敵人搜捕國際友人、囚禁外籍人士地點、集中營管理和探視等等情報。通過這些情報，再研究作進

22.　陳達明：〈港九大隊概況〉，廣東青運史研究委員會研究室、東縱港九大隊隊史徵編組：《回顧港九大隊》，上冊（廣州：廣東省委辦公廳勞動服務公司，1987），頁 5。

23.　《曾生回憶錄》，頁 361。

一步的營救辦法。[24]

第二階段：收集日軍情報。如日軍採用什麼措施和手法來統治香港，社會輿論和群情的反映等等。情報收集後，由黃作梅整理，集中向港九大隊政委陳達明匯報。如林展曾收集過日軍在香港推行的戶口管理辦法，向黃作梅報告，黃據此再上報，這情報得到上級的表揚。[25]

第三階段：與英軍服務團合作。事由一位被東江游擊隊救離香港的英軍賴特少校（Colonel L. T. Ride）而起。1942 年 1 月 9 日他從深水埗集中營逃出，利用一隻舢舨駛過長沙灣，從青山道經大埔道入沙田小瀝源，再到西貢找到蔡國樑，在游擊隊的協助下逃離香港，輾轉從羅浮山撤到重慶。途中，他日夕擔憂仍囚禁在集中營的戰友，不斷思索如何協助他們逃出虎口，並為傷病者提供藥物援助。他構思與游擊隊合作的方案，到重慶後便向英國軍事當局提出建議。1942 年 7 月，英國駐印度總司令威路士爵士（Sir Archibald Wavell）批准這建議。英國駐華大使西摩爵士（Sir Horace Seymour）和戴爾司令（G. E. Grimsdale）帶同賴特少校拜訪蔣介石，向蔣解釋拯救英軍戰俘必需得到東江游擊隊的合作，英國保證賴特少校不會進行任何政治活動，希望取得蔣的認可。英軍隨即在桂林成立英軍服務團（British Army Aid Group），任命賴特為上校指揮官，另在惠州設前方辦事處，任命祈德尊少校（J. D. Clague）為辦事處主任。[26] 祈德尊致函和派出何禮文上尉（H. B. Holmes）到游擊隊，請求游擊隊商談今後的合作問題，幫忙調查和攝影集中營的情況和位置，並協助營救。

---

24. 林展：〈港九大隊國際工作小組〉，《回顧港九大隊》，上冊，頁 73。
25. 同上註，頁 75。
26. CHAN Sui-jeung, "The British Army Aid Group"，陳敬堂編：《香港抗戰——東江縱隊港九獨立大隊論文集》，頁 127。

　　這時日軍已嚴密控制了香港市區，游擊隊員不怕困難和危險，幫助英軍服務團組織情報站，謀劃營救國際友人，佈置秘密交通線。在合作的過程中，國際工作小組支付鉅款，但這些款項全由缺乏補給的游擊隊節省出來勉強維持的。[27]

　　英軍服務團要求在香港市區與之聯繫，游擊隊遂開設一間雜貨舖，作為雙方的地下聯絡站。當時雙方協議：（1）開辦雜貨舖經費由英方負擔；（2）雜貨舖的用人和經營管理由港九大隊負責；（3）英方指定一人到雜貨舖聯繫，其他人不能到雜貨舖，更不能讓其他人知道有這聯絡站。雙方按此協議執行。聯絡站名為廣恒雜貨舖，設在九龍深水埗砵蘭街，由黃作梅化名登記註冊，並以老闆的身份作為掩護。初時，舖內有四名工作人員：黃作梅的父親，黃楚翹（黃作梅的大妹），葉頌齊，文堅。英軍服務團指定陳養負責聯繫。英軍的情報或其他物品要送去英軍惠州總部，便由陳養帶來雜貨舖，再由港九大隊代為送去。英軍總部給他們香港人員的經費、指令、文件等，也由港九大隊送到雜貨舖，等陳養來領取。黃作梅經常與陳養在雜貨舖的閣樓上接頭，協商工作。由於黃作梅本身是港九大隊政訓室的國際幹事，不時要回大隊部處理有關工作。在他離開時，國際工作小組的工作由葉子修代理。1943 年夏，日軍特務捕去陳養，隨即在清晨搜查雜貨舖。雜貨舖還未開門營業，舖內只有黃作梅的父親和十五歲的小夥計文堅，日軍特務抓走了黃作梅的父親查問。因找不到證據，當天下午隨即釋放。[28]

　　雜貨舖被搜之前，黃作梅已被安排撤返內地。[29] 雜貨舖被搜後，港九

27.　黃作梅：〈東江縱隊的國際地位〉，《長空英魂 —— 紀念黃作梅烈士文集》，頁 128。原文刊於《前進文萃》，第 3 輯，1946 年

28.　林展：〈港九大隊國際工作小組〉，《回顧港九大隊》，上冊，頁 75–76。

29.　黃作材：《香港新華社誕生的來龍去脈》（未刊稿，香港，2004）。

克爾中尉鏡頭下的黃作梅

大隊立即把葉子修及譚幹撤離市區。8 月國際工作小組與英軍服務團在香港市區的聯繫中斷。以後，英軍服務團自己獨立行事。游擊隊仍本着反對共同敵人的宗旨，繼續保護在交通線上來往的英軍服務團人員，方便他們工作。賴特上校回憶說：「雖然這種合作在不同程度上被日本人、中國人、美國人，甚至英國人所干擾和阻撓，但仍然時緊時鬆地保持到日本投降。」賴特上校於 1946 年 2 月返英前感謝港九大隊說：「如果沒有你們的幫助，我們是不會做出什麼工作來的。」[30] 國際工作小組在香港市區的工作到 9 月結束。[31]

　　東江縱隊是中共領導游擊隊中最早與盟軍合作的部隊，協助中共中央發揮了國際影響力，為國際抗日反法西斯統一戰線作出了重要貢獻。

30.　陳達明：《香港抗日游擊隊》，頁 55。

31.　林展：〈港九大隊國際工作小組〉，《回顧港九大隊》，上冊，頁 76 — 77。

但因陳養被捕，使英軍服務團與東江縱隊情報合作的事曝光，破壞了英國對蔣介石的保證 —— 英軍服務團不會進行任何政治活動，英軍服務團遂停止與東江縱隊合作！

（2）東縱聯絡處

　　東江縱隊開闢了香港抗日游擊戰場，盟軍要在香港進行打擊日本的活動便必須與東江縱隊合作。英軍停止與東縱合作後，美軍迅速找上東縱。

　　早在 1943 年 9 月 16 日，美國史迪威將軍（Joseph W. Stilwell）已經正式向蔣介石提出要武裝和使用中共部隊對日作戰，但遭受蔣的拒絕。美國駐華外交官戴維斯（John Davies）遂向羅斯福總統建議派遣一個觀察組到延安去，史迪威和美國駐華大使高思（Clarence E. Gauss）亦認為與中共合作是十分重要的，應該直接派一個觀察組到延安，這個觀察組的成員「可以在游擊隊活動區和被佔區組織逃生救援隊，以此協助空中軍事活動，並可以研究利用共產黨游擊隊進行地面戰爭的可能性」。[32] 羅斯福於是直接致電蔣介石提出要求，蔣介石雖然極力抵制派遣一個美國官方使團到延安，但還是允許一個民間的中外記者團去訪問。1944 年 5 月中旬記者團到達延安，大部分記者深受中共黨人的革命激情、簡樸生活和使命感所感動。[33]

　　此時，港九大隊拯救了一名美國飛行員，進一步促使了美軍要求和游擊隊合作。事情發生在 1944 年 2 月 11 日，美軍第十四航空隊空襲香

---

32. 卡蘿爾·卡特：《延安使命：1944－1947 美軍觀察組延安 963 天》，頁 26－29。
33. 同上註，頁 29。

港啟德機場，機師克爾中尉因座機中彈被迫跳傘，眼看將被日軍俘虜，幸得港九大隊營救，逃過日軍的搜捕，被送離香港返回桂林。克爾將其遇險經歷報告了第十四航空隊司令陳納德將軍（Claire L. Chennault）。陳納德於是建議華盛頓和東江縱隊進行情報合作和拯救美軍遇難飛行員。同年 5 月 26 日，十四航空隊的五個飛機員，勒夫哥中尉、拉忽累爾中尉、沙克上士、康利上士和利斯上士，駕駛 417 號的 B25 轟炸機在襲擊日本運輸艦時，被擊中墜入大海裏，護航大隊在大亞灣將他們營救起來；稍後，1945 年 1 月 16 日，又救護了十四航空隊的飛行員伊根中尉和第三艦隊飛行員克利漢少尉。美國飛行員不斷獲救的事實，讓美國認識到中共領導下游擊隊的力量，決定不理蔣介石的阻撓，直接與中共游擊隊合作，形成了「太平洋反日統一戰線」。

　　1944 年 7 月，美國《美亞雜誌》發表文章〈東江游擊隊與盟國在太平洋上的戰略〉，稱讚廣東人民抗日游擊隊自 1938 年廣州淪陷以來的功績，「值得比已經給予他們的表揚更大的表揚」，「對於盟軍將來在華南沿海作戰具有極大的重要性」，主張「立刻承認這些游擊隊的存在與潛在力量，包括派遣聯絡官，予以技術上的援助與軍火。這對於我們將來進攻日本的勝利，已具有頭等重要了」[34]。7 月 22 日美軍觀察組第一批成員飛抵延安，開始直接與中共接觸。較早時，中共中央軍委致電東江縱隊：「你們在華南的作用與責任，將日益增大。英美在太平洋上繼續作戰的勝利，一旦接近中國南方海岸，實行對日反攻時，則我華南根據地，將成為一支重要力量，可予盟國部隊以直接的配合。」要求東江縱隊全體指戰員必須在思想上有充分準備。[35] 這時，有些指戰員的思想還轉不過來，

---

34. 原載 1944 年 7 月《美亞雜誌》，1944 年 9 月 11 日延安《解放日報》譯載。
35. 〈中央軍委關於華南根據地工作的指示〉（1944 年 7 月 5 日），中央檔案館編：《中共中央文件選集》，第十二冊，頁 536。

質疑有沒有必要與沒有革命性的大資產階級合作，中共中央特別致電予以澄清：「反法西斯的美英資產階級，在其反法西斯一點上均有革命性。以蘇美英聯盟為基礎的世界反法西斯統一戰線，乃是今日世界的基本革命戰線。」要求對和盟軍合作仍存疑慮的人「多研究實際而少爭論名詞」。[36] 美軍觀察組到達延安，準備前往抗日根據地進行前線偵察，8月18日中共中央發出指示：「不應把他們的訪問和觀察當為普通行為，而應把這看作是我們在國際間統一戰線的開展，是我們外交工作的開始。」「如果國際統戰政策能夠做到成功，則中國革命的勝利，將必增加許多便利。」「國際統一戰線的中心內容，是共同抗日與民主合作。……美軍人員來我邊區及敵後根據地的理由，為有對敵偵察及救護行動之需要，准此可爭取其逐漸擴張到對敵作戰方面的合作和援助，有了軍事合作的基礎，隨後文化合作，隨後政治與經濟合作就有可能實現。」[37]

10月7日陳納德派歐戴義少校（Lt. B. Merrills Ady）帶他的感謝信和克爾中尉的感謝信，到東江縱隊提出合作的請求。10日，東江縱隊政委尹林平就此事致電中共中央請示。毛澤東立即在電報上批示：抄周、弼、劉、彭、朱、葉，請周覆。13日，周恩來覆電東江縱隊：「關於外交工作方針，望按照中央8月18日指示電辦理（另電告），你們與歐博士談話可表示歡迎合作。關於建立電台，收集情報，偵察氣象，訓練爆破可以答應。如有其他要求，可告以需電延安請示，見面情形望電告中央。」經中共中央同意，美軍在東江縱隊設立「美國駐華第十四航空隊」聯絡處。相應地，東江縱隊也設置一個聯絡處作為特別情報部門，職責

36. 〈中央宣傳部關於對中國大資產階級及美英資產階級的政策問題致晉察冀分局電〉（1944年7月13日），中央檔案館編：《中共中央文件選集》，第十二冊，頁546–547。
37. 〈中央關於外交工作指示〉（1944年8月18日），中央檔案館編：《中共中央文件選集》，第十二冊，頁573–574。

是主管廣東沿岸及珠江三角洲敵佔區的情報工作，並負責與以歐戴義為首的美軍觀察組聯絡，交換日軍情報。東江縱隊委任袁庚為聯絡處處長，黃作梅為聯絡處首席翻譯官及聯絡員。[38] 黃作梅主管電台並負責翻譯東江縱隊提供的軍事情報，交由歐戴義用自編碼發出；負責與歐戴義聯絡，照顧其工作及生活需要。這段時期，黃作梅的機智、勇敢、沉着、頑強，有高度的革命事業心和責任感，工作成績顯著，令歐戴義對黃作梅的才幹十分欣賞，一再致函曾生司令員，對曾生和黃作梅的「殷勤款待」表示感謝，還說：我對於作為聯絡官的黃先生的優良工作，⋯⋯是真正十分感謝的。[39]

　　東江縱隊與美軍合作的聯絡處逐漸擴展到約二百人，所有東江地區日軍佔領的地方均佈置了情報站，分佈在南至香港，北至廣州，東自海陸豐，西至珠江東岸的地區上，所有情報員都是東江縱隊隊員，並且由縱隊用自己的財政來供給。由於情報員的勇敢和犧牲（在香港和別的地方損失了不少的人員），獲得很大的成就。在與美軍合作約十一個月的時間中，供給了很多非常重要和寶貴的情報給十四航空隊和在華美軍司令部。[40]

　　這些情報被美方認為是「非常寶貴和有用」的，東江縱隊出色的工作獲得了陳納德將軍、在華美軍司令部和華盛頓的讚譽，聯絡處被認為是「美軍在東南中國最重要之情報站」。陳納德多次來電，對聯絡處的工

---

38. 傅頤：〈黃作梅在香港〉，陳敬堂編：《香港抗戰 —— 東江縱隊港九獨立大隊論文集》，頁334－335。

39. 袁庚：《長空英魂 —— 紀念黃作梅烈士文集 · 序》，頁2－3；《歐戴義致曾生信》（1945年7月17日），同書頁123。

40. 黃作梅：〈我們與美國的合作 —— 關於廣東人民抗日游擊隊東江縱隊與盟邦美國在打擊共同敵人戰爭中合作的報告〉，香港《華商報》，1946年3月28日；袁庚：〈東江縱隊與盟軍的情報合作及港九大隊的撤出〉，陳敬堂編：《香港抗戰 —— 東江縱隊港九獨立大隊論文集》，頁251－252。

作表示感謝和敬重：「我們對你們近來關於敵軍及其活動，駐地和番號的
報告特別感到喜悅，這些情報是重要的，實際上他是有生命活力的，因
為他揭露了敵人的企圖和活動，幫助了我們的指揮當局取得更好的結論
和計劃。」[41]「你們關於波雷部隊 129 師團的情報對我們會有幫助，你們報
告該部隊的指揮官姓名及其師團部在淡水是我們所得唯一的報告。」[42]「總
部及我們對你們的情報感到滿意。」[43] 黃作梅艱苦勤奮地工作，翻譯了大
量精確的情報後傳至美方，這些情報是與盟軍緊密合作的產物，成為盟
軍打擊日軍的重要依據，他在國際抗日反法西斯統一戰線中堅決忠誠地
執行了中共中央的指示。

　　東江縱隊與盟軍的合作，不僅建立了中共部隊與盟軍合作的國際抗
日反法西斯統一戰線，打破了蔣介石對中共的封鎖，也影響了美國戰後
的對華決策。抗戰勝利後國共內戰瀕於爆發，深深體會人民戰爭威力無
窮的美國估計貪污腐敗的國民黨必然戰敗，不敢直接出兵干涉，只派馬
歇爾來華調處國共衝突，推遲內戰全面爆發的時間。同時協助蔣介石軍
備美械化和進行政治改革，希望蔣介石能依靠美式武器和裝備，自己進
行這場美國視為沒有勝算的內戰。[44]

　　香港是中國國際級大城市中唯一一個能夠建立抗日游擊根據地、開
展城市游擊戰的地方，東江縱隊拯救了不少盟軍和國際友人。英美基於
現實，承認中共游擊隊的地位，與之合作，因此消減了國民黨對中共的
壓力。香港游擊戰場成功建立了國際抗日反法西斯統一戰線，這統一戰
線不但在抗戰時期發揮作用，在建國初期仍繼續發揮其功能。

41.　〈陳納德 1945 年 5 月 20 日來電〉，《長空英魂 —— 紀念黃作梅烈士文集》，頁 122－123。
42.　〈陳納德 1945 年 6 月 6 日來電〉，《長空英魂 —— 紀念黃作梅烈士文集》，頁 123。
43.　〈陳納德 1945 年 6 月 12 日來電〉，《長空英魂 —— 紀念黃作梅烈士文集》，頁 123。
44.　羅伯特‧達萊克：《羅斯福與美國對外政策 1932－1945》，下冊，（北京：商務印書館，
　　　1984），頁 555－558，761－763。

五、建國初期黃作梅在統一戰線的工作

（1）英美盟軍對國際抗日反法西斯統一戰線的肯定

英美盟軍對東江縱隊在抗日戰爭的貢獻是肯定的，只是由於政治的考慮而扭曲了這鐵一般的事實。美國的外交文件清楚地說明了美國的對華政策，無論是戰時戰後，都是絕對維護美國利益，而不會特別愛護中國，尊重中國主權。[45]

抗戰期間，扶持蔣介石，抬舉之為四強領袖，目的是使他斷絕與日媾和之念，堅持抗戰。事實上羅斯福對蔣介石十分不滿，曾考慮找人取代他。1943 年 12 月 6 日開羅會議期間，羅斯福問史迪威：「蔣介石能支持多久？」史迪威答：「目前情況至為嚴重，如果仍如上次 5 月間之情形（指鄂西慘敗），則可能垮台。」羅斯福指示：「若然，則吾人須再覓別人或別派繼續進行。」史迪威自開羅返回中國後，便密令助手多恩（Frank Dorn）在一週內擬具暗殺蔣介石的方法密呈候擇。多恩擬定了「用毒、兵變、墮機」三種方法。呈經史迪威選擇「墮機」一種，令他準備候令施行。[46] 但美國沒法找得到一個能夠取代蔣介石的人選，冒險除去蔣介石，可能使中國局勢無法收拾。於是，美國只有採取扶蔣政策，繼續支持蔣介石的領袖地位，使中國繼續與日軍對峙下去。稍後，史迪威與蔣

---

45. 美國參謀長聯席會議：〈參謀長聯席會議報告：關於設立美國駐華軍事顧問團〉（1945 年 10 月 22 日），《美國外交文件集》，1945 年卷七，頁 590－598。

46. 梁敬錞：《史迪威事件》（台北：商務印書館，1982 年增訂版），頁 195 － 197；*The Stilwell Papers,* edited by Theodore H. White（New York: William Sloane Associates, 1948）；Frank Dorn: *Walkout with Stilwell in Burma*（New York: Thomas Y. Crowell, 1971），pp.75-79.

衝突惡化，美國甘受屈辱調回史迪威，都是為了蔣介石仍有利用價值，[47]
不是特別厚愛蔣介石。美國限制國民黨反共，不是愛護共產黨，是那時
中共有利用價值。[48] 同時國民黨部隊在抗日失利的情況下，還發動內戰，
是危害抗戰，間接增加美軍的傷亡。長遠而言，腐敗的國民黨政府極可
能被中共擊敗，結果產生一個敵視美國而傾向蘇聯的新中國。[49] 開羅會議
期間，羅斯福請蔣介石政治讓步，換取中共交出武裝部隊。[50] 1944 年 6 月
下旬，美國副總統華萊士訪華，負責促成國共談判。[51] 稍後，赫爾利奉命
調處國共關係，11 月 7 日飛抵延安，與毛澤東面談，擬定了《中國國民
政府、中國國民黨與中國共產黨協議（草案）》，拿回重慶給蔣介石，但
被蔣拒絕，赫爾利遂改變立場，否定前議。[52] 赫爾利背信棄義的行為，被
中共嚴正抨擊。[53] 羅斯福以赫爾利工作失敗，改而尋求同斯大林協商解決
中國問題。1945 年 2 月 11 日，羅斯福與斯大林簽訂雅爾塔（Yalta）密
約，換取蘇聯參加對日戰爭，以減少美軍登陸日本本土的龐大傷亡 ——
美國估計需犧牲一百萬名美軍的代價 —— 拿中國的東北和外蒙古主權與
斯大林交易，允諾支持蘇聯在中國東北取得一塊勢力範圍，恢復 1904 年
沙俄在日俄戰爭所損失的「權利」，包括控制中東鐵路和旅順大連港口設

---

47. 陶文釗：〈馬歇爾使華與杜魯門政府對華政策〉，《世界歷史》，1986 年第 2 期，頁 47-48。

48. 章百家：〈抗日戰爭時期國共兩黨的對美政策（1937-1945 年）〉，《中美關係史上沉重的一頁》（北京：北京大學出版社，1989），頁 25-29。

49. *United States Relations with China*, p.571.

50. 梁敬錞：《開羅會議》（台北：商務印書館，1973），頁 115。

51. 〈駐美大使魏道明自華盛頓呈蔣主席報告美國副總統華萊士來華似有意探討中蘇關係及中共問題電〉；〈美國總統羅斯福自華盛頓致蔣主席說明對中央政府只用政治方法解決與中共之談判表示滿意及正在切實籌思以促成中共代表會議電〉，《戰時外交》（一），頁 861 及 877。

52. 童小鵬：《風雨四十年》，頁 337-349。

53. 毛澤東：〈赫爾利和蔣介石的雙簧已經破產〉（1945 年 7 月 10 日）；〈評赫爾利政策的危險〉（1945 年 7 月 12 日），《毛澤東選集》，第三卷，頁 1010-1015。

施，保證受蘇聯支配的外蒙古現狀得以維持，讓斯大林為了保障在華既得利益，繼續支持蔣政權，限制中共革命。[54]

　　杜魯門繼任為美國總統後，繼續執行羅斯福對華政策，一方面迫蔣接受美蘇雅爾達協議，[55]另一方面，又清楚明確地進行扶蔣政策。1945 年 4 月 2 日美國駐華大使赫爾利在華盛頓記者招待會上宣佈：美國政府全力支持蔣介石政府，而不支持任何軍閥或武裝的政黨。換言之，宣佈了美國的扶蔣反共政策。但美國軍方為了得到游擊隊繼續提供日軍情報，竟然連續七次（1945 年 4 月 6 日、5 月 20 日、6 月 6 日、6 月 12 日、7 月 17 日、7 月 19 日、7 月 26 日）致電東江縱隊和曾生，說讚揚情報處是「沒有一個讚揚的字是多餘的」。[56]隨着戰爭結束，這些美麗的謊言很快煙消雲散，美國不但拒絕承認游擊隊的貢獻，反而誣告詆諆中共游擊隊爭地盤不抗日。

　　馬歇爾調處國共關係之後，國民黨張發奎仍然拒絕執行國共談判通過並簽署的停戰命令，圍攻東江縱隊，為了督促國民黨遵守停戰命令，停止屠殺抗日有功的將士，中共指示黃作梅在香港撰文反擊，並連同英美盟軍給東江縱隊的感謝信，一併公開發表，以正國際視聽和爭取各界支持。[57]黃作梅先後發表了〈東江縱隊營救國際友人統計〉（1946 年 2 月 19 日）、〈我們與美國的合作 ── 關於廣東人民抗日游擊隊東江縱隊與盟邦美國在打擊共同敵人戰爭中合作的報告〉及〈東江縱隊的國際地位〉

54. 羅伯特・梅斯爾：〈羅斯福、杜魯門和中國〉，《中美關係史上沉重的一頁》，頁 104−105。
55. 吳景平：〈美國與 1945 年的中蘇會談〉，《歷史研究》，1990 年第 1 期，頁 184−187。
56. 黃作梅：〈我們與美國的合作〉，香港《華商報》，1946 年 3 月 28 日。
57. 袁庚：〈東江縱隊與盟軍的情報合作及港九大隊的撤出〉，陳敬堂編：《香港抗戰 ── 東江縱隊港九獨立大隊論文集》，頁 255。

等文章，[58] 有力地爭取了各界對東江縱隊的支持和同情。

　　抗戰勝利三十多年後，美國政府終於承認這鐵一般的事實，1987 年 9 月 17 日美國費城慶祝《美國憲法》誕生二百周年，特別邀請與美軍情報合作的東江縱隊情報處處長袁庚出席，隆重表揚他的貢獻。[59]

　　英國力量有限，採取與中共友好的辦法來維護其在華利益。1945 年 8 月 30 日，英軍夏慤少將（Admiral Sir Cecil Harcourt）率領英國艦隊和一個營抵達香港。[60] 9 月 16 日舉行受降儀式，再次進入香港。9 月 28 日，東江縱隊港九獨立大隊以大隊長黃冠芳、政治委員黃雲鵬的名義發表了〈撤退港九新界宣言〉，決定部隊將在一週內全部撤出香港。〈宣言〉說：「全世界和全中國和平建設的時期來臨了。在這新情況下，我隊奉司令部命令從港九新界地區撤退。」[61]

　　這時，接管香港的英軍只有兩千餘人，自感力量薄弱，維持治安感到困難，鑒於港九大隊在港九民眾中有很高威望，於是夏慤將軍派他的上尉參謀為代表到西貢、沙頭角等地，尋找港九大隊，請求港九大隊協助維持治安。9 月底，經曾生、尹林平報中央同意，派袁庚為上校首席代表，黃作梅以少校銜擔任英文翻譯，連同港九大隊政委黃雲鵬、副大隊長羅汝澄等，一起到九龍半島酒店七樓英軍總部夏慤少將辦公室進行

---

58. 黃作梅：《東江縱隊營救國際友人統計》，香港《華商報》，1946 年 2 月 19 日；黃作梅：〈我們與美國的合作 ── 關於廣東人民抗日游擊隊東江縱隊與盟邦美國在打擊共同敵人戰爭中合作的報告〉，香港《華商報》，1946 年 3 月 28 日；黃作梅：〈東江縱隊的國際地位〉，《前進文萃》，第三輯，1946 年 6 月 10 日出版。

59. 陳敬堂：〈袁庚先生訪問記錄〉（2002 年 3 月 23 日）；梁憲：〈二戰期間東江縱隊與盟軍情報合作紀實〉，《看世界》（廣州：廣州市新聞出版局，2000）。

60. CHAN Sui-jeung, "The British Army Aid Group"，陳敬堂編：《香港抗戰 ── 東江縱隊港九獨立大隊論文集》，頁 132。

61. 〈東江縱隊、港九獨立大隊撤退港九新界宣言〉，廣東省檔案館編：《東江縱隊史料》（廣州：廣東人民出版社，1984），頁 847-849。

談判。[62]

　　夏慤請求游擊隊留下協助維持治安，袁庚回答港九大隊已經宣佈撤出香港，不能再留下，但可應英方要求，留下必要的幹部和部隊，組織各地的群眾武裝，負起新界地區維持治安的任務。雙方達成協議：在新界北部地區的元朗、上水、沙頭角、西貢四個地區成立鄉村守衛員（Village Guards），游擊隊復員人員以個人名義參加鄉村自衛隊。每個地區設六個組，每組四人，裝備為每人一支步槍、二十發子彈，每月工資六十元港幣。[63] 為了解決港九大隊的傷亡撫恤等善後事宜，在九龍接近半島酒店的彌敦道 172 號二、三樓設立東江縱隊駐港辦事處，由黃作梅在香港進行籌備。首位辦事處主任為袁庚，後由黃作梅繼任。此辦事處其後成為新華社香港分社的社址。[64]

　　1946 年 7 月 9 日英國議員卡拉幹在下議院的辯論中質問外相：關於東江縱隊在香港淪陷期間給予英美盟軍逃出香港九龍的珍貴援助，曾有材料呈送外交部，不知他曾否加以考慮？同時，對於他們在抗日戰爭的服務工作，不知他是否將予以某種形式的表彰？因外相貝文在巴黎出席四國外長會議，故由外次長麥克奈爾加以答覆。他說：關於表彰東江縱隊的問題，外交部現正在與其他有直接關係各部共同考慮中。但英國政府想趁這機會，對東江縱隊其他中國團體協助盟軍逃出香港的服務工作，表示欽佩。[65]

　　這時，國共內戰正劇，英國採取了爭取中國共產黨友誼的態度，表

---

62. 袁庚：《黃作梅烈士紀念文集・序》，頁 3。

63. 何發、梁少達：〈日本投降後的香港新界自衛隊〉，陳敬堂編：《香港抗戰 —— 東江縱隊港九獨立大隊論文集》，頁 258。

64. 陳敬堂：〈袁庚先生訪問記錄〉（2002 年 3 月 23 日）。

65. 〈東江縱隊已安抵煙台 —— 英議員讚揚該隊的抗日勞績〉，香港《華商報》，1946 年 7 月 9 日。

1947 年黃作梅獲英皇頒授勳章後攝於白金漢宮外

彰東江縱隊港九大隊國際工作小組在戰時對盟軍所作的貢獻，準備頒發勳章給黃作梅。作為中國共產黨黨員的黃作梅應否領取英國 —— 老牌帝國主義國家 —— 的勳章呢？黃作梅就此事向毛澤東報告，毛澤東認為可以「以子之矛，攻子之盾」，同意黃作梅前往英國接受勳章。[66]

　　1947 年 2 月，黃作梅接受英皇喬治六世邀請，到倫敦參加勝利大遊行，並接授 MBE（the Most Excellent Order of the British Empire）勳章。6 月 27 日《倫敦憲報》（*The London Gazette*）刊登英皇頒發勳章人員名單，發表黃作梅的資料：雷蒙・黃（即黃作梅），學生，九龍。為表彰其在 1945 年 9 月 2 日前，對英軍東南亞軍事行動作出的貢獻（Raymond

---

66.　陳敬堂：〈黃作材先生訪問記錄〉（2007 年 8 月 23 日）（按：黃作材是黃作梅五弟，曾在新華社香港分社工作）。

Wong, Student, Kowloon. For services to the Forces during military operations in South-East Asia prior to 2nd September, 1945）。黃作梅是中共中央同意唯一獲得英皇勳章的中國共產黨黨員。[67] 這枚 MBE 勳章代表英國肯定東江縱隊的貢獻，也代表了英國的友誼之手。中共中央也看準了這枚英國勳章可作為開闢國際統一戰線的鎖匙，從香港打開中國通往世界之門。

（2）開闢國際統一戰線的歐洲戰場

抗戰勝利後，毛澤東接受蔣介石的三次邀請，前往重慶進行和平談判。國共雙方經過四十三天的談判，於 1945 年 10 月 10 日正式簽署了〈國民政府與中共代表會談紀要〉。但國共衝突不斷，內戰有擴大跡象，於是杜魯門總統派馬歇來華調處。1946 年 1 月 10 日，在美國特使馬歇爾調處之下，國共雙方達成了停戰協定，周恩來與張群隨即簽署〈關於停止國內軍事衝突、恢復交通的命令和聲明〉，並由雙方分別向所屬部隊頒發下開命令：「國共雙方領導下的一切部隊，不論正規部隊、民團、非正規部隊或游擊隊，應即在本年 1 月 13 日下午 12 時之前停止一切戰鬥行動；除另有規定者外，所有中國境內軍事調動一律停止；停止破壞與阻礙一切交通線，拆除所有阻礙該項交通線的障礙物；在北平設一軍事調處執行部以實行停戰協定。」[68]

廣東蔣軍最高指揮官廣州行營主任張發奎在執行小組派遣前，曾作聲明：「廣東境內安寧，僅有若干零星散匪出沒而已。」不承認廣東有

---

67. 傅頤：〈黃作梅在香港〉，陳敬堂編：《香港抗戰 ── 東江縱隊港九獨立大隊論文集》，頁333。
68. 《軍調部重要命令彙集》，台北，《國防部國軍檔案》，檔號 543.9/3750.11。

中共部隊。[69] 停戰命令生效後，張發奎拒絕執行停戰命令，繼續調動重兵和飛機進攻東江縱隊，先後攻佔鹽田、惠陽、坪山、葵涌、沙魚涌和龍崗等地，計劃在 1 月底達到肅清「奸匪」的目的。周恩來於是要求立即派執行小組到廣東調處，1 月 25 日第 8 執行小組由北平抵達廣州，國方組長黃維勤，共方組長方方，美方組長米勒。廣東行營在執行小組抵達後，仍然不承認廣東有中共部隊，堅持只有「土匪」。[70] 國民黨代表黃維勤在會場內繼續否認東江縱隊的存在；張發奎在戰場上繼續執行蔣介石密令，調動第 63 軍進攻東江縱隊。中共代表於是一方面在會議桌上與黃維勤展開激辯，一方面不斷抗議張發奎違反停戰協定的事實，並發動廣東、香港群眾聲援，制止蔣軍消滅東江縱隊的軍事行動。[71]

　　當時，馬歇爾返美述職，為解決東江縱隊的問題，周恩來利用吉倫將軍（暫代馬歇爾職務）派人到延安邀請他返重慶談判的機會，向美國施加壓力，3 月 23 日對來邀的考伊說：廣東和湖北兩地的問題沒有解決，增加了彼此的不信任，也令他因此而受到很多的責備，同時也使得東北問題增加了更多的困難。「希望你能先將此事報告吉倫將軍，說明如果使廣東、湖北的問題能獲得初步協議，……那麼東北問題也可以談。」[72] 3 月 25 日周恩來到重慶，與吉倫會談，一開始便強調「廣東的事希望這次能得確切的決定」。[73] 3 月 27 日，國共美三方組成的三人會議第二階段第六次會議舉行，周恩來一開始便指出廣東小組的工作已遭到困

69.　香港《華商報》，1946 年 1 月 27、29 日。

70.　同上註。

71.　凌志明：〈疾風知勁草、鬥爭見忠貞〉，《回憶方方》（香港：三聯書店，1986），頁 146－150。

72.　〈鄂粵問題未得解決增加了東北問題的困難〉（1946 年 3 月 23 日），《周恩來一九四六年談判文選》，頁 159－164。

73.　〈東北實行停戰之後，美國應停止運兵〉（1946 年 3 月 25 日），《周恩來一九四六年談判文選》，頁 165。

難，因為直到現在張發奎還不承認該地區中共軍隊的存在，還不允許小組同那些軍隊自由接觸。周恩來說他已經和張發奎親自談過話，結果實際上等於零，而且張發奎拒絕再次見他。為了使該地區的中共部隊能夠轉移和復員，周恩來要求南京政府下令指示張發奎。此外，軍調部也應下特別命令給執行小組，指示關於集中和復員事宜。這些軍隊的運送將分作兩部分，一部分從東江，一部分從海南島，運到煙台。在政府給張發奎指令後，如果未照辦，就應該問政府。[74] 最後，三人會議同意派美國考伊上校陪同中共尹林平將軍去廣州解決問題。除了周恩來不斷施加壓力之外，朱德在延安指出全國除廣東外基本已實現和平，公開譴責張發奎繼續內戰。黃作梅在香港《華商報》不斷撰文報道廣東內戰情況，譴責廣東軍事當局破壞全國和平。

　　3 月 29 日蔣介石電令張發奎：中共在粵的二千至三千共軍，以一個月為限集中在大鵬灣半島予以安全北撤。張發奎被迫致電軍調部，保證廣東中共武裝人員絕對安全北撤。[75] 31 日，國方代表皮宗敢、共方代表廖承志、美方代表考伊組成的小組由重慶飛抵廣州，根據蔣介石前所指示原則，與廣州行營代表王衡及第 8 執行小組協商，舉行聯席會議，反覆爭辯。4 月 2 日獲得協議四項，並交由小組執行，規定中共北撤武裝人員為 2400 人，由美船運送至山東煙台。內有男性 2138 人，女性 262 人，統於 6 月 29 日，於大鵬灣分乘美國登陸艦三艘，北運山東煙台。[76]

　　這時，黃作梅寫了大量文章報道廣東內戰情況，爭取全國和國際輿論支持東江縱隊，還參與了有關北撤人員集中與運輸的工作。部隊北撤

---

74. 〈政府應指令張發奎明確承認廣東中共軍隊的地位〉（1946 年 3 月 27 日），《周恩來一九四六年談判文選》，頁 175–178。

75. 林展：〈方方在軍調部第 8 小組的日子裏〉，《回憶方方》，頁 132–135。

76. 《軍事調處執行部小組大事紀要：第 8 執行小組大事紀要》。

後，黃作梅奉命繼續在香港活動。

1946 年 6 月，蔣介石發動全面內戰，周恩來作出一連串與香港有關的指示：

1. 9 月底指示中共香港工委連貫、楊琳：香港工委要準備民主人士、文化人士以至中共的幹部疏散到香港的安排。

2. 10 月初指示章漢夫到香港籌備出版《群眾》和英文雜誌。喬冠華、龔澎、劉寧一、許滌新、方卓芬等到香港工作。

3. 10 月 29 日致中共中央轉方方、尹林平並香港工委電：目前香港已成為南京、上海的二線，而香港本身也要建立三線工作。新華分社由章漢夫、喬冠華負責。[77]

喬冠華到香港後，在楊奇協助下籌備成立新華社香港分社，收集世界各地的新聞資料，對香港及世界各地報刊發佈新華社新聞稿。這時，英國採取兩手政策，一方面維持同蔣介石政府的關係，同時也爭取中國共產黨的友誼，先後批准了中共在香港開辦達德學院（中共南方局的直接領導下，由民主人士出面創辦的一所大學）和新華社香港分社。[78] 又試圖聘請東江縱隊港九大隊的英雄劉黑仔和黃作梅任職香港政府官員，以協助港英穩定大局。由於劉黑仔已被部隊調離香港，於是香港政府全力爭取黃作梅，直接派出一名政治部主任跑到九龍東江縱隊辦事處，找黃作梅商談。該名政治部主任是黃作梅皇仁書院的學弟，他游說黃作梅出任港英當局首席華人代表，只要黃作梅同意，必被重用，並動之以情說：你家裏的經濟這麼困難，既有高堂，又有眾多弟妹，只要「出仕」，

77.　中共中央文獻研究室編：《周恩來年譜（1898－1949）》（北京：中央文獻出版社，1990），頁 694－697。

78.　陳敬堂：〈楊奇先生訪問記錄〉（2013 年 3 月 20 日）。

這些問題全可解決。但黃作梅並沒有改變對共產黨的忠誠。[79] 英國繼續爭取中共和黃作梅，批准新華社香港分社成立的申請，又頒授 MBE 勳章給黃作梅。

　　1946 年 12 月 2 日，周恩來在中共中央書記處會議報告指出：香港地位日漸重要，不但對兩廣、南洋方面，對歐美聯絡方面亦日見重要。[80] 1947 年 1 月 8 日，周恩來決定在香港發動輿論攻勢，致電方方、尹林平並轉章漢夫：《文匯報》（香港版）可更多揭露美帝國主義在華罪行及蔣之反動罪狀。[81] 中共中央採取「以子之矛，攻子之盾」策略，派黃作梅前往英國領取勳章，借此機會在英國創辦新華社倫敦分社。1947 年 5 月 1 日，新華社香港分社成立。6 月，新華社倫敦分社相繼成立，黃作梅擔任社長。6 月 10 日，以新華社記者黃作梅名義出版的《新華社新聞稿》第一期在倫敦出版，向歐美各國發行。中國共產黨在歐洲的心臟建立了宣傳基地，黃作梅每天接收來自延安清涼山的英文稿件，隨即出稿發報、向歐美各國散發來自中共新華社的消息。倫敦分社成立時只是每週發稿，1948 年起發少量日稿，「週稿發行範圍遍及歐洲，共約二百份」，「英分社並時為電訊社及英大刊物撰稿，影響不小」[82]。

六、黃作梅在香港最後的工作

　　1949 年初，蔣介石軍事力量徹底崩潰，解放戰爭即將勝利結束，留在香港的許多幹部奉命北上到中央工作。黃作梅由倫敦調回香港，5 月

---

79. 陳敬堂：〈黃作材先生訪問記錄〉（2002 年 1 月 16、17 日）。
80. 中共中央文獻研究室編：《周恩來年譜（1898－1949）》，頁 708。
81. 同上註，頁 715。
82. 1948 年 8 月 18 日香港分局給中央並城工部工作報告，轉引自傅頤〈黃作梅在香港〉一文。

15 日任香港工委候補委員，負責新華社香港分社工作。6 月喬冠華向中共中央報告：「關於對外聯絡包括與港府的交涉及與洋人一般的接觸，打算由作梅及譚幹接辦。」[83] 喬冠華北上參加新政協籌備工作後，8 月黃作梅接任新華社香港分社第二任社長。

　　1951 年春周恩來傳召黃作梅到北京，直接指示中央的香港決策：我們對香港的政策是東西方鬥爭全局戰略部署的一部分。不收回香港，維持其資本主義英國佔領不變，是不能用狹隘的領土主權原則來衡量的，來作決定的。…… 香港留在英國人的手上，…… 我們就拉住了英國，而使它不能也不敢對美國的對華政策和遠東戰略部署跟得太緊，靠得太攏。這樣我們就可以大加利用英美在遠東問題上對華政策的矛盾。……在這種情況下，香港對我們大有好處，大有用處。我們可以最大限度地開展最廣泛的愛國統一戰線工作，團結一切可以團結的人，支持我們的反美鬥爭，支持我們的國內經濟建設。…… 香港是我們通往東南亞、亞非拉和西方世界的窗口。它將是我們的瞭望台、氣象台和橋頭堡。它將是我們突破以美國為首的西方陣營對我們實行封鎖禁運的前沿陣地。最後，周恩來強調：要維護香港的現狀和地位，要好好保護它，不要破壞它。[84] 黃作梅謹慎地執行周總理的指示，這時他在香港主要負責下述工作：

（1）負責香港小組工作

　　1951 年冬，中共中央決定撤銷香港工委，另成立新的香港工作小組，由黃作梅擔任組長，並交由華南分局領導。華南分局第一書記葉劍

83.　1949 年 6 月 26 日喬冠華給中央的報告，轉引自傅頤〈黃作梅在香港〉一文。

84.　南山、南哲：《周恩來生平》，上冊（吉林：人民出版社，1997），頁 812–813。

英報請中央批准在廣州成立華南分局港澳工委，由分局統戰部長饒彰風兼任書記，黃施民任專職副書記。華南分局並決定港澳工委統一領導留港的香港工作小組、香港市委及在香港、澳門的財經機構。黃作梅負責的「香港工作小組」，主要成員是黃作梅、吳荻舟、溫康蘭、譚幹及李沖。黃作梅負責全面，重點是外事工作（主要與港英當局打交道）；吳荻舟主要負責文化界、經濟界的上層工作；溫康蘭主要搞工商界的上層統戰工作；譚幹主要協助黃作梅進行外事活動，而李沖則分管新華分社的新聞業務。香港工作小組的外事工作做得很出色，受到了外交部的重視。黃作梅對外事活動有較多經驗，作風穩健沉着，對香港的地方工作也有較深認識。解放初期，香港愛國運動高漲，經常發生一些過激行動。廖承志為此多次強調，香港工作方針是長期打算，充分利用。……在香港的政策不能過左，特別要做好上層統戰工作，不要過多地搞罷工及大搞群眾運動。……黃作梅熟悉香港，他結合香港的實際貫徹執行得較好，少出偏差。[85]

（2）負責新聞媒介的統戰工作

不久，黃作梅面對嚴峻的考驗。1951 年隆冬，香港九龍城東頭村木屋區發生重大火災，14,000 人痛失家園。有謠言說是港英政府派人縱火的，因為該區大多數居民都是愛國的工會聯合會會員，縱火的目的是要清除這個左派的大本營。有關組織和工會遂決定發動大規模的群眾運動，以揭露港英政府的陰謀，並要求重建木屋區。1952 年運動展開後，中共華南分局決定派代表團赴港捐贈救濟物品，支持災民鬥爭。當時帶

85.　黃施民：〈回憶黃作梅烈士〉，《長空英魂 —— 黃作梅烈士紀念文集》，頁 32－33。

隊的張振南，原為香港洋務工會主席，1950 年被遞解出境。根據香港法律，被遞解出境的人是禁止重回香港的，故當局聲明拒絕慰問團入境，封鎖了羅湖至尖沙咀一線。但左派工會仍組織了近萬名災民與工人的「迎親隊」到尖沙咀火車總站。港英政府如臨大敵，調集千餘名武裝員警在火車站附近戒嚴，不斷驅散群眾。慰問團原定在 3 月 1 日正午 12 時半至下午 1 時間抵達火車站，11 時左右，黃作梅接到廣東有關部門的通知：周恩來總理下令，不准慰問團去香港。

有關組織者立即通知工聯會疏散群眾，並讓《新晚報》刊登慰問團取消行程的消息。當印好的《新晚報》送往火車站時，群眾已經與警方爆發了衝突。他們群情洶湧，情緒失控，在九龍最繁華的地區破壞了一些商店和公物，有兩輛警車、一輛電車被焚。警方因此向人群發射催淚彈，並開槍鎮壓，結果群眾一人死亡，多人受傷，百多人被拘捕，其中十八人被判有罪，被稱為「三一事件」。《人民日報》就事件發表短評，抗議英帝國主義捕殺香港同胞。翌日香港《大公報》、《文匯報》和《新晚報》全文轉載《人民日報》短評，並以顯著版面報道此事和刊登粵穗慰問團的一篇聲明。香港政府控告三報刊登煽動性文字，首先拘控了《大公報》社長費彝民，經過法庭審判，罰款 4,000 元及控方訴訟費 1,500元，《大公報》停刊半年。黃作梅立即聘請了當時有名的陳丕士、貝納祺等大律師，一起研究英國和香港律例，為《大公報》進行上訴（當時只審結了《大公報》，《文匯報》和《新晚報》尚未判案，繼續出版），[86] 與香港政府展開法律訴訟。稍後，周恩來代表中國政府發表聲明說，《大公報》是中國人民的報紙，令外交部就三一事件和《大公報》案，向英國

86.　陳敬堂：〈羅孚先生訪問記錄〉（2006 年 4 月 2 日）；黃輝：《香港媒介批評簡史》（北京：中國新聞研究中心，2007）。

提出嚴重抗議。香港政府對《大公報》停刊一事遂不了了之，對其他兩報亦不敢再執行起訴。經過這事之後，黃作梅在新聞界取得了很高的聲望，得到了《大公報》、《文匯報》和《新晚報》等報刊主編的尊敬。

　　黃作梅在中共黨內還負責香港工委工作。1949 年 10 月 15 日，臨時工委由張鐵生（書記）、黃作梅（宣傳）、吳荻舟（統戰）三人組成。後張鐵生調離，黃作梅任工委書記。「那個時候，每個月都在作梅家裏（也是工委指揮部）開一次宣傳會議，新聞、出版界的黨員都參加。會議內容主要是討論國內外形勢，總結一個月來宣傳的大政方針，並討論下一輪的工作方案。會上有專人記錄，以此為基礎向分社編輯部的同志作一次時事分析報告。會議結束時往往由黃作梅作總結性發言。」[87]

（3）撰寫社論

　　新中國成立後，新華社總社的發稿量大大增加，香港分社也從初期單一轉發總社文稿，到分社向總社發稿。黃作梅除處理各種事務外，還撰寫了大量文章。1953 年 6 月至 1954 年 7 月，他奉外交部之命，以黃傲霜、黃中流等筆名，在《文匯報》的「天下大勢」專欄上發表了近四十篇國際評論性文章，如〈挑釁者必將失敗〉、〈美國必須切實負責制止李承晚破壞停戰〉、〈衝破困難，向前邁進〉、〈從柏林會議到日內瓦會議〉等。

　　黃作梅寫這些文章的時候，大量參閱了許多外文報刊，如英國《憲報》、《每日郵報》、路透社、合眾社、法新社等國際通訊社和國際重要雜誌，利用這些刊物的資料來分析國際形勢，故對國內外形勢能全面了

---

87. 陳敬堂：〈黃作材先生訪問記錄〉（2007 年 8 月 23 日）。

五十年代黃作梅和妻兒

五十年代黃作梅攝於香
港兵頭花園

解，文章很有說服力，有力地配合了當時的外交鬥爭。因經常趕稿，黃
作梅閉門獨處斗室奮筆疾書。香港夏天炎熱，當時沒有空調，黃作梅只
得光着上身，大汗淋漓地通宵趕稿。[88] 稿件完成後交黃作材抄正，再交黃
明送給《文匯報》發表。這時，香港政府和新中國的關係轉差，中共駐

88.　陳敬堂：〈黃作材先生訪問記錄〉（2002 年 1 月 16、17 日）。

港人員被香港政治部密探跟蹤監視。[89]

（4）收購海外國寶

　　新中國成立時，很多國民黨將領攜同珍貴文物逃匿香港，不久由於經濟拮据，被迫出賣這些國家珍寶，令國寶不斷流失海外。1950 年初，一位香港愛國人士寫信給周恩來總理，說當年被八國聯軍搶到海外的國寶《五牛圖》，將會在香港開價 10 萬港元拍賣。接到消息，周總理立刻安排收購國寶，電告黃作梅：「不惜代價、搶救國寶。」《五牛圖》是唐朝著名畫家韓滉的真跡，元代大書畫家趙孟頫稱讚此畫為「神氣磊落，稀世名筆」，可見《五牛圖》是何等珍貴的文物！結果黃作梅不負所託，完成任務，並安全送回北京。此後，黃作梅陸續採購了不少流落在香港的國寶。[90]

七、犧牲在國際外交統一戰線的烈士

　　1954 年，中英兩國建立代辦級外交關係，新華社總社考慮到黃作梅曾在倫敦工作過，有長期和英國人打交道的經驗，決定再調黃作梅去倫敦擔任新華社倫敦分社社長。1955 年黃作梅從香港到北京向總社報到，碰巧周恩來總理將要率領中國代表團出席亞非會議。新華社總社急需人手，故派黃作梅和總社對外部主任沈建圖等人隨團採訪，待會議結束後黃作梅再到倫敦任職。

89.　陳敬堂：〈黃明先生訪問記錄〉（2002 年 7 月 20 日）。

90.　中央電視台：《國寶檔案：國寶回歸秘密檔案》（上）。

　　亞非會議定於 1955 年 4 月 18 日在印尼萬隆舉行，共有二十九個國家參加，其中二十二個國家沒有同中國建交，甚至沒有來往，有些更是同蔣介石政權保持着外交關係。各國的社會制度、處境和政治觀點有很大區別。不少國家對中國缺乏了解而心存疑懼，有些更受美國政府影響而敵視中國。[91] 這時國際局勢嚴峻，韓戰爆發，美國介入台海事務。1952 年 11 月，艾森豪當選總統，杜勒斯擔任國務卿，採取更強硬政策與社會主義陣營對抗，立即將國務院內親共的中國通全部逐出國務院。1953 年 2 月，美國將駐台灣的卡爾‧藍欽（Karl L. Rankin）從公使提升為大使，藉此提高台灣的地位，視台灣為「反對共產黨中國的堡壘和基地」。12 月 23 日，艾森豪認為美國應該對中國遏制與經濟封鎖。1954 年 2 月，美國國務院主張與台灣締結共同防禦條約。同年 5 月 7 日法軍在越南奠邊府大敗。7 月 22 日艾森豪派遣第七艦隊訪問大陳島，向中國示威。8 月 31 日，杜勒斯認為法軍在奠邊府向越共投降之後，美國在遠東的威信不能再下降，應該採取強硬路線，使台灣永遠不落入共產黨人手裏。12 月 1 日，杜勒斯宣佈美台簽訂「共同防禦條約」，中共進攻台灣時，美國可能攻擊大陸。1955 年 1 月 18 日中國回應美台共同防禦條約，海陸空三軍進攻大陳島屬的一江山島，次日攻佔全島。國民黨軍隊棄守大陳島，中國解放了浙江沿海島嶼。20 日艾森豪要求國會同意，授權總統使用美國武裝力量保衛台灣與佩斯卡多爾列島（Pescadores Island）和有關防區的權力。28 日美國參議院通過福爾摩沙（Formosa 原為拉丁文，一般作台灣英文名稱）決議案，授權總統在台灣海峽使用武裝部隊的緊急決議。美國又請紐西蘭向聯合國安全理事會提出一份停止台灣海峽「武裝敵對狀態」的建議。31 日安理會邀請中國參加聯合國的討論。中

---

91. 金沖及：《周恩來傳》，第三冊（北京：中央文獻出版社，1998），頁 1157–1158。

國發表聲明嚴正指出，解放台灣是中國的內政，聯合國和任何國家都無權干涉。[92]

　　由於美國接連在韓戰和台海危機被中國挫敗，法國殖民地主義者又被共產主義者打敗而退出亞洲，於是美國竭盡一切手段來進行破壞亞非會議，公開要求會議「譴責以武力實現其國家野心的做法」的共產黨政權。[93] 針對美國的企圖，周恩來在 2 月開始便準備了開會的工作，研究並制定參加會議的方針和策略，4 月初向中共中央正式提出《參加亞非會議的方案（草案）》等文件。《草案》指出：「我們在亞非會議的總方針應該是爭取擴大世界和平統一戰線，促進民族獨立運動，並為建立和加強我國同若干亞非國家的事務和對外關係創造條件。」在和平共處和友好合作問題上，「我們的主張是：保障世界和平、維護民族獨立並為此目的促進各國間的友好合作。友好合作應該以和平共處的五項原則和反對侵略、反對戰爭為基礎。」「我們主張通過國際協商和緩並消除國際緊張局勢，包括台灣地區的緊張局勢在內。」4 月 5 日中央政治局會議充份討論並批准了《草案》等有關文件，並授權周恩來視會議情況採取靈活的應變策略和辦法。[94]

　　中國代表團包租了印度航空公司的「喀什米爾公主號」和「空中霸王號」飛機飛往印尼。周恩來與公安部聯合設計了兩條飛行路線：一是「喀什米爾公主號」從香港直飛雅加達。這架飛機是往來於印度孟買到香港的定期航班，中間在加爾各達、曼谷上下乘客。中印雙方商定，指定該機從孟買到香港的某一航班，對外照常營業，到港後臨時改為中國代表團的專機，清艙加油後立即起飛；二是代表團從昆明乘汽車經滇緬公

92.　唐家璇：〈新中國外交的光輝歷程〉，中華人民共和國外交部，2000 年 12 月 20 日。

93.　南山、南哲：《周恩來生平》，下冊，頁 869。

94.　同上註，頁 869–870。

路出境到緬甸，然後由緬甸換乘「空中霸王號」飛往雅加達。

　　4月初，因緬甸總理吳努邀請周恩來於4月14日至16日訪問仰光，商議有關亞非會議的問題，周恩來及代表團人員於4月8日先到昆明，再從緬甸飛往印尼。另有八人因工作需要先到萬隆，他們是領隊黃作梅，記者沈建圖、杜宏、李平、郝鳳格，外交部新聞司幹部李肇基，周恩來辦公室工作人員鍾步雲，外貿部幹部石志昂。同行的還有三名外國人：奧地利記者嚴斐德、波蘭記者斯塔列茨、越南民主共和國官員王明芳。他們走第一條線路前往印尼。

　　當時紀律嚴格規定，代表團的行蹤絕對保密。[95] 不知何故，這絕對保密的行程路線竟然外洩，國民黨特務於是部署暗殺周恩來的行動。周恩來到達昆明後不久，就收到了從北京發來的一份國民黨特務企圖暗殺他的絕密情報：4月6日，香港情報站已運用周駒，此人是香港啟德機場的工人；由美國供給的「鐘型定時發火器」四個已從台灣運到香港情報站，周駒正在受訓，情況良好。

　　周恩來斷定國民黨特務準備要對代表團下手。[96] 4月9日夜，指示代表團秘書長王倬如：馬上打電話給外交部值班室，要外交部把這一情況立即通知英代辦處和新華社香港分社，並要求英方保證我方人員的安全，尤其是要檢查機場，檢查飛機。[97]

　　4月9日晚9點40分，黃作梅接到外交部轉來的緊急通知：據悉蔣特對我參加亞非會議代表團首長蓄意暗害，如我首長經香港，他們將對

95.　張彥：〈萬隆會議親歷者回顧往事〉，《新華社紀念萬隆會議召開50周年 —— 深切緬懷殉難新華社記者》，2005年4月11日。

96.　傅頤：〈熊向暉先生訪問記錄〉（1997年5月20日）；南山、南哲：《周恩來生平》，下冊，頁882-884。

97.　中共中央文獻研究室編：《周恩來年譜（1949-1976）》，上冊（北京：中央文獻出版社，1997），頁462。

所乘飛機做破壞準備。因此你們對自己行程注意保密，對港機場和你們飛機也特別注意警惕，飛機起飛前能要印駕駛員對油箱可能藏放爆炸物地方加以檢查較妥。對此事應保持鎮靜，也不要通知人太多，你們抵印尼後即電我們以免掛念。

4月10日上午北京方面向英駐北京代辦提出交涉，廣東外事處轉外交部辦公廳主任董越千電話，通知黃作梅不必再向香港政府正面提出航機可能受破壞一事。午夜，新華社香港分社副總編輯潘德聲趕到印航公司經理家提出敵情警告，要求嚴格檢查飛機。印航公司經理初時並不相信，經與潘德聲反覆討論，最後同意親自到機場看看。潘德聲將談話情況向黃作梅匯報，黃作梅、黃作材等新華社香港分社主要幹部集中分析情況，研究各種可能發生的情況，並制定相應的措施。為避免敵人調換行李或加裝危險品的機會，決定出發時李肇基與航空公司人員一起押運行李到機場。沈建圖和潘德聲當夜再去見該經理，再慎重地要求該公司要負責檢查飛機，並注意加油、搬運行李及防止任何人接近飛機等所有與飛機安全有關的事情。焦急地等了一個晚上，得不到北京任何進一步指示，黃作梅回家與已懷孕七個月的妻子雷善儒話別。雷善儒回憶當時的情景說，他要出發離開我的前夕，才意味深長地對我說：「要保重身體，照顧好孩子。」這就是他留下的最後一句話。看來，他是已準備踏上為世界和平獻身的不歸路。[98] 黃施民讚揚他的戰友黃作梅：「明知山有虎，偏向虎山行。」充分表現了他為了中共的事業，義無反顧，不惜獻身的革命大無畏精神。[99]

---

98. 雷善儒：〈憶作梅烈士 ── 我敬愛的親人〉（2002 年 6 月），《長空英魂 ── 黃作梅烈士紀念文集》，頁 5。
99. 黃施民：〈回憶黃作梅烈士〉（2001 年 8 月），《長空英魂 ── 黃作梅烈士紀念文集》，頁 33。

　　4月11日下午1時左右，黃作梅等十一人按原定計劃登上了「喀什米爾公主號」。飛到北婆羅洲沙撈越西北附近發生爆炸，在海面墜毀，僅三名機組人員生還。在烈火的包圍中，黃作梅等人把文件燒毀，把膠卷曝光。處理完這一切後，他們手挽手、肩併肩，慷慨赴義。目睹這壯烈一幕的生還者後來感嘆說：我從來沒有想到，普通人能以那麼堅強的意志和大無畏的精神面對死亡。就是敢死隊員在戰場上執行必死的任務，也難免有人會微露懼色，但是這些人卻具有鋼鐵意志，沒有一個人亂動一下，沒有一張面孔流露過絲毫恐懼，他們全都正襟危坐，似乎沒有注意到右邊的熊熊烈火和客艙裏嗆人肺腑的濃煙。我從來沒有見過對死神如此的蔑視，也從未見過人類的勇氣可以達到如此崇高的程度。[100]

　　4月17日周恩來率領中國代表團到達萬隆，在機場發表演說：「有些人是不喜歡我們這個會議的。他們正在力圖破壞我們的會議。大家知道，中國代表團已經為此付出了沉重的代價。同樣，印度、越南和其他國家在這次破壞事件中也遭受了沉重的損失。但是和平友好的正義事業是破壞不了的。我相信，我們的會議一定能夠克服各種破壞和阻撓，並對於促進亞非國家之間的友好和合作，對於維護亞非地區和世界的和平作出有價值的貢獻。」[101]

　　在納土納群島海域，烈士的遺體被打撈上來。因天氣炎熱，中方的善後人員來不及請示，便將屍體火化了。周恩來在萬隆聽取申健的善後工作匯報後說：骨灰盒留下，我要親自帶回北京。烈士們的光榮姓名，將永遠寫在亞非各國人民和世界先進人類為和平事業而奮鬥的歷史上。歷史將永遠記住：他們是為亞非兩大洲人民的友好合作和獨立自由的事

---

100. 卡尼克：《喀什米爾公主號》（長沙：湖南人民出版社，1981），頁133。
101. 中華人民共和國外交部外交史研究室編：《周恩來外交活動大事記》（北京：世界知識出版社，1993），頁104。

出席萬隆會議前黃作梅在淺水灣

業犧牲的。[102] 周恩來在百忙之中親自處理「喀什米爾公主號」事件，要求英國政府告訴香港當局在調查印機失事事件上給予合作。[103] 中、英、印三國迅速聯合破案，查明兇手是國民黨潛伏在香港啟德機場的地勤人員周駒。

　　每一位烈士都獲得毛澤東主席簽署頒發《革命犧牲工作人員家屬光榮紀念證》，證書寫上：「查黃作梅同志在革命鬥爭中光榮犧牲，豐功偉績永垂不朽，其家屬當受社會之尊崇。」[104]

　　1956 年 4 月，亞非會議遇難一周年，八寶山革命公墓為亞非會議遇

---

102. 申健：〈紀念萬隆會議 —— 緬懷犧牲烈士〉，《人民日報》，1985 年 4 月 20 日。
103. 中共中央文獻研究室編：《周恩來年譜（1949－1976）》，上冊，頁 477。
104.《毛澤東主席簽署頒發的黃作梅烈士證書》，《長空英魂 —— 黃作梅烈士紀念文集》，頁 93。

悼念黃作梅烈士大會

難烈士矗立起一座高五米的漢白玉紀念碑。周恩來總理為紀念碑親筆題
辭：「參加亞非會議死難烈士公墓」，並親往墓地吊唁。墓碑的基石上鐫
刻着周恩來總理核定的「殉難經過」，墓碑背後鐫刻着「參加亞非會議的
死難烈士簡歷」，並指出「十一位烈士是為了亞非國家的和平、獨立和友
好，為了保衛遠東和世界的和平而犧牲的」。1965 年，國家舉行了「紀
念亞非會議十周年」活動，周恩來總理又委託各有關部門，將其訪問亞
非國家期間收到的各國領導人的禮物，分送給遇難人員家屬。送贈給黃
作梅遺屬的是斯里蘭卡總理贈送的一套銀製器皿。[105]

　　「4·11」事件後，龔澎曾執筆給黃作梅家屬寫信，表達對戰友的深切

---

105. 黃偉健：〈懷念父親黃作梅〉，《長空英魂 —— 黃作梅烈士紀念文集》，頁 17。

懷念：「作梅終於犧牲了，犧牲在外交戰場上他的崗位上。作為一個革命者，我相信作梅在入黨的時候，早有準備，而且在十多年的鬥爭中一直是樂於為革命獻出他的生命的。他死無遺憾！」[106]

八、小結

黃作梅是香港一個傳奇人物，他出身於一個香港公務員家庭，自少接受港英殖民地教育，是香港名校皇仁書院的高材生，深受同學敬重。因國難深重，毅然參加了革命，成為了中國共產黨黨員，在抗日民族統一戰線和國際抗日反法西斯統一戰線中做出了重要貢獻。

抗日戰爭勝利後，他營救盟軍的工作被英國政府肯定，獲頒 MBE 勳章。但他沒有背棄革命，拒絕港英政府的利誘。後奉命前往英國領勳，創辦新華社倫敦分社，建立中共在歐洲的宣傳陣地，在帝國主義的核心進行反內戰宣傳，大力抨擊美蔣勾結進行內戰，爭取得世界輿論對中共的同情。其後奉調返港接任新華社第二任社長，在新中國剛成立，國民黨官員、軍人、特務遍佈香港的情況下，小心積極地進行統戰工作，尤其是在輿論界和知識份子的工作中起了很大作用。

1955 年亞非會議召開，中國安全部門已準確地掌握國民黨破壞中國代表團座機的情報，為了亞非會議成功召開，黃作梅毫不退縮，慷慨赴義，乘坐上了人生終點的航班。毛澤東主席對這批犧牲在外交戰線的烈士家屬頒發證書以示讚揚，周恩來總理也把斯里蘭卡送給中國的禮物銀咖啡茶具隆重地送贈給黃作梅遺屬。對黃作梅遺屬而言，這是一個光榮的授勳了！

---

106. 1955 年 5 月 16 日喬冠華夫婦給黃作梅烈士家屬的信。

九、後話

　　中學畢業後半世紀的一次舊同學聚餐，一位多年不見的老同學拉我坐到酒家貴賓房較清靜的一角，輕聲多謝我為他的舅父寫傳！當我有點疑惑的時候，他接着解釋，因為大舅父黃作梅遇難，直系遺屬得到中央接回北京妥善照顧，而其餘親屬仍留港生活。母親為免影響他們的升學和就業，沒有告訴他們全家參加革命和敵後抗戰的事蹟，更不讓他們知道大舅父任職新華社第二任社長時光榮犧牲。只告誡他們要行事低調，不要惹事。直到香港回歸，才讓他們知道多一點！

　　武俠小說和歷史故事的情節，經常有主角因為逃避敵人追殺而隱姓埋名，刻意隱藏真實的身份。想不到現實生活中竟然真有其人，還是自己的童年好友！

【第九節後記是 2022 年 7 月增訂】

第九章

袁庚

——從東江縱隊聯絡處處長

到招商局「掌門」

一、前言

　　袁庚是當代中國的一個傳奇人物，很多人都知道他是招商局第二十九代掌門人，在職期間整頓這個老朽的機構，將資產由人民幣 1.3 億元增加到他退休時的二百多億元。袁庚又創辦蛇口工業區，成為中國改革開放的試點，蛇口經驗成功，推廣到全國。因此，袁庚被推崇為「中國改革第一人」。2003 年 7 月，香港特別行政區政府授予「金紫荊星章」，同年 10 月，被上海方面授予「中國改革之星」稱號。

　　袁庚一生不但反映了近百年來中國現代化的歷程，也見證了香港近百年來重要的轉變！

　　筆者十分幸運，有機會多次訪問這位傳奇人物，屢次向他請益，並得到他老人家提供了很多重要資料。借此機會，介紹幾件袁庚與香港和中國現代化的大事。

二、走上革命的道路

　　袁庚原名歐陽汝山，1917 年 4 月 23 日寶安大鵬半島王母鄉水貝村出生。少時在家鄉新民小學讀書，十三歲離鄉到廣州升學。當時大鵬半島有個習俗，差不多青年和中年都到香港英美兩間船公司當海員。英國公司的輪船用皇后作名字，美國船公司用總統作名字。袁庚父親和伯父都是海員。寄錢回來後便在家鄉買了個果園，離開以前的老屋，在離王母墟只有六公里處另建新屋，家裏算是中產階級，所以能夠送袁庚到廣州升學。

　　每艘輪船駛經大鵬半島進入香港時都會鳴笛，不同的船隻，有不同的笛聲。袁庚家鄉的人聽氣笛聲音，便可以分辨出是哪一艘船。如發現

袁庚

父親的船隻返航，袁母便會攜同他由大鵬半島乘船橫渡大鵬灣，到香港與父親團聚。當時內地和香港沒有出入境管制，不像今天需要證件和蓋印。大鵬灣有一條船往返大埔墟到沙魚涌，任何一個大鵬人上船，買張票便可以到大埔墟，再乘火車進香港，任何手續都不必辦。袁庚母子到香港後，住在餘閒樂社等海員組織。父親下船來到，一家人團聚，見見面。船開走了，他們又回鄉。袁庚六、七歲時便經常如此，所以很熟悉香港情況。

從大鵬半島到廣州需先坐船到香港，再坐火車到廣州。1930 年袁庚到廣州考試，讀小學時用古文授課和作文，直至今天仍可以一字不漏的背出〈滕王閣序〉，所以以全市第八名的成績考入廣雅中學，廣雅是廣州最好的學校，高中畢業之後，再考入民政廳測量學校，讀了半年，因鄰近燕塘軍校，袁庚十八歲考入燕塘軍校特別班，成為學員。半年之後，陳濟棠部下余漢謀在韶關起義，投降蔣介石，於是廣東燕塘軍校轉為南

京中央軍事學校，黃埔軍校下面第四軍分校。蔣介石派很多教官到校，屬行非常的中央集權統治，並灌輸蔣介石的「一個黨、一個領袖、一個主義」的觀念。一個領袖是誰，是我們蔣委員長、蔣校長。一聽到喊「蔣校長」三個字，馬上要立正。

　　一年之後，1937年七七事變爆發，特別班停止，學員立即編了一個防空營，袁庚當上排長。日機有時前來轟炸廣州，這個防空營配備了什麼防空設備呢？什麼都沒有，連望遠鏡都沒有！

　　廣州市十五個高樓，都駐有一個排作為監視哨。排長負責找幾個盲人，坐在高樓頂，給他吃喝。盲人便靜坐在那裏，聽到某一方向有飛機聲音，便舉手指示。排長隨即看指南針，定方位，打電話報告總部。所有十五個監視哨同時致電話，總部確定坐標便通知所有高射炮、機關槍，一起向目標射擊。袁庚認為這土辦法很有效，因為盲人心靜，聲音聽得很清楚。

　　過了一段時間，袁庚脫離國民黨軍隊回鄉。事由袁庚對國民黨軍隊的貪污腐化極度失望。他本來非常崇拜他的營長，這營長原是軍校班主任。西安事變發生時，一次早會演講，說到蔣校長被張學良扣留，聲淚俱下，令全場聽眾磨拳擦掌，聲言誓報此仇。袁庚覺得此人對蔣校長這麼忠誠，流出這麼多眼淚，真是一個忠君愛國的好漢子。但在監視哨執勤之後，竟發現一個連原本只有九十幾人，連一百個人都不到，營長竟然開列一百八十幾個領軍餉的名單，人人都知道，這是吃空餉！後來，又見他到西關嫖妓，這惡行部隊誰都知道。有點正氣的人，都感到失望！於是紛紛請假離開軍隊。[1]

　　袁庚回鄉之後，遇上母校新民小學的校長和老師退休，於是聘請他

1.　陳敬堂：〈袁庚先生訪問記錄〉（2002年3月23日）。

任教。1938 年寶安縣南頭派一教育局長到大鵬城成立區立第一小學，請袁庚當校長。這時，抗戰已經全面開始，第三黨工農民主黨和共產黨組織青年抗日自衛隊，因袁庚在燕塘畢業，又是校長，於是聘他當教官，教學員立正、稍息、跑步、步操等軍事知識。劉黑仔是其中一名隊員，後來成為聞名香港的抗戰英雄。[2]

紐約、倫敦的華僑都盼望家鄉音訊，於是有一個華僑捐了巨款回鄉，辦了一本叫《大鵬魂》的雜誌，每一兩個月出版一次，報道大鵬的情況。

有一次發生國民黨士兵意圖調戲山上的割草婦女，追逐她們，令一名女子從山上跌下。袁庚畫了一幅漫畫，諷刺國民黨士兵窮追着一個女子，她跑到辮子也飛起來的醜態。漫畫登出來之後，《大鵬魂》因此被查封，國民黨並追查漫畫作者。

較早的時候，淡水中共縣委書記黃聞，是袁庚區立小學的教員。考察了袁庚的表現很久，調查他是否國民黨黨員，發現他沒有登記為黨員，於是爭取他。1939 年 3 月 27 日，陳培、黃聞介紹袁庚加入中國共產黨，與小學女教師王白在王母墟一同宣誓入黨。12 月，《大鵬魂》被查封，國民黨要捉人了。中共於是立即安排袁庚去坪山，任曾生惠陽抗日大隊軍事教官。1940 年春國民黨部隊包圍坪山，曾生犯了個錯誤，東進海陸豐，不是開部隊到抗日前線，而是撤到國民黨後方。在國民黨後方肯定無法生存！首先犯了政治失敗，抗日游擊隊到國民黨後方怎能抗日？毛澤東知道後，立即下命令，指出東移是失敗的，要立即返回日本人的後方，到敵人佔領的地方。6 月下旬掩護曾生、王作堯西返坪

2.　同上註。

大鵬古城內袁庚當校長劉黑仔就讀之小學

山，[3] 後在惠東寶抗日前線作戰。這時，原有近八百多人的隊伍只餘下一百八十人。

　　曾生、王作堯返到東莞，在大嶺山一帶建立了根據地。1941 年 6 月 10 日，莞城日軍四百多人連同二百多名偽軍，分兩路圍攻百花洞村。曾生部隊雖然不足二百人，但巧妙地調兵遣將，搶佔據高地，伏擊包圍敵人。激戰到 12 日，擊斃日軍大隊長長瀨及敵軍五十多人，繳獲戰利品一批。[4]

　　東江游擊隊一戰成名，日本《讀賣新聞》報道：日本人自從大亞灣登陸之後，除了蚊叮蟲咬之外，未遇任何麻煩。今次在百花洞第一次遇

3.　《曾生回憶錄》（北京：解放軍出版社，1991），頁 159。
4.　何小林：《東江縱隊志》（北京：解放軍出版社，2003），頁 167－171。

到傷亡，敵方是什麼部隊的？是曾生領導的廣東游擊隊。那時，袁庚開
始搞些研究、地方和情報工作。

三、海陸作戰的護航大隊

香港淪陷後，廣東抗日游擊隊成立護航隊，由劉培任隊長，負責搶
救文化精英和運送戰略物資。1942 年 4 月中旬，護航隊擴充為護航中
隊。[5] 1943 年 8 月中旬，再擴建成為護航大隊，劉培任大隊長，曾源任政
委。陸上編二個中隊，一個獨立小隊，海上編二個中隊。[6] 1943 年底，劉
培領軍進攻霞涌時，中槍受傷，傷重垂危，送香港搶救。1944 年 3 月曾
生派袁庚任護航大隊代大隊長。[7] 年僅二十五歲的袁庚，接受新任命不久
便面對極嚴峻的挑戰。5 月國民黨惠淡守備區總指揮羅懋勳集中獨九旅、
獨二十旅兩個團等主力部隊，和雜牌軍李乃銘、徐東來兩個支隊，大
舉進攻大鵬半島。國民黨兵分兩路，一路由澳頭、壩崗到大鵬城、王母
墟；另一路由坪山、茜坑到葵涌、沙魚涌，想把東縱部隊壓縮到大鵬半
島的葵涌、王母墟一線之後，把東江縱隊抗日根據地，東江縱隊主力、
指揮機關及中共廣東省委機關，一舉全部殲滅。

袁庚和曾源指揮護航大隊抵抗強敵，根據敵人的進攻路線，派葉基
副大隊長率領一個中隊繼續留守稔平半島，卓紹基中隊在惠淡公路伏
擊；壩崗自衛隊在澳頭至壩崗伏擊；海上中隊的四條船在虎頭門一線控

---

5. 《曾生回憶錄》，頁 272－273；劉培：《從茜坑、馬鞍嶺自衛隊到護航大隊戰鬥歷程》（未
刊稿）。

6. 劉培：〈護航大隊的建立及其鬥爭〉，東縱邊縱惠陽縣老戰士聯誼會、中共惠陽縣委黨史辦
公室編：《東縱戰鬥在惠陽》（廣州：廣東人民出版社，1993），頁 263。

7. 劉培：〈護航大隊的建立及其鬥爭〉，《東縱戰鬥在惠陽》，頁 267；劉培：《從茜坑、馬鞍嶺
自衛隊到護航大隊戰鬥歷程》（未刊稿）；陳敬堂：〈劉培先生訪問記錄〉（2002 年 8 月 10 日）。

制大亞灣，負責澳頭到壩崗一帶海岸線的海上交通；葉昌中隊和大鵬城
自衛隊在壩崗到徑心作正面防禦；大隊短槍隊和賴章中隊作為大隊機動
兵力。

　　5月1日起，戰鬥開始，國民黨部隊一出淡水便遇到卓紹基中隊伏
擊，中了地雷，傷亡十餘人。打了一天後，卓紹基中隊撤出澳頭，在澳
淡公路兩側游擊，打擊其後勤補給。2日國民黨部隊由澳頭向小桂、壩
崗進攻。壩崗自衛隊動員群眾堅壁清野，主動撤走，然後在公路、鄉公
所、各家各戶屋前屋後都埋上地雷，結果國民黨人不斷踩響地雷，死傷
數十人，士氣嚴重受損。6日國民黨軍一營進攻將軍坳，袁庚指揮葉昌中
隊埋設地雷防守，激戰六日，國民黨軍無法攻上將軍坳。11日國民黨軍
改由上下徑心一線突破，被袁庚、曾源識破此企圖，立即調賴章中隊到
上下徑心埋設地雷，伏擊敵人。國民黨軍沿途踩響地雷，傷亡慘重，不
敢前進，於是集中主力從壩崗坳進攻。葉昌中隊和大鵬自衛隊堅守壩崗
坳，並動員群眾在山頂挖石頭推下滾動，砸傷大量敵人。國民黨軍猛攻
六日，仍然無法從壩崗坳進入大鵬城。

　　另一路從淡水向坪山方向進攻的國民黨軍，6日攻至坪山、茜坑。彭
沃大隊和高健大隊阻擊敵人之後，轉到外線作戰，打擊敵人補給、擾亂
敵人後方。29日尹林平決定放棄王母墟，國民黨軍不知道東縱意圖，進
入後，害怕中計被殲滅，第二日清早便撤退。同日，壩崗方面的國民黨
軍亦撤回淡水。至此，歷時一個月的大鵬半島保衛戰，在袁庚和曾源指
揮下，獲得勝利。

　　7月偽反共救國軍海軍第二大隊佔領稔平半島暗街，剝削和殺害鹽
民、漁民，激起極大民憤，要求游擊隊嚴懲這批賣國賊。這時劉培已
經康復，重返護航大隊，奉令長途奔襲暗街。劉培先派葉基在巽寮附近
集結部隊，並派人詳細偵察敵情。掌握敵情後，派曾源和袁庚帶領葉昌

中隊、短槍隊乘吳海中隊四條船從鹽灶到達巽寮與葉基會合，休息一天後，晚上 10 時許發動攻勢，將偽海軍第二大隊一百餘人包圍全殲，生擒海軍大隊長黎強，繳獲長短槍一百餘枝。

為進一步鞏固稔平半島，東向惠陽海豐發展，東縱決定消滅平海城鹽警中隊。9 月下旬劉培和袁庚率護航大隊主力長途奔襲平海，大隊主力在壩崗集中後，乘吳海中隊的船到巽寮。休息一天後，劉培佈置警戒和截擊部隊，第二天晚上，和袁庚帶葉昌中隊和短槍隊進攻南門和西門鹽警營房，突擊組行動迅速，從戰鬥發起到結束，僅花了一個小時，生俘鹽警七十多人，長短槍七十餘枝。

10 月羅懋勳再次進攻大鵬半島，今次分兵三路，一路由李乃銘支隊佯攻澳頭鎮，一路徐東來、蕭天來兩個支隊進攻龍崗、橫崗、坪山，以配合其主力進攻；主力獨九旅、獨二十旅，從淡水到茜坑，直插葵涌、王母墟。

劉培和曾源、袁庚率部迎戰，準備等李乃銘佔澳頭後，往壩崗方面推進大鵬城時，佔領澳頭，待李乃銘撤退時將之殲滅。但李乃銘佔澳頭後便按兵不動，劉培與袁庚等商議，決定打澳頭以支援葵涌戰線。劉培尚未發動進攻，李乃銘便急速撤回淡水。羅懋勳主力在發動進攻後第四天進至王母墟，由於撲空，次日亦迅速撤回淡水。此次戰鬥歷時一星期。[8] 曾源憶述與袁庚一起戰鬥的歷史時說：「他打得很好！」[9]

8.　劉培：〈護航大隊的建立及其鬥爭〉，《東縱戰鬥在惠陽》，頁 268－276；劉培：《從茜坑、馬鞍嶺自衛隊到護航大隊戰鬥歷程》（未刊稿）；陳敬堂：〈劉培先生訪問記錄〉（2002 年 8 月 10 日）；陳敬堂：〈袁庚先生訪問記錄〉（2002 年 3 月 23 日）；陳敬堂：〈曾源先生訪問記錄〉（2005 年 11 月 12 日）。

9.　陳敬堂：〈曾源先生訪問記錄〉（2005 年 11 月 12 日）。

四、與美軍情報合作

1987 年 9 月，美國費城舉行一個《美國憲法》誕生二百周年紀念日。美國駐香港總領事邀請袁庚出席，袁庚雖然感到很奇怪，但是，還是帶了一個翻譯赴會。儀式很隆重，在一艘很大的郵船上舉行，列根總統在那裏發表重要講話。市長是一個黑人，在大會上宣佈貴賓名單。名單只有三個人：一個是主教，一個是南非民權運動黑人，最後一個就是袁庚。袁庚站起來，接受會場眾人鼓掌。坐下來之後，鄰座的中國駐美國大使韓敘問他，為什麼美國人會邀請你當貴賓？袁庚攤起雙手說：「我都不知道？」因為袁庚只不過是香港招商局集團、蛇口工業區的董事長，全世界的跨國集團多得很，什麼因素令袁庚變成一個國際上的重要人物呢？這個謎團，袁庚也想知道答案！[10]

招商局研究室主任梁憲把這件事聯繫到抗日戰爭時和美軍的合作，美國人有五封電報給東江縱隊，其中有三個電報，提及和感謝袁庚先生。

事緣美國飛行員被港九大隊拯救脫險之後，美軍陳納德將軍後決定與東江縱隊合作，請游擊隊協助拯救美軍遇難飛行員和提供情報。10 月 7 日，歐戴義（Lt. B. Merrills Ady）持陳納德及克爾的感謝信，前往東江縱隊要求合作。9 日，東江縱隊請示中共中央並獲得覆電同意，於是根據中共中央 13 日的指示，相應地設置了一個聯絡處作為特別情報部門，並任命二十七歲的袁庚為處長，主管廣東沿岸及珠江三角洲敵佔區的情報工作，同時負責與歐氏聯絡，交換日軍情報。[11]袁庚領導的情報工作十分出色，一方面協助了盟軍，有效地打擊了日軍，但仍然隱藏着游擊隊的實力。

---

10. 陳敬堂：〈袁庚先生訪問記錄〉（2002 年 3 月 23 日）。
11. 袁庚：〈東江縱隊與盟軍的情報合作及港九大隊的撤出〉，陳敬堂編：《香港抗戰》（香港：香港歷史博物館，2004），頁 250－251。

　　盟軍要求游擊隊事前提供準確轟炸目標資料，事後以第一時間提供
轟炸效果報告。袁庚立刻進行了部署，並及時將轟炸目標的情報送出，
情報內容包括日軍啟德機場機庫，香港海面艦艇型號及活動規律，鯉魚
門炮台、九龍青山道軍火庫準確方位圖。袁庚提供的轟炸目標均遠離民
居，達到摧毀日本軍事目標的效果而又不傷及無辜平民的目的。

　　袁庚情報處向美軍提供大量重要情報，其中以日軍波雷部隊 129 師
團秘密南下及其佈防情況最有價值。美軍知道這支日軍精銳部隊駐防在
淡水的情報後，放棄在華南登陸的作戰計劃。[12] 盟軍多次致函東江縱隊稱
讚袁庚情報處的工作。[13]

五、香港受降談判

　　日本投降後，中共中央為處理國內嚴峻的國共衝突問題，決定游擊
隊自十個抗日根據地撤出，以示和平誠意。港九大隊亦奉令，撤出奮戰
了三年零八個月的戰場。1945 年 8 月 23 日英軍夏慤旅團長率兩營英軍
進駐香港，因兵力薄弱，派出一個上尉到沙頭角找游擊隊，找到黃雲鵬
政委，要求游擊隊派代表和他們談判。消息轉到延安後，9 月 18 日中共
中央派袁庚以上校軍銜為代表，黃作梅為首席翻譯，譚幹、黃雲鵬、羅
汝澄等人為談判成員。

　　9 月底，英國已正式舉行受降儀式，袁庚到達香港半島酒店，英軍

---

12. 陳敬堂：〈袁庚先生訪問記錄〉（2002 年 3 月 23 日）；袁庚：〈東江縱隊與盟軍的情報合作
　　及港九大隊的撤出〉。

13. 陳敬堂：〈袁庚先生訪問記錄〉（2002 年 3 月 23 日）；梁憲：〈二戰期間東江縱隊與盟軍情
　　報合作紀實〉，《看世界》（廣州市新聞出版局，2000 年 9 月）；黃作梅：〈我們與美國的合
　　作——關於廣東人民抗日游擊隊東江縱隊與盟邦美國在打擊共同敵人戰爭中合作的報告〉，
　　香港《華商報》，1946 年 3 月 28 日。

總司令夏愨在七樓司令部與袁庚會面，提出新界面積很大，英軍兵力薄弱，無法管理的問題，請求游擊隊留下協助維持治安。

當時，很多游擊隊員都疑惑：為什麼港九大隊要撤出香港？為什麼中共不爭取香港？港九大隊在這裏孤軍作戰了三年零八個月，我們比任何人更有資格在此受降。

早在 1944 年召開的開羅會議，蔣介石、羅斯福、邱吉爾等三個巨頭進行談判，最後發表一個公告，三個人簽字，公佈：全部收回日本在第一次世界大戰後所非法掠奪的土地，中國收回滿洲台灣澎湖。但沒有片言隻字提及香港。開羅會議簽字之後，美國駐華大使在重慶和周恩來談過這個問題，告訴他開羅會議的內容，比公告更內幕一些。中英美三巨頭在會議中爭論得很厲害，蔣介石一定要收回香港，邱吉爾無論如何拒絕。兩人爭吵起來，無法解決，爭持不下。羅斯福便做一個中間調解人，對兩人說：現在一切在於打倒日本，不要因為這樣的事情，令我們彼此之間產生磨擦，減少共同消滅日本人的力量。羅斯福提出一個折衝的建議：這個會議不談香港問題。將來香港受降問題，誰的部隊最先到達，誰便受降。香港問題，中英以後可以再談。英國駐華大使亦把會議上爭論的問題向周恩來作出了通報。中共中央已經考慮到香港受降問題：國共內戰就要爆發，如果和英國人搞到矛盾，又要應付國民黨，中共夾在中間，連迴旋的餘地都沒有。而且中共游擊區很多物資都是從香港搞出來的，所以不能不保留香港這個後勤補給基地。

所以，面對夏愨的要求，袁庚心裏雖然很想留下，覺得幾好！但曾生和尹林平在他到香港前已經說了，中央有指示：要將港九大隊撤出香港，公佈〈告香港同胞書〉。袁庚無權答應留下部隊，告訴夏愨：港九大隊已經宣佈撤出香港，不能留下。戰爭期間游擊隊已經在新界各地建立鄉村政權，只要你們接上頭，可以很快恢復地方行政。治安方面可以聘

港督府舉行的日軍投降儀式。坐在桌子左邊的依次是同盟國
中國代表潘國華少將，英國太平洋艦隊司令兼香港軍政府總督夏慤少將

請復員的游擊隊，發給槍枝，組成自衛隊，協助英軍維持治安。夏慤接
受建議。

　　袁庚又說游擊隊在三年零八個月有很多傷亡，那些家屬要撫恤、要
幫助，因此要設立一個辦事處。夏慤馬上同意，袁庚當時很想設立在半
島酒店。夏慤推說不方便，因國民黨余少琪少將也住在這裏，笑說若你
們在這裏打架便不好！請袁庚隨便挑一個地方，那地方屬於日偽漢奸，
或者空置，便可以使用。袁庚和黃作梅最後選到彌敦道 172 號二樓和三
樓，設立「東江縱隊辦事處」。後來袁庚重新到港接收招商局時，那地方
已經變成美麗華酒店。袁庚任辦事處主任，此辦事處後為新華社社址。[14]

14. 陳敬堂：〈袁庚先生訪問記錄〉（2002 年 3 月 23 日）。

六、北撤南征

　　1946 年 6 月東江縱隊北撤談判，袁庚又被調回，成為其中一個談判小組的組員，在沙魚涌附近的土洋進行談判。最後，部隊分乘三條美國登陸艦撤退到煙台。袁庚與王作堯同坐一條船，王作堯是船的指揮，袁庚是副指揮。三條船通過沙魚涌開出，大概五天之後到達煙台。10 月袁庚到華東軍政大學學習。1947 年 5、6 月結業後，派到華東野戰軍第二縱隊當韋國清的參謀處副處長，實際上是在縱隊學習參謀工作，何者屬於參謀範圍。它不是一個權力機構，一個指揮機關，只是參謀性質，提供意見，幫助司令處理很多瑣碎事務。搞了一下之後，參加幾個戰役，孟良崮、開封、濟南等戰役，都不是主力部隊。最後是淮海戰役，那時已經準備南下，忽然接到一個命令：袁庚被委任為炮兵團團長。

　　1947 年 3 月，中共決定以東江縱隊為基礎組建兩廣縱隊。4 至 5 月，東江縱隊教導團及華東軍政大學等學校畢業的東江縱隊幹部，和廣東廣西士兵，組成兩廣縱隊，8 月 1 日正式成立，隸屬第三野戰軍。參加了豫東、濟南和淮海等戰役，並隨着第三野戰軍南下，到達江蘇東台，準備渡江進攻上海。突然接到改隸第四野戰軍命令，歸林彪指揮。因林彪從漢口一直南下，準備解放廣東廣西，若兩廣縱隊跟着粟裕打到上海，打到福建，那麼林彪部隊便沒有人熟兩廣的情況。於是兩廣縱隊從東台撤到洛陽，重新改編。1949 年 5 月，平津戰役之後所有國民黨起義的兩廣士兵，都編進東江縱隊，擴充成兩個師。當時有一個炮兵團，派袁庚接收，成為炮兵團團長。[15]

　　部隊南下時，沿途一直由炮兵團開路。因為袁庚的炮兵團接收了一

15.　同上註。

個工兵營，解放天津時把國民黨很多編制都搬過來，工兵是隸屬炮兵的。於是袁庚利用工兵，逢山開路，遇水搭橋，變成開路先鋒，炮兵團走得最快。袁庚就是這樣，從湖北到江西，然後跑到廣東。

但在博羅一役得罪了林彪。1949年10月17日袁庚到達博羅，包圍了國民黨154師。該師見已經被全部包圍，準備投降。本來兩方部隊分界線是以羅浮山一條河為界，袁庚的部隊在河的一邊包圍了博羅縣城，在天還未亮的時候，一支部隊要求過河。袁庚部下詢問對方口令，對方卻答不上，袁部於是開槍示警，對方然堅持要衝過河。袁庚只有下令開火，大炮、機關槍一打之下，對方便有些傷亡。打起上來，竟把對方的連長也俘虜了，原來是友軍！如果一般誤打友軍都無所謂，但是對方竟是林彪的「塔山英雄團」！廣東這支「土匪」部隊，竟然打垮了林彪的一個連主力部隊。兩廣縱隊回到廣東，部隊雄心萬丈、威風八面，面對企圖突襲的敵人，當然希望打出個軍威來。這仗可打得慘了！打到以後林彪對兩廣縱隊恨之入骨。[16]

袁庚的團繼續南下，到達蛇口。接着收集漁船，架起大炮，解放大鏟島。當時香港有幾條英國戰艦駛近，聽到這邊炮聲隆隆，走來查看。袁庚軍校畢業，熟悉國際軍事慣例，若對方向你推進，但不是敵對的，那麼，第一炮打他前頭，警告他不要前進；第二炮打他後面，請回。兩炮之後，對方若不調頭走，便發炮攻擊。一般來說，軍人是明白的。所以兩炮之後，英國船調頭走。接着，袁庚相繼解放珠江口內伶仃、三門等島嶼。[17]

---

16. 同上註。
17. 袁庚先生提供資料。

七、外事與情報工作

　　解放蛇口之後，中央下令東江縱隊調四個人，需高中以上程度，到北京參加武官班。武官班是這樣，一個國家派大使到別國，除大使和參贊之外，有個專門軍事代表，叫武官。東江縱隊知識份子最多，所以很容易挑了四個，袁庚是其中一個，還有謝容光、尤洋、趙彬。1949 年 12 月到北京中央調查部培訓班學習。講師是蘇聯人，講軍事理論，如何做情報工作。實際上武官都是做情報工作的。從此以後，袁庚一直做特務。

　　袁庚是武官班中最早畢業的一個，因為他被抽出來派到胡志明那裏。胡志明當時正和法國人打仗，袁庚去當炮兵和情報顧問。袁庚在越南收養了法國人留下的一條狗，這條狗很有名，文化大革命時大字報廣泛介紹。袁庚認為法國人訓練得這條狗很好，非常有軍事頭腦。帶着牠夜晚行軍時，若牠纏着你，不讓你行的時候，前面肯定有些問題，或者發現爆炸品，或者發現有人接近，人未察覺，狗已經發現了，知道有危險。在越南行軍，白天不能走，怕飛機空襲，夜晚才走。白天駛車到樹林裏面去，讓車子隱蔽起來。但車子不容易完全被樹遮着，所以乘客一定要離開，另找掩蔽的地方。如你在這裏住，汽車則駛往別處，放在那裏。到夜晚又轉移，司機再回來取車。但樹林太密，有時連司機也找不到，但那條狗卻能夠找到。所以袁庚非常喜歡那條狗！找到地方居住時，用斬下的樹枝搭成一個棚遮着，蓋上綠色植物，令飛機偵察不到。這些綠色植物經常殘破變黃，士兵想來修補換新的，那條狗以為動牠的東西，馬上便會撲上去咬人。有一次胡志明來探訪袁庚，這條狗一直跟着他後面，監視來人。因為牠跟着胡志明後面，袁庚等人沒有留意。胡志明進入木棚後，跟各人握手。幸好胡志明沒有拿起煙灰缸之類的物品，否則便麻煩。有人發現這狗目露凶光，於是立即帶走，才不致闖下大禍！後

來，文化大革命爆發，便有大字報寫袁庚養的狗差點咬了胡志明。[18]

　　1951 年 5 月調回國，1952 年 8 月再外派到印尼，袁庚自稱當了九年武官，主要搞情報工作。[19]（不少資料說是任職領事，今據袁庚訪問記錄。）1955 年 4 月 18 日至 24 日，二十九個亞洲和非洲的第三世界國家在印尼萬隆舉行國際會議，討論與亞非各國有關重大問題。這個國際會議十分重要，中國在大會將扮演一個很重要的角色。因為中華人民共和國成立不久，面對美國的圍堵封鎖，中國如何通過會議來團結所有亞非國家，這是一個重要的外交活動，所以周恩來總理親自領隊出席。

　　但當時中國的飛機性能欠佳，不能遠航，到不了印尼。於是從印度租了一架飛機，叫做「克什米爾公主號」，計劃從香港飛到印尼。周恩來帶同一批得力助手出席會議，出席名單已經擬定。突然接到一個情報，國民黨已對這飛機做了手腳，做了什麼手腳？袁庚當時在印尼，不清楚，只知國民黨已做手腳，但查不出來。情報無辦法解決這問題，只能夠作為一個消息。當這個情報送到總理手上，大家便勸總理不要坐這架飛機。當時租一架飛機很貴，已經付了租金。怎辦？為了慎重起見，故在印度再租一架飛機，泊在昆明，周恩來從昆明起飛，先訪緬甸，再到印尼。喀什米爾公主號已經租了，又找不出問題。叫香港政府去查，亦查不出結果。於是香港新華社社長黃作梅等八人，按原定計劃乘坐「克什米爾公主號」自香港飛往雅加達，途中被已安裝之計時炸彈炸毀，機上只有三人生還。[20] 當時，袁庚在耶加達機場準備迎接出席會議的中國代表團和他的老戰友 —— 黃作梅，豈料苦苦等候，得到的竟是飛機爆炸失事、好友遇難的噩耗！

18.　陳敬堂：〈袁庚先生訪問記錄〉（2002 年 3 月 23 日）。
19.　同上註。
20.　陳敬堂：〈黃作材先生訪問記錄〉（2002 年 1 月 16 日）。

八、智破湘江案

　　袁庚 1959 年調回北京中央調查部任一局二處處長，1961 年任一局副局長，主管亞洲工作。1963 年 4 月 7 日至 29 日，袁庚負責國家主席劉少奇出訪柬埔寨安全任務。中國政府知道國民黨一定會破壞其外交活動，像爆炸「克什米爾公主號」一樣的暗殺國家領導人，所以劉少奇訪問柬埔寨的行程一定要加強保衛，特別成立了一個安全保衛小組，小組辦事機構設在調查部。劉少奇出訪柬埔寨的消息公佈之後，有一位柬埔寨華僑無意中發現當地有一個國民黨特務蕭成的消息，意圖借安排兒子蕭國回國升學之機，為國民黨收集情報。這華僑迅速向中國駐金邊（柬埔寨首都）大使館報告，使館立即發電報回國。袁庚接到情報後，同意讓蕭國回來。這學生一到廣州，袁庚立即找他談話，遊說他轉過來為共產黨服務，不做國民黨特務。蕭國在袁庚手上，於是寫封信給柬埔寨照相店的父親。調查部人員找到照相店的老闆蕭成，告訴他兒子已經坦白承認，並供出他父親是國民黨從西貢到柬埔寨的交通（即負責運送情報和物資）。調查部說服蕭成個人轉變為共產黨辦事，為國民黨帶來的信件先交給他們看。

　　1963 年 4 月 7 日袁庚飛抵金邊，展開部署，發現敵情嚴重，16 日發現蕭成曾為國民黨特務帶送了兩個銅管，4、5 吋長，筆筒模樣，蕭成挖出來一看，袁庚吃了一驚：「弊了！這是雷管！敵人可能安放炸藥暗殺劉少奇了。」於是細閱地圖，研究劉少奇行程路線上，哪個地方適合埋放炸藥？從飛機場到金邊的貢不公路中間，哪一個地方能夠隱蔽地在馬路之下挖一個坑道？這地方肯定比馬路水平面低的。袁庚在 12 公里長的公路來回走了四遍，結果最後找到一個村莊，靠近馬路邊，水平面低過馬路，真是有一個可以挖掘坑道的地方。挖出的泥放在哪裏呢？在村裏發

現很多用塑料口袋和布包載的泥。從挖掘泥土的事情，確定挖泥工程的三名單身漢子最可疑。

這時，當劉少奇準備起程了，暗殺案尚未破案的時候，楊尚昆是組長，負責這件事，急得如鍋上螞蟻。大概是四十八小時前，袁庚發電報告訴楊尚昆尚未破案。同時請國安部派人到柬埔寨，用紫外線燈照所有國民黨來往的信件，因為字大行疏，而凡是寫信，字體很大，行又很疏，肯定中間有密寫。袁庚從柬埔寨法國醫院借紫外線燈又借不到，於是通知北京馬上派人和儀器坐飛機來。4月25日下午北京破譯專家帶同器材抵達，立即用紫外線照射所有來往書件，閱讀照相館老闆從西貢帶來金邊的信件。凌晨3時，完全掌握敵人的坑道進行情況、大致地段、特務姓名等情報。

28日，準備動手要捉這批人。這批人聞風先遁，午夜4時坐電單車逃往西貢去。袁庚知道後，本來不想驚動西哈努克，因為讓他知道中國人做情報做到他眼前，便不太好。只好通知龍諾，龍諾是柬埔寨總理，事情急了，無辦法。龍諾派人去追。這六個人一路坐電單車走，龍諾的人一路追。袁庚以為追不上，若捉不到這批人，便沒證據證明情報是正確的。幸好這批人未過越南邊境，肚餓到飯店吃飯，或有一說往嫖妓，兩種說法都不同。總之，龍諾和袁庚的人追到那裏，看到那幾架電單車，一下子包圍他們，全部活捉回來。捉回來之後審問，帶袁庚到地洞看，起出全部炸藥。

當時楊尚昆很急。袁庚返國後，與楊尚昆關係比較好，後來楊尚昆經常到蛇口探袁庚。有一次袁庚問楊尚昆：當時二十四小時尚未破案，好像亞非會議一樣非常危險，劉少奇要不要去？為什麼周恩來當時不敢批這事情？當時楊尚昆沒有把握破案。找總理，總理不在。於是去到豐澤園，找毛澤東，毛澤東正在游泳，在游泳池找到他。楊尚昆問：現在

尚有二十四小時，去不去？毛澤東這個人非常滑頭，說這些事情，我不知道。不去，又得罪西哈努克。去嗎，你又說二十四小時什麼什麼，聽不明你的意思。你去問總理吧！楊尚昆只好馬上乘坐專機連夜飛上海，問總理。總理說不論能否破案，都去！於是下命令到昆明的飛機，劉少奇只好聽命令出發。其實上飛機時已接到通知：袁庚已把間諜捉了！這些人全部解回廣州，解返廣州時，把照相店老闆一起捉拿。若不捉他，留在那裏便暴露背叛的事，無辦法在當地立足，肯定被殺害！所以把他一家全部捉回來。楊尚昆批了一間屋給他，安排了在一間照相館當經理。袁庚說這個故事很有趣，曾經有人將這個情節寫了一個電影劇本，但電影內容走了樣子！[21] 時年四十六歲的袁庚，成就攀上了一個高峰！

　　不過，高處不勝寒，袁庚很快從高峰跌下來，重重的跌了一交！文化大革命爆發，1968 年 3 月 28 日廣東有些學生在圖書館看《華商報》，看到袁庚與美國情報合作，以及與英軍談判把港九大隊撤出香港的新聞，於是廣東學生一隊隊走到北京造反，包圍西苑中央調查部（特務部），一定要找袁庚。袁庚對學生們說這些事都是總理命令的，全部是中央命令曾生，曾生要派他去見外國人，又不是他的主意，所以袁庚當時根本不當紅衛兵是一回事。但紅衛兵愈搞愈大，調查部有個部長，寫了一個報告給康生，把袁庚停職審查。不是要捉袁庚，只是停止局長的職務。結果這封信到了康生那裏，康生一批：「此人問題極為嚴重，應立即逮捕，與曾生一案共同審訊。」時為 1968 年 4 月 6 日。

　　袁庚遂被囚在秦城監獄，五年又五個月牢獄，袁庚百思不得其解？他的行動只是全部執行上級命令，何罪之有？他又救了國家主席一命，

21.　袁庚：〈粉碎「湘案」回憶和體會〉（未刊稿）；陳敬堂：〈袁庚先生訪問記錄〉（2002 年 3 月 23 日）。

立此大功，為何含冤受辱？為何沒有一個人為他仗義進言？[22] 這個謎困擾了袁庚三十多年之久。

九、改革開放與蛇口風波

1973 年 9 月 30 日，由於周恩來的過問，袁庚釋放回家賦閑，但一直沒有結論。1975 年 8 月經廖承志擔保，向交通部長葉飛推薦袁庚，說這個人尚無結論，葉飛是第三野戰軍第一縱隊的司令員，指揮過兩廣縱隊，故同意讓袁庚到交通部，當外事局局長。自此，袁庚離開調查部不做特務，轉做外事工作，經常出訪各國，負責簽訂海運協定，並任設在倫敦的聯合國海事協商會議常任理事國代表。袁庚走遍了世界所有重要港口，他利用這個機會虛心學習別人成功之道，希望有一日能為祖國富強作出貢獻。這時，他結識了董浩雲及他的長子董建華。

1976 年 10 月 6 日四人幫被捕。國務院副總理谷牧為了發展經濟，決定對外開放，引進外資，開拓世界市場。1978 年 4 月初，谷牧委派國家計委和外貿部，組織了港澳經濟貿易考察組，到香港、澳門實地調查研究，要求寫出有根有據、有開拓性見識的經濟考察報告來。5 月 1 日到 6 月上旬，谷牧親任團長，率領一個龐大對外經濟考察團到西歐考察。考察團參觀了西德、英國、法國、瑞士、丹麥、比利時等國，從管理部門到科研單位，從設計部門到生產車間，看到別人的廠房高度整潔，規模龐大，工人很少，全部都是自動化、系統化，只需幾位技術人員操控電腦，監控各個流程，便能大量生產製造，電腦取代人腦，電力取代人力。國際市場上，中國貨中最好的上海貨都只能放在人家最不起眼的櫃

---

22. 陳敬堂：〈袁庚先生訪問記錄〉（2002 年 3 月 23 日）。

檔裏。種種見聞令考察人員大開眼界和感到慚愧，認同資本主義國家的經濟成就和管理經驗，科學技術和嚴密經營管理，帶來高效率與高速度。考察團在西歐上了寶貴的一課，開拓了視野，增長了見識，活躍了思想，認為外國經驗值得學習，中國改革開放的步伐必須加快。[23]

6 月 3 日港澳經濟考察組也寫成了《港澳經濟考察報告》，思路和西歐考察團一樣，強烈要求改革開放，建議三五年內，把靠近港澳的廣東寶安、珠海等地，建設成具有相當水準的對外生產基地、加工基地和旅遊區。

較早的時候，1975 年 2 月 25 日至 3 月 8 日，中共中央召開會議，頒發了〈中共中央關於加強鐵路工作的決定〉。交通部部長葉飛雷厲風行地整頓交通部的直屬企業，其中招商局最令葉飛頭痛。輪船招商局是清末洋務運動時（1872 年）李鴻章創辦的大企業。1949 年全國解放前夕，招商局上海總公司被軍管會接管，1950 年 1 月招商局設在香港的分公司香港招商局宣佈起義，當時擁有十三條船和六十名員工。二十餘年之後，除了一個修船廠和一幢十三層高的破樓之外，原有舊船全部拖回國拆掉，現存一條船都沒有。內部又分為兩派，整天吵鬧打架，弄到這個企業都不像話。新華社每次給國務院的報告都講這個問題。

1978 年 6 月葉飛派袁庚到香港，先調查情況，再研究如何將一個只剩下派系鬥爭，和 1.2 億元（1.3 億元人民幣）資產的企業改造過來。袁庚到達香港後，發現香港經濟和建設飛躍發展，原來頹垣敗瓦的戰爭廢墟，變成欣欣向榮的國際大都會。香港招商局起義的時候，包玉剛只有兩條船，經過二十多年的努力，已經成為著名的世界船王，擁有多達二千萬噸的船隊。袁庚對此真有「山中方一日，世上幾千年」之嘆！

---

23. 杜導正、廖蓋隆：《重大決策幕後》（海口：南海出版公司，1998）。

　　經過了兩個多月的調查研究，袁庚起草了〈關於充分利用香港招商局問題致黨中央、國務院的請示〉，提出「衝破束縛、放手大幹」的方案，透過辦法、利用地方、在銀行貸款、發行債券和準備上市等，辦工廠、辦企業、引進外面的資金等，改造招商局。[24] 交通部葉飛等人研究後，確定了香港招商局經營的方針：「立足港澳，背靠國內，面向海外，多種經營，買賣結合，工商結合。」〈請示〉於 1978 年 10 月 9 日上報黨中央、國務院。三天後，即 10 月 12 日，便批下來，非常快！歷史上有許多很奇怪的事，1872 年李鴻章寫給同治皇帝的奏章，又是呈上後，同治皇帝三天便批下來。所以有人說，如果那個太監把奏章塞在廢紙堆，歷史便改寫了。同樣 106 年之後，寫個報告給華國鋒、葉劍英、鄧小平、李先念和汪東興等五個主席、副主席，三天內都簽字打圈批准。10 月 18 日葉飛任命袁庚為招商局常務副董事長，主持招商局的日常工作。[25] 同年 9 月交通部已決定由第一副部長曾生（1979 年 2 月任交通部部長）兼任香港招商局董事長一職。當時全交通部的人都反對袁庚在蛇口搞工業區，只有曾生支持。[26] 這兩位東縱老戰友又在改革開放的戰場並肩作戰！

　　12 月 18 日至 22 日，北京召開中共十一屆三中全會，全會作出了改革開放的決定，指出：實現四個現代化，要求大幅度地提高生產力，多方面改變同生產力發展不適應的生產關係和上層建築，改變一切不適應的管理方式、活動方式和思想方式，對於權力過於集中的經濟管理體制和經營管理方法要着手認真的改革，要在自力更生的基礎上積極發展同世界各國平等互利的經濟合作，努力採用世界先進技術和設備，大力加

24.　陳敬堂：〈袁庚先生訪問記錄〉（2002 年 3 月 23 日）。
25.　《曾生回憶錄》，頁 745－749。
26.　陳敬堂：〈袁庚先生訪問記錄〉（2002 年 3 月 23 日）。

強實現現代化所必需的科學和教育工作。

　　招商局根據中央「對外開放、對內搞活」的經濟政策和香港招商局經營方針，提出了籌建工業區的構想。1978 年 11 月 22 日，袁庚在廣州把這個構想向廣東省革命委員會副主任劉田夫介紹，劉田夫立即表示支持。12 月中旬，葉飛考察回國路經香港，聽取了袁庚的匯報，亦立即表示支持。12 月 18 日，葉飛、曾生、劉田夫、王全國、郭洪濤和招商局的成員開會商談籌建工業區的問題。會上主要討論了工業區地址的選擇和初期用地面積；原材料、產品購銷和國外技術人員進出工業區；初期所需非技術工人數額等問題。劉田夫態度很積極，他表示：凡是在廣東省革委會的權力範圍內能解決的問題，省革委會負責解決。[27]

　　1979 年 1 月 6 日，廣東省、交通部聯合向李先念副主席和國務院呈送了《關於我駐香港招商局在廣東寶安建立工業區的報告》，同意「招商局在廣東寶安境內鄰近香港地區的地方建立工業區」。

　　這份報告引起了李先念副主席高度重視，立即與谷牧副總理作了認真研究，決定請交通部副部長彭德清、香港招商局副董事長袁庚兩位到北京，當面商議這個報告。1 月 31 日，袁庚對李先念提出：「請中央在蛇口劃出一塊土地，創辦招商局工業區。」李先念接過袁庚遞送上來的寶安縣地圖，指着地圖上那個從南頭伸出來的半島，笑着說：「給你一塊地也可以，就給你這個半島吧。」說罷，拿過一支紅鉛筆，在地圖上輕輕劃了一道紅線。

　　袁庚沒想到李先念出手如此爽快，這個半島好大喲！他對李先念說：「不要那麼多，只要 2.14 平方公里就夠了。」「好，那就給你 2.14 平方公里。」李先念當場拍板。1979 年 2 月，蛇口工業區動土，從此寫下

27.《曾生回憶錄》，頁 750。

了新的歷史篇章。同年的 7 月 20 日，招商局蛇口工業區宣告成立，袁庚
兼任工業區總指揮。[28] 自此，時年六十一歲，沒有受過金融、經濟理論嚴
格訓練和生產製造、市場實踐經驗的袁庚，開始他生命的另一個新挑戰。

　　袁庚在蛇口進行中國現代化的實驗，用參謀作業的方式規劃整個招
商局和蛇口的開發。整頓招商局第一關就是招兵買馬，沒有精銳戰士，
怎能在戰場取勝。袁庚知道國營企業的員工都是老革命，在革命年代浴
血犧牲，打遍大江南北，忠於黨和國家，但就缺乏現代化管理和生產的
技能，於是首先針對「紅而不專」的問題，爭取用人權。一方面公開招
聘，另一方面要求全國大學推薦應屆畢業生到蛇口工作。袁庚更利用他
的網絡，親自找尋全世界和全中國最優秀的人材，禮聘他們到蛇口工
作。[29] 我們都知道劉備三顧草廬的故事，劉備探訪人的時間不太理想，結
果要等到諸葛亮午睡醒了才能談話。袁庚比劉備更有誠意，1982 年春，
早上 8 時，帶同長女兒，親自跑到清華大學學生宿舍，邀請仍在洗臉的
顧立基到蛇口當工業區經理。袁庚在學生宿舍前露天的長椅上，與顧立
基暢談他改革開放理想，最後語重深長地說：我們這一代人，是老了！
當我們覺悟到要有所作為的時候，時間已經不多了，所以希望寄託在你
們身上！[30] 就是這樣，許多才智之士便在袁庚誠意打動下，從五湖四海
跑到蛇口，為中國走進新時代作出了奉獻！

　　袁庚整頓招商局和發展蛇口是全盤戰略考慮的，除了租購船隻外，
在蛇口興建了南平鐵路到廣州，連接了京廣、京九、廣梅汕、廣成及廣
昆等主要鐵路線，為蛇口集裝箱碼頭打通了連接內陸腹地的大動脈，內
陸產品可以直達蛇口付運出國。2004 年上半年深圳港完成集裝箱吞吐量

28.　梁兆松：〈招商局第 29 代掌門人〉，《深圳廣播電視大學校友會校友驛站》。
29.　陳敬堂：〈袁庚先生訪問記錄〉（2010 年 5 月 14 日）。
30.　涂俏：《袁庚傳》（北京：作家出版社，2008），頁 232–236。

605.75 萬標準箱，增長 32.12%；其中鹽田港、赤灣港、蛇口港，上半年集裝箱吞吐量分別達到 276.86 萬、117.34 萬、100.61 萬個標準箱。到 2013 年 1 至 4 月鹽田港有 322.24 萬、赤灣港 170.10 萬、蛇口港 190.56 萬標準箱。[31] 現代航運都是用集裝箱的，於是袁庚成立了一間集裝箱公司，專門生產集裝箱，1996 年起，其生產的集裝箱產銷量一直保持世界第一位。他在 2002 年 2 月的時候說：如果全世界有一千個集裝箱在船上，其中有 38 個在這裏製造的，中國國際集裝箱公司是全世界最大的集裝箱公司。筆者訪問過袁庚數次，每次都很興奮的談這間公司的業績，2005 年集裝箱產量佔全世界 25%，2008 年已佔過半數。貨運需要買保險，保險費非常昂貴，路途平安，好像白花保費；若不買，發生意外又損失慘重。與其讓別人賺大錢，不如自己經營。於是，招商局創辦了平安保險公司。截至 2012 年 6 月 30 日，平安保險公司集團總資產達人民幣 26,449.99 億元。航運業務需要付給銀行匯款、結匯、信用狀等多種手續費，袁庚與助手商議後，將招商局原有的財務部升格為銀行，自己經營，這便是後來的招商銀行。截至 2013 年 2 月招商銀行在中國資產值人民幣 3,187 億元（未計香港部分）。有關袁庚改革開放的事例實在太多了，很多書籍、報紙、雜誌都有介紹。事實上，「蛇口經驗」亦被中央作為改革開放的例子向全國推廣，啟動全國邁向改革開放的大步。

　　袁庚總結他的經驗，認為蛇口真正成功之處，不是建設了蛇口——一個工業園的硬體，而是蛇口的公辦企業，真正在招商局起作用的是招商銀行，資產有二千多億元（2002 年訪問時計算），在中國銀行界的平均資產利用率排第一位。如果用一元能賺多少，在全國銀行來算排名第一，全世界排第十一位，所以現在已經上市。第二間是平安保險，是中

31.　中商情報網，2013 年 5 月 14 日。

國第二大保險公司。另外一個是赤灣南山開發集團，赤灣港比蛇口港差不多大，有八家公司參加。這些都是股份公司。南海酒店又是股份公司，有匯豐銀行、中國銀行、招商局、香港美麗華酒店等大股東。凡是股份制公司特別管理得好，賺錢的。現在蛇口不成了，搞地產這些事務。袁庚認為蛇口以前規劃得比較好，綠化得比較好。他規定禁止興建超過三層高度以上的樓宇，路的兩旁種樹，海邊留有一大片紅樹林，希望建設城市是為後人打做一個適宜居住的地方，而不是破壞一個地方！現在招商銀行那五間股份公司在中國來說，沒有國營企業的全民所有問題。全民所有是你又無股份，我又無股份。結果什麼人都來拿好處，甚至烏龜王八都爬來偷、爬來搶。但到發生問題，誰都不管。所以成功的不是蛇口工業區，而是剛才說的五間公司，這五間都有做血（賺錢）的能力。好比一個人，如果不能做血，便面黃肌瘦，給他吃什麼都沒有用。[32]

　　袁庚不但賦予老朽的「輪船招商局」以新生命，也開始了中國邁向富強的步伐。他的老朋友楊奇說：袁庚這人，在共產黨人來說，言論比較大膽，思想比較新。但實事求是，是實幹的人。[33]

　　袁庚建設蛇口期間，發生了「蛇口風波」，這事得罪了一些思想守舊的人。1988 年，有一批專門做青少年教育的人，如曲嘯、李燕杰、彭清一等人，在全國青年教育界很有名，所到之處大受歡迎。不過，蛇口做法與其他地方一直不同，有民主選舉，任何人都可以發表意見，領導上一定要有透明度，人民要有知情權，所有人都有免於恐懼的自由；所有福利取消，沒有福利房，全部是商品房；但工資和企業效益掛鈎，想拿高薪就得努力拼命。這一切做法，令人的民主思想非常發達。

32.　陳敬堂：〈袁庚先生訪問記錄〉（2002 年 3 月 23 日）。
33.　陳敬堂：〈楊奇先生訪問記錄〉（2013 年 5 月 22 日）。

這幾個青年教育家來到蛇口演講，很會說話，辭令非常華麗，對着聽眾說：你們都是振翅飛翔的雄鷹，不是斷了線的風箏。以為台下聽眾會鼓掌，豈料無人鼓掌作反應，有些人還哈哈笑起來。於是講者漸有點火，對台下聽眾說：你們有些人是開荒牛，有些是「淘金者」。台下一位戴眼鏡、穿西裝的青年問：老師，淘金有什麼不好？我自己付出勞動力，我又為國家、社會創造了財富，我又交了國家的稅，我自己本人又有收益，這個並不犯法。講者火了說：他們是姓資（資本主義）的，我們是姓社（社會主義）的。你們知道不知道？質問那青年：你叫什麼名字，你叫什麼名字。大家開始火了，會場上有些人說，把名片給他，把名片給他。那聽眾拿出名片，說：老師，這就是我的名片。大家便起哄起來，結果愈來愈離譜。大家都火了，最後不歡而散！講者到深圳之後，找到電視台，批評蛇口青年頭髮長長。在那裏發難，指斥那叫什麼名字的青年，他怎樣怎樣。有八張蛇口青年的名片被放播映出來。電視台播完之後，袁庚仍然不理會此事。講者到天津工業大學、西安交通大學到處講此事，於是很多地方寫信來詢問：所有教師都講蛇口的青年頭髮長，乞兒似的樣子。於是，蛇口通訊部發表一篇報道，把全部爭論經過，詳細的報道出來。《人民日報》知道後，支持這篇報道。一經《人民日報》表態，全國引起很大的討論，最後 70% 支持蛇口，30% 支持講者。所有文章都在《人民日報》發表。事件搞了半年之久，稱為「蛇口風波」。

袁庚說：因為思想解放，人民的看法不同。講者的觀念是應該人人學雷鋒，結果人人革命，人人窮；愈窮愈革命，愈革命愈窮。蛇口爭論看起來好像很小的事，只不過小孩子爭吵。實際上是全國人民思想解放愈來愈深入到每一個人心裏面，整個社會是前進，還是退後，或者是停止的問題。

到六四事件出來之後，教育部發表了頭版頭條社論，認為「蛇口風

波」是六四事件的前奏曲，做了輿論準備，領導人暗指袁庚。

袁庚以為又要準備入秦城了，幸好沒事。當然因為中央有些人支持。[34] 袁庚經常引用伏爾泰的一句說話：「儘管我不同意你的意見，但我誓死捍衛你發表不同意見的權利。」這就是「改革開放先鋒」之所以成為改革開放先鋒了。

袁庚自謙說蛇口的成功是在於「適逢其會」，順着中共十一屆三中全會改革開放的大潮流啟航，所以成功。事實上袁庚的「政通」是得力於「人和」，很多中央領導如鄧小平、李先念、谷牧，老首長老戰友如葉飛、廖承志、曾生、劉田夫，都大力支持袁庚。當年同級幹部如江澤民也幫了袁庚不少忙。那時，江澤民任國家進出口委員會副主任，是谷牧副總理的助手。蛇口剛發展時，通信十分困難，很難打通長途電話。為了解決蛇口工業區的通訊問題，1980 年 8 月 8 日，江澤民率工作組到蛇口。9 月 12 日，江澤民再在北京召集會議，與郵電部等部門研究解決蛇口工業區建設中碰到的幾個問題。江澤民在會上多次講到：「給蛇口開點綠燈。」袁庚說，江澤民在蛇口建設初期多次來解決問題，他是最早向全國人大推薦蛇口經驗的。[35] 江澤民和袁庚兩人建立了很好的合作關係，香港主權回歸後，國家主席江澤民經常就香港問題向這位「老香港」請教。[36]

袁庚主持香港招商局期間，進一步鞏固了與董建華的友誼。1982 年世界航運業衰退，載貨噸位大量過剩，船價大跌，董建華欠下高達二百多億港元的巨債。香港招商局乘機收購東方海外的資產，包括碼頭和六艘油輪。袁庚說這並不只是幫忙董建華，同時也是看準時機為招商局賺了點錢。

劉備三顧草廬的故事，誰都熟悉。唐太宗「知人善任、虛心納諫」

34. 陳敬堂：〈袁庚先生訪問記錄〉（2002 年 3 月 23 日）。
35. 李桂茹、鞠天相：〈以世界眼光看政治文明〉，《南風窗》，2003 年 1 月 24 日。
36. 陳敬堂：〈袁庚先生訪問記錄〉（2004 年 5 月 15 日）。

袁庚與鄧小平

袁庚與老戰友黃作材近照

的道理，誰都知道。但是有多少領導和有權勢的人能夠效法劉備和唐
太宗的用人之道？一般人面對比自己優秀的人材時，往往會「媢嫉以惡
之」，設法排擠打擊，很少抱「人之有技，若己有之」的態度，虛心向人

請教，求人幫忙。蛇口建設時，袁庚就是抱這種態度，得到大量才俊為他「鞠躬盡瘁」效力的。

當然，有些人或者會說，袁庚是偽君子，他什麼都不懂，所以才禮下於人。蛇口成功了，便另外一副面孔。這些人為什麼看到袁庚另外一副面孔，這裏沒有資料可以補充。只想說一點個人的經驗，2010 年袁庚已經年過九十，腦部退化，需要人扶才能站起來。筆者和袁庚的老戰友一起登門探訪他，他很高興，與訪客一起到南海酒店午飯。出門的時候，他拿着手杖，腳震震地靠在他奔馳房車的門邊，等待客人坐進車廂。所有客人都推讓，讓老人家先坐下來，才上車。袁中印（袁庚兒子）說：你們不要推讓了，他對所有客人都是這樣的！於是，所有客人用最快的速度進入車廂。席間，袁庚需要解手，袁中印用輪椅推他父親離席前往洗手間。[37] 你認為一個九十多歲的高齡長者，還需要虛偽地禮遇客人嗎？

十、小結

歷史由時地人組成，大多數人都只能夠在歷史閃耀一瞬間光輝，很少人能像袁庚一樣，有機會陪同國家民族一起走過漫長苦難和奮發圖強的歲月。

袁庚畢生為國家民族的生存、富強而努力，付出過不少血與汗。抗日戰爭期間，袁庚指揮護航大隊，屢立戰功；又代表東江縱隊與英美盟軍合作，為建立國際抗日反法西斯統一戰線作出了貢獻。解放戰爭期間，率領炮兵團從黃河邊打回珠江畔。建國後，先後調派越南當胡志明的軍事顧問，以及印尼雅加達武官。後任職中央調查部，主管亞洲工

---

37. 陳敬堂：〈袁庚先生訪問記錄〉（2010 年 5 月 14 日）。

作，粉碎了國民黨暗殺劉少奇的陰謀，立下大功。

不過，這些卓越功勳卻在文化大革命中徹底被否定，相反更被利用作為反革命的罪證，關進秦城監獄。五年牢獄並沒有摧毀袁庚的革命情操，獲釋後，他任職交通部外事局局長，出訪各國商談海事協定。袁庚利用這個機會，認真地學習世界各國的優點，為稍後的改革開放奠下了紮實的理論基礎。

過了香港退休年齡的袁庚，轉戰經濟領域，成功地整頓香港招商局，把它脫胎換骨地打做成一個資產龐大的大企業集團，將蛇口建成為一個最適宜人類居住的城市、中國改革開放的模範區。

能夠成為一個革命家，優點當然很多，袁庚的優點，最重要的是他禮賢下士、不斷虛心學習，為國家民族的富強不斷努力。目前，在他內心思索的是：中國經濟改革開放成功了，生產、管理現代化了，還需要其他如意識型態的現代化嗎？

他大膽地提出：「政治文明的核心是民主與法治」；「任何政黨、政府都要受監督和制約」；「『三權分立』是制約權力的手段」。袁庚支持輿論監督，他始終贊同並堅持這一個觀點：「儘管我不同意你的意見，但我誓死捍衛你發表不同意見的權利。」民主的精神不僅在於少數服從多數，更重要的還在於少數人的權利必須受到尊重。

袁庚是一個曾在國安部任職的共產黨人，你害怕嗎？

【本文曾在「香港浸會清華大學第六屆學術研討會 —— 轉型中的中國 —— 國內和國際的挑戰」（2006 年 5 月 19 日）發表，2013 年修改】

第十章

楊奇

——終身為人民新聞事業奮鬥的文藝青年

一、自學成材與投身革命的經歷

　　1922 年楊奇在中山縣沙溪（石岐西面）誕生，十歲移居香港，跟隨父親生活。因為父親破產，不能讀中學。他每天閱讀《星島日報》和《大公報》，深受這兩份報紙的進步思想影響，特別是《大公報》的文藝版，這時是由蕭乾主編，其後是楊剛負責。楊奇仔細閱讀這兩份報紙，除廣告之外，全不遺漏。另外是看書，自生活書店在港開業後，可以買到一些進步書籍。對楊奇起了啟蒙作用的第一本哲學書，是艾思奇寫的《大眾哲學》。閱讀之後，才明白到人的一生應該有正確「人生觀」和「世界觀」，便思索了很多問題。當時內地有些學者寫政治經濟學的通俗版本，看完之後，才看翻譯蘇聯的著作。當時看的書很多，包括《資本論》，實際上是囫圇吞棗，似懂非懂。現在回想起來，當年尚未有足夠的水平讀理論書籍，但自學的結果，文化程度相應提高，所以有膽量報考新聞學院。

　　新聞學院是夜校，楊奇白天在《天文台》評論報當校對，夜晚上課。新聞學院招生時，有二百六十多人報考六十個名額。楊奇連中學都沒有讀過，報考時填報中學畢業學歷，說畢業證書留在中山，現在中山淪陷，沒法取回。結果楊奇獲得取錄，成為六十個學生中的一員。上課第一日，他向教務主任譚思文坦白交待，說這個社會使他不得不說謊，他根本沒有讀過中學，只是自學。

　　同一期間，楊奇還參加了文藝協會的文藝通訊部。香港當時有兩個文化團體，一個是簡又文的文化協會，一個是左派的中國文藝協會香港分會，由楊剛、喬冠華、胡繩、徐遲、馮亦代等組成，其中文藝通訊部開展文藝青年運動。楊奇入會不久，被選為理事，負責編輯會刊，每星期在《循環日報》和《中國晚報》兩份報紙刊登半版，這版面稱為《文通》，是文藝通訊部的簡稱。後來由於青年文藝運動十分蓬勃，不能滿足

楊奇 1940 年畢業於香港中國新聞學院時攝

作者和讀者的需要，1940 年楊奇和陳漢華、麥烽（後來編《攝影畫報》）商量，認為應該自己出版一份刊物，於是楊奇、陳漢華、麥烽、彭耀芬等四人，每人集資十元辦了一份《文藝青年》半月刊。但由於無錢交註冊按金，於是把出版的地點填寫為韶關，香港通訊處則寫任職的《天文台》報社所在的德輔道中國民行大廈 407 號。實際上這是在香港印刷公開發行的刊物。這刊物因為符合青年人要求，銷路比茅盾的《文藝陣地》要多得多。《文藝陣地》在香港發行八百本，楊奇的《文藝青年》有三千本。因為收了近千讀者訂閱的現款，解決了資金流轉問題，而且發行數量不斷增加，頗受青年歡迎。香港中文大學圖書館至今仍收藏了各期的《文藝青年》。

　　1941 年，在中國以至全世界，都是風雷激盪、戰火蔓延的一年，而對於楊奇來說，則是「脫胎換骨」、人生轉折的一年。這一年開始，蔣介石繼續發動第二次反共高潮。1 月 4 日晚，原在安徽地區抗日的新四軍萬人奉命北移，遭到事先埋伏的國民黨八萬大軍圍剿。激戰七晝夜，新

楊奇和香港中國新聞學院同
學在新界郊遊，前排蹲下左
起第二人為楊奇

四軍彈盡糧絕。葉挺軍長前往國民黨部隊談判，竟然被扣押。新四軍除
二千多人突圍外，大部分壯烈犧牲。這就是「皖南事變」慘案。中共中
央代表周恩來在重慶《新華日報》上親筆題寫了「千古奇冤，江南一葉，
同室操戈，相煎何急」，揭露和抗議國民黨反動派的暴行。消息傳出，舉
世震驚。楊奇從生活書店出售的《解放》雜誌上讀到朱德、彭德懷發出
的「佳電」，更是義憤填膺，立心要讓香港同胞了解事件的真相。於是，
他利用《天文台》辦公室夜間沒有人住的機會，拿出蠟紙鋼筆，將「佳電」
和周恩來的題詞逐字逐句地謄寫好，油印了一百多份。早上 8 時過後，
楊奇走進德輔道中幾個大廈，在各層樓的通道上，他將一張張的油印傳
單，塞進各家公司大門的地板內，然後施施然地走出大廈。到了 9 時，

那些準時上班的員工們，從地板上拾起這份傳單，頓時明白了「皖南事變」的真相；然而，誰也不會知道，這些傳單竟然是《天文台》報社一個小青年散發的。

楊奇做完這件事，沒有告訴別人，但是終於被他身邊的中共黨員知道了。其實，楊奇擔任「文通」理事和編輯出版《文藝青年》的表現，他在葉靈鳳主編的《立報·言林》和戴望舒主編的《星島日報·星座》發表的文章，以及每個月為中山縣抗日先鋒隊選購進步書刊等等事情，早就引起香港地下黨的關注。於是，吸收楊奇入黨一事就落在「文通」另一理事陳漢華身上。有一天，陳漢華直接了當地問他：「你有沒有想過參加共產黨？」「你為什麼沒有參加黨？」這一下子，就讓楊奇心跳加速，他太驚喜了，腼腆地說：「香港地也有共產黨麼？我以為要到延安才能入黨呢！」經過一段時間的談話、教育和考察，楊奇政治上成熟了，懂得參加共產黨意味着什麼，知道自己今後要走的路了。

1941 年 3 月 12 日，這是楊奇一生不會忘記的日子。他被中共香港市委文化支部批准入黨了！一天深夜，中環德輔道中威靈頓餐室閣樓廂座內，介紹人陳漢華、監誓人葉挺英與楊奇面對面坐着。當陳漢華剛剛講到正題時，有個侍者正端着飲料走過，陳漢華立即改換話題。監誓人講話時，嚴肅地說：「楊奇同志，限於香港的環境，我們今天不能掛黨旗，但你心中要有斧頭鐮刀啊！」楊奇聽着，全身熱血湧到大腦上來。接着，在介紹人引導下，楊奇緊握右拳，把手撐在桌上，低聲地一字一句地宣誓，最後一句是：「為了全人類壯麗的共產主義事業，我願意犧牲自己的一切，直至生命的最後一息。」宣誓完畢，楊奇覺得自己的生命昇華了，進入嶄新的境界了！

楊奇入黨後，很快便面臨着嚴峻的考驗。當他秘密印發傳單的次日，又立即撰寫了《新四軍解散事件討論大綱》，發表在 2 月份出版的

《文藝青年》第 10、11 期合刊上。這個討論大綱顯然是要鼓動香港青年堅持抗戰、反對分裂的，國民黨港澳支部看後大為光火，他們憑着與港英當局有着正式的外交關係，通過香港警察總署政治部出面，派出警員前往承印《文藝青年》的大成印務公司搜查，隨即藉口該公司非法印刷未經註冊的刊物，便把經理常書林遞解出境。與此同時，香港政治部又派出兩名便衣警探到《天文台》報社「傳訊」楊奇，幸得總編輯陳伯流機警應對，他們沒有得逞。

情勢緊急，對方正在磨刀霍霍。中共文化支部經過請示市委，為了保存力量，決定主動停刊。就這樣，《文藝青年》正當風華正茂之際，卻在政治逆流衝擊下夭折了！楊奇也就不得不離開香港了！

4 月初，楊奇便接到黨組織的通知，要到東江游擊區工作；隨即由秘密交通員帶路，翻山越嶺，進入東江游擊區。此後四年六個月，先後擔任《新百姓》報編輯、《東江民報》主編、《前進報》社長的職務。

1945 年 8 月 15 日，日本法西斯宣告投降。廣東區省委接到中共中央的指示，要迅速派人到香港、廣州創辦報刊，佔領宣傳陣地。黨委書記尹林平考慮到《華商報》復刊需要有印刷廠，籌備時間較多，因而要先辦一份小型報紙，以便及時傳播黨的政治主張。於是楊奇帶了五個人，從廣東東北部龍門縣兼程南下。9 月 16 日到達沙頭角，當時公共汽車尚未恢復，楊奇等六人只好乘坐載人的自行車尾進入香港市區。

籌備出版《正報》時，催促華民政務司幾次，都不獲批准，說是戰後還未有法例如何出版新的報刊。結果到 11 月 13 日才能出版。《正報》主要是代表廣東中國共產黨講話。當時東江縱隊北撤，國民黨不承認廣東有中共部隊，說只有土匪，這當然是睜眼講謊話。

1946 年 7 月初，中共中央代表方方到香港，派楊奇籌辦新華社和中國出版社，《正報》改由黃文俞任社長。喬冠華任新華分社第一任社

長，但主要搞外事活動，住在英皇道。新華分社在尖沙咀彌敦道 172 號辦公。1947 年 7 月，方方又調楊奇到《華商報》任董事經理，因當時共產黨很窮，經費枯竭無法辦下去。方方提出救報運動，一方面要改變版面內容，要通俗化，要社會化，要適合香港人看。另一方面要捐款，籌得了十三萬多元，再加海外一些捐款，加起來不超過十八萬元，維持到 1949 年 10 月 14 日廣州解放。當天下午楊奇寫了停刊辭〈暫別了，親愛的讀者！〉。15 日清晨，報社工作人員全體離港，經大埔返回惠州。香港政治部 9 時上班，看報紙後，派人到《華商報》查問。楊奇留下兩位工作人員，一人負責處理機器，一人負責留守。政治部來人查問留守人員蘇志成，問報館的人在哪裏，蘇志成說都已返回祖國去了。

　　1949 年 10 月 18 日，楊奇、饒彰風、李章達（救國會主席，後任廣州市副市長）三人在大埔坐艇到沙魚涌，再乘單車尾到惠州。當時兩廣縱隊曾生部隊已到惠州，在惠州徵用一些電船，拖動大木船。20 日楊奇乘坐這種大木船起程，21 日到達廣州。23 日創刊出版《南方日報》。初時楊奇以為有很多南下幹部辦報，豈料男女合共只有四個人，基本上依靠《華商報》原有的六十多人。

　　1966 年文化大革命爆發，楊奇被送入「牛欄」，三年間共被批鬥 108 場。這是專案組統計提供的數字。批鬥一句說話，食飯前批一場，食飯後又鬥一場。站在台上，當眾受侮辱，有些人受不了這種侮辱而自殺。楊奇覺得一死便永遠說不清楚，並且相信不會永遠是這種狀況。

　　文化大革命結束後，楊奇再被派到香港，一幹便是十五年。先是擔任中央駐香港代表機構新華社副秘書長、宣傳部長、秘書長。1988 年，香港《大公報》社長費彝民逝世，又請他出任社長。楊奇多番推辭，說心臟裝了起搏器，不能夜間工作，但推不掉，結果又當了四年《大公報》社長。人生劃了一個圈，在香港由辦報開始，最後在香港辦報作結。

七十歲退休，返回廣州養老。

二、東江縱隊機關報《前進報》的創辦

（1）《前進報》的誕生

　　1941 年 4 月，楊奇初到東江時，部隊人數很少，不足兩百人。活動範圍也小，在地圖上劃一個圈都難。曾生大隊主要在東莞活動，王作堯大隊主要在寶安活動。楊奇到游擊區時，想不到由交通站帶他到舊炭窰的人，就是大隊長王作堯和警衛員何通兩人。這時部隊很困難，連住農村的茅寮都住不上，只能住山邊廢置的炭窰。但在這樣的條件下辦起了一份報紙 ——《新百姓》，這就是王作堯第五大隊的報紙。曾生大隊在大嶺山辦了一份名為《大家團結》的報紙。這顯示出兩位領導雖然都是軍人，但他們知道宣傳工作對部隊的重要。故在每個大隊只有一百多人的情況下，都各自辦起一份報紙來，這一點是很難得的。

　　那時，《新百姓》剛創辦，楊奇負責做編輯。大約四個月之後，國民黨部隊進攻游擊區，曾生與王作堯商量把兩份報紙合併，《大家團結》停刊，準備改為雜誌，作為幹部讀物的期刊；《新百姓》仍用報紙形式繼續出版。

　　香港淪陷後，大批人到了游擊區。中共廣東省文化委員會決定將《新百姓》改為《東江民報》，範圍包括全東江。

　　《東江民報》由年紀最大、黨齡最長的譚天度擔任社長（1999 年他在廣州病逝，享壽 106 歲）。出版六期之後，因日軍佔領香港之後，形勢變化，部隊發展得很快，成立了一個惠陽大隊，譚天度調任惠陽大隊政委去了。

　　1942 年 1 月下旬，中共南方工作委員會副書記張文彬同尹林平、梁鴻鈞、曾生、王作堯、楊康華等廣東人民抗日游擊隊領導人，在寶安陽台山白石龍村召開了一系列會議。為加強東江地區軍隊和地方黨的統一領導，決定成立廣東軍政委員會，成立廣東人民抗日游擊總隊，管轄所有游擊隊，下轄一個主力大隊和四個地方大隊。由尹林平任政治委員、曾生任總隊長、王作堯任副總隊長、楊康華任政治部主任。以前游擊區沒有電台，張文彬從香港帶了電台和人員進來，令東江游擊隊以後可以直接和延安聯繫。

　　這次會議決定總隊要辦一張機關報《前進報》，交由政治部負責，並要求在 3 月 29 日黃花崗七十二烈士紀念日創刊。楊康華隨即找楊奇談話，提出嚴格的要求：報紙既要有東江地區消息，也要有全國的消息，要刊登解放區一些重要新聞，讓老百姓知道東江游擊區的活動並不是孤立的，是和全國形勢有聯繫的。編輯方針當然就是「堅持抗戰，反對投降，堅持團結，反對分裂」。

　　部隊雖然發展得很快，但在日敵、偽軍、國民黨內戰部隊夾擊下，仍然不敢住在村莊，經常都要轉移，而辦報需要油墨、紙張、蠟紙、鋼板等許多工具，所以各人都要背着很重的東西。在樹林內，把兩張軍氈搭成一個帳篷，用作遮擋太陽，因為寫蠟紙不能曬。沒有桌子，便把兩個工具箱鋪平來寫蠟紙。

　　《前進報》影響很大，通過交通站發行到東莞、惠陽、寶安各個墟場去張貼，很多人都稱讚報紙的字十分清楚。他們右手持鋼筆，左手拿一個小的三角尺，寫得又快又整齊，技術高超，被稱為長仿宋體。因為受蠟紙質素限制，無法多印，每期只能印七百份，故有時需要寫兩張蠟紙。印刷時蠟紙很容易有麻點，受太陽曬是一個因素，寫蠟紙時被手壓着受體溫影響也是一個因素。所以寫得再好，每張蠟紙能印刷出來的

數量也不多，要擴大發行很困難。到後來，油印技術改進提高，最高一次印到七千份。為了保護蠟紙，不在日間開印，要到晚上天氣很涼時才印，從多方面來保護蠟紙做工夫。

如今，油印技術絕跡了，2003 年楊奇曾經寫了一篇文章〈消逝了的印刷技術——油印〉，讓後人知道印刷發展變化的過程。

《前進報》初期就是靠油印出報，發行整個地區，後期才改為鉛印的。兩次改為鉛印：一次是 1944 年從香港買舊的平板印刷機，運到大鵬灣海邊東涌印報紙。游擊隊領導派一個警衛班，交楊奇指揮，專門保衛印刷廠。堅持了一個時期，有驚無險。另一次是 1945 年，博羅縣城淪陷後，部隊和地方黨排除諸多困難，將《博羅日報》的印刷機，搬上羅浮山上的朝元洞。《前進報》就是在這樣的條件下堅持鉛印出版。

（2）新界時期的《前進報》

1942 年 4 月，國民黨 187 師張光瓊全師從惠州壓下來掃蕩游擊區，正式打內戰，報社曾試過退到落海坐上艇。敵人退兵後，才走回上岸。在這樣的情況下，楊康華叫楊奇轉移到香港新界去，因為香港新界環境穩定，國民黨到不了香港，只需應付日本人掃蕩。同時港九大隊在 1942 年 2 月已經成立，並已控制了一定村莊。楊奇找到蔡國樑後，與《前進報》的工作人員住在新界鹿頸一條小村內。後來搬到大埔墟林村黃蜂寨，不敢住村莊，上山住。這時環境安定，不必四處搬遷，可以堅持出報。

但遠離領導，遠離政治部。一是無錢，二是無軍需為報紙供應紙張。商量結果，只有靠楊奇的關係，到香港市區去募捐一筆錢買紙回來，否則編輯完也沒法印刷。於是楊奇打扮成新界小學教師的模樣，拿着一份漢奸出版的《南華日報》（新界大埔、元朗都有販賣），經過大埔

《前進報》和《前進文萃》

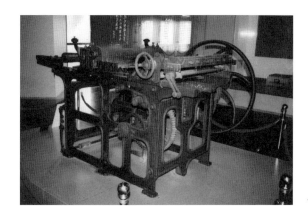

《前進報》的平板印刷機

壚火車站哨崗，楊奇像其他旅客一樣排隊入站，日軍毫不注意，讓楊奇
通過。誰也想不到楊奇在《南華日報》之內捲着一份《前進報》，亦幸好
帶了這份報紙，到香港市區之後給親戚朋友看。大家見寫得這樣好的仿
宋體，印製得這樣工整漂亮，對報紙大為讚嘆！捐了一筆錢，買了一批
白報紙。楊奇把這批報紙切為四開八張。第一步先運到大埔墟。大埔墟
有間藥材舖，楊奇跟他打好關係，當時藥材舖是用白報紙包藥材的，故
這批紙當作他們買的紙。放下之後，晚上沒有憲查在路上巡邏，再派林
村的農村婦女由大埔擔回林村，再由《前進報》的工作人員自己抬上山。

這樣堅持出報，未曾遇過危險。

　　另外一次，派油印手徐日清買紙，他與香港亦有一點關係，過深圳河時，被日軍查問。但因為貨物不是隨身攜帶，搜不出證據，被毆打一頓後釋放，治療了一段時間。

（3）東莞厚街時期的《前進報》

　　後來，部隊發展，東莞厚街群眾基礎較好，又是副司令員王作堯的家鄉。1943年延安指示，辦整風學習班，整頓三風，就是整頓學風、黨風和文風。當時選了十幾個人，讀文件，討論。由於楊奇要參加整風，決定將報社帶來厚街附近。於是將報社一分為二，油印室設在附近雙崗村，編輯工作則設在厚街一條巷內，是掘頭巷，巷內有一列磚牆。一牆兩隔，一邊是偽軍的駐地，另一邊是《前進報》編輯室所在的古老大屋。早晚聽到偽軍起床吹哨休息的聲音，甚至沐浴潑水，粗口漫罵，聊天訴苦都可以聽到。在這樣的情況下，當然會有些危險，但做好準備，萬一街口老百姓來通知偽軍來檢查戶口，楊奇扮作賣玉扣紙的商人，事實上他曾在廣州運送過玉扣紙到來，存在那裏。

　　講起在東莞敵偽的心臟厚街出報期間，楊奇發生了一點意外，現在聽起來很有趣，那時則很緊張。一位偽鄉長，他是白皮紅心的，與游擊隊有聯繫。楊奇準備到廣州購買紙張油墨，由他帶路，楊奇跟着他走，但扮作並不認識。當時厚街有客渡——電船拖的客輪——到廣州。約好一起到廣州，他有他找人，楊奇有楊奇找人。楊康華寫了一封介紹信給他，找泰康路和平製藥廠，是一個女幹部高華的父親開辦的。楊康華說住在他那裏比較安全，住酒店並不安全。

　　楊奇在船上叫了一碟排骨飯，食完後，伙記怎麼也不肯收錢，說有

人已經代付。楊奇一想，此事不妙。誰為他付錢？應該沒有人認識他的！如果上岸被人捉了，怎辦？於是做了最壞的準備，想了幾個如何應付的方案。

但是，上岸之後，完全無事。楊奇仍然不敢直接去找楊康華介紹的地方，擔心連累別人。於是找到長堤有間小食店，門口有一排人力車停放。他坐下，喝完咖啡之後，見沒有人跟蹤他，又沒有人守在門口，知道可能沒事了。付錢之後，一出門便跳上人力車，叫車伕加快到泰康路和平製藥廠。第二天，在天成路那裏買了玉扣紙油墨等物品後，當作貨物用船運回。玉扣紙可以切成捲煙紙，叫做針嘜。不敢買白報紙，只是買玉扣紙，依靠玉扣紙堅持辦報了一個時期。事後立即向上級匯報，原來是某支部隊的一個「小鬼」，為了贍養父母而離隊，在船上做工。他在支隊時見過楊奇，出於好意「請客」，卻讓楊奇虛驚了一場。

（4）羅浮山時期的《前進報》

1943 年 12 月，抗日游擊隊正式打出共產黨領導的招牌，宣佈東江縱隊成立，楊奇接到通知要離開東莞，到深圳大鵬灣海邊的鵝公村印報。《前進報》進入一個新時期。1945 年 3 月，政委尹林平告訴楊奇，國民黨在博羅那邊掉了一大片地方沒有人管，成為三不管地帶，要楊奇同電台搬到羅浮山，依靠群眾，繼續出版。於是楊奇由江南搬到江北，到羅浮山腳福市鄉辦報。

辦報期間遇上春荒，1945 年 3 月福市鄉地主把米和穀運去敵佔區賣，價錢很高。農民到報社投訴，報社不能不理。楊奇考慮到不能等到收成才按孫中山的辦法：二五減租。現在春荒時候，農民無米煮飯，煲粥都無米，怎辦？楊奇看到華北老解放區有退租退息的先例，廣東未

楊奇在羅浮山朝元洞前進報
社門外

做過，東江地區更加未做過，退租退息這件事居然是首創，即是辦報之
外，搞了一次退租退息。4 月 11 日開農民大會，名稱也比較和平，叫做
「佃東大會」，即是東主和農民的會議，不叫地主和貧農大會。但鬥爭仍
很激烈。一方面地主死也不肯退租，要等夏季收成時才可以減租。退租沒
有理由，所交的租已經入了穀倉，怎可以拿出來。有些農民也害怕，穀已
經搬進別人的穀倉，又抬出來，好像沒有先例，從未聽過。但是發動起群
眾之後，經過複雜艱苦的鬥爭，短短四日之內，成功地讓地主退出近七萬
斤租穀。這事引起楊康華主任重視，晚飯後，從羅浮山白鶴觀步行大半個
小時來到朝元洞報社，談了一晚。楊康華叫楊奇趕快將退租退息整個過程
寫出來，楊奇寫了七千字，說如何發動群眾，如何說服地主退租，如何用
二五減租的計算方法來退，結果如何，之後登在東江縱隊政治部編的《政
工導報》第三期，題為〈福市鄉退租退息總結報告〉。接着，政治部下達
了《退租退息條例》，退租退息熱潮便在東江地區展開了。

　　1945 年 3 月《前進報》到達羅浮山後，是報社的全盛時期，全社八十多人，分為鉛印部、油印部、編輯部、發行部、總務部。人多地方不夠住，分別住在華首台佛寺和朝元洞道觀。報紙發行範圍已不局限於游擊區，通過地下黨關係，一個站一個站的把報紙送到廣州郊區的龍眼洞，部分報紙進入了廣州市淪陷區。報社不單是出版《前進報》，還出版政治部的《政工導報》雜誌，後來共產黨在延安召開第七次全國代表大會，電台收到毛澤東〈論聯合政府〉、朱德〈論解放區戰場〉。楊奇立即召集印刷、排版和油印部的工作人員開會，分別印製釘裝毛澤東和朱德的兩本書籍。這兩本書又發行到淪陷區去，廣州市也有人看到。

（5）《前進報》的結束

　　1945 年 8 月日本宣佈投降。這時，報社正跟着司令部離開羅浮山北上，準備到粵北，與從大別山南下的王震、王首道 395 旅會師。他們已到廣東邊境，東江縱隊上晚了一點。到龍門時，收到中央電報，說日本投降，情況變化，王震部隊不再在五嶺開闢根據地，你們亦不需要北上。另一個電報要尹林平派出幹部去廣州和香港，建立宣傳陣地。這是毛澤東英明的地方，當時無人想到這一着。尹林平叫秘書長饒彰風負責在廣州和香港建立宣傳陣地問題，着重在香港。因為國民黨統治廣州，自己辦報很難搞。

　　饒彰風決定將《前進報》一分為三：黃稻、劉毅等一部分人留在東江河以北，辦《前進報》江北版；李沖、李牧、黃玉飛等一部分人留在惠陽寶安，辦《前進報》江南版；楊奇帶領黃志猷、鍾紫、何松、陳夢雲、何爾夫共六個人出香港，搶時間創辦一份四開的報紙，名為《正報》，以便及時傳播中共的聲音。

東江縱隊北撤時，東江兩岸的《前進報》都同時結束。

三、香港淪陷後營救文化群英始末

（1）偉大的系統工程

　　1940 年冬到 1941 年初國民黨蔣介石政府搞反共高潮，不單迫害共產黨人，對進步的文化人、民主人士也下毒手。他們在內地無處容身，不安全，唯有轉移到香港，在香港繼續抗日活動。於是一批又一批的陸陸續續到達香港，特別是新四軍事變之後，來香港的人特別多。很多人都住在九龍半島這一邊。

　　1941 年 12 月 8 日，日本法西斯進攻香港。戰爭一打響，八路軍駐香港辦事處主任廖承志，就接到中共中央和周恩來電報，要他動員各方面的力量，營救旅港的文化人離港。他先派葉以群通知住在九龍半島的文化人士搬到香港島這邊來。有些人搬到香港島朋友家裏，或住在演劇場的後台，暫時安身。誰知道香港很快淪陷，12 月 12 日九龍半島淪陷，日軍炮兵部隊砲轟香港島，香港守軍沒法防守，12 月 25 日港督楊慕琦便投降了。

　　香港淪陷之後，真正開始營救工作便很緊張地進行。第一步是安排文化人士偷渡到九龍這邊來。因為日本人一佔領九龍，便封鎖香港島和九龍半島間的交通，海上小船都不讓通過，所以營救工作是在很困難的情況下展開的。它一開始就包括了八路軍駐港辦事處的力量，完全秘密的香港中共市委的黨員，東江游擊隊以及寶安、惠陽，一直到韶關沿途中共的地下組織，都參與營救工作。這就是說，成千上萬的無名英雄，參與了這個大營救的壯舉，先後救出的文化人、民主人士和他們的家屬

共有八百人，沒有一人被日敵截獲，所以楊奇稱之為「偉大的系統工程」，不是單獨一方面完成的。領導人物廖承志，還有南委副書記張文彬，東江游擊隊政委尹林平、曾生、王作堯，安排粵東各個縣地下黨的連貫，以及粵南省委書記梁廣等人，都是參與大營救的領導核心人物。

廖承志將香港島方面的營救任務分工交給劉少文，劉少文負責中共在香港唯一的秘密電台，協助潘漢年搞隱蔽戰線情報工作。劉少文轄下有一個香港土生土長的幹部潘靜安，他對香港的情況很熟悉，但是負責聯繫分散各地的文化人士很不容易，因為大家分散了住，失掉聯絡。潘靜安就靠兩個人，一個是生活書店的徐伯昕，另一個是《華商報》的總編輯張友漁。這兩個人與文化人茅盾、鄒韜奮等聯絡比較多，就是這樣查查找找，一個聯繫一個，一批聯繫一批，終於全部聯絡到了。潘靜安等人分別走訪這些人，告訴他們：廖承志的意見，要把他們先送離香港。除了少數人從澳門進入內地，回桂林之外，主要路線是先離開香港島，通過九龍半島的新界，到達東江游擊區。

聯繫好了，就告訴他們在哪一天出發。一般來說是下午 6 時，吃過晚飯，帶着輕便行李，穿上故衣店買來的唐裝。茅盾、鄒韜奮都是這樣，盡可能看不出是文化人，叫他們把墨水筆收起來，眼鏡也盡可能不帶。

鑒於日本人封鎖了維多利亞港，晚上市區又戒嚴，不能夜行，所以先要在海上能夠睡一個晚上，天亮時就偷渡到九龍去。這個責任就落在連貫身上。連貫是廣東客家人，是八路軍辦事處廖承志的助手，很多事情都由他辦。他有一個老鄉，叫做廖安祥，雖然還不是共產黨人，但愛國，願意替八路軍辦事處做些交通聯絡工作。他打工的老闆是經營貨運的。那時香港有很多駁船，到港的大輪船泊在海中心，船上的貨先搬到駁船上，再由駁船運到岸邊。駁船可以住七八個人，於是廖安祥租了兩條駁船，放在維多利亞港銅鑼灣避風塘對開的海面，用小艇交通往來。

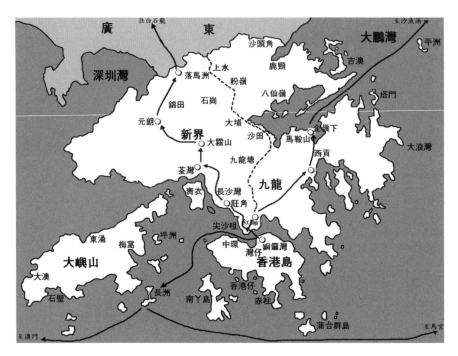

香港地區營救路線圖

這個點後來稱為聯絡站，其實說不上，沒有站長，說是有聯絡站的作用
倒也可以。第一批離開香港偷渡的是三個人，也就是住在駁艇裏邊，天
未亮就偷渡到紅磡那裏。那三個人是廖承志、連貫和喬冠華。廖承志、
連貫是領導人，喬冠華 1939 年底才參加共產黨。為什麼要把喬冠華一起
帶走？兩個原因：一方面喬冠華在香港寫了很多抗日的軍事論文，寫得
很精彩，連毛澤東都看過。喬冠華在香港寫這麼多文章，日本特務完全
清楚，早已列入黑名單。另外一個原因是喬冠華有一個同學，名為趙玉
軍，在余漢謀的十二集團軍當參謀長，駐在韶關。廖承志考慮到把韶關
作為一個轉運站，就可以利用這社會關係。所以三個人在元旦晚上，第
一步就從香港島到達廖安祥的駁艇上，等到天亮，船家就找兩個搖櫓的

船夫，避過日本人的視線，在紅磡火車站的東邊上岸。由李健行帶他們與九龍的尹林平商量營救的部署。當時已經想出一個初步的方案，香港歸劉少文負責，九龍歸尹林平負責，粵東各縣由連貫負責，韶關讓喬冠華負責。

接着，廖承志三人由李健行陪同，並有短槍隊暗中護送，到了西貢的大環頭村，受到抗日游擊隊派出的蔡國樑、黃冠芳的熱情接待；隨即登上兩隻武裝護航的漁船，駛往東江游擊區的沙魚涌。次日早上5時抵埗時，惠陽大隊長高健等十多人已在沙灘等候。廖承志三人稍事休息，便在惠陽大隊護送下，經過坪山、淡水、惠州地下黨的安排，在1月底到達龍川縣的重鎮老隆。廖承志把連貫留下在老隆坐鎮指揮，自己和喬冠華則趕往韶關，繼續安排轉送文化人的工作。

由於有了從香港到東江游擊區，再經國民黨統治區老隆、韶關這條路線的實踐，證明秘密營救文化精英的工作是可以成功的。

（2）日本指揮官樓上的偷渡站

為了營救工作，潘靜安想到要先找一個樓宇，讓偷渡的人在這裏換換衣服。結果在香港島灣仔駱克道（舊名洛克道）那裏找到一層樓，樓子比較堅固，屋主是代理越南大米的商人。他的姨太太住在那裏，戰爭爆發，經濟有點困難，就想把二樓租出去，剛好踫上潘靜安要租房子，於是一拍即合。潘靜安告訴劉少文這事之後，劉少文說正好，以後就用那個地方跟你聯絡。豈料，12月12日晚上日本人在北角登陸之後，先遣部隊從北角香港島的東部，派出一個小部隊經過銅鑼灣、灣仔到中環去。看到這個樓是一個比較堅固的水泥結構，就讓他的長官住一個晚上，住的時候貼了一張蓋有皇軍印章的小告示在外面，上寫着：「香港攻

略之夕，前進指揮官駐足此家。」走的時候沒有撕下來，所以那些漢奸流氓看了，不敢動這層樓。

（3）水陸並用的營救路線

周恩來給廖承志電報中，特別提到要把宋慶齡、何香凝、柳亞子這三個人安全護送出去。所以潘靜安接受任務時，首先考慮到三人，他知道宋慶齡在九龍淪陷之前，乘坐最後一班機飛往重慶，剩下的是何香凝和柳亞子。兩人都是國民黨中央委員，都是進步民主人士，潘靜安考慮到：若走山路，爬過大帽山到東江游擊區，兩個老人家是不可能。所以想辦法弄了一條電船，在香港島香港仔上船，把他們送到海豐，那裏有國民黨部隊，日本人沒有打到那裏去，從那裏到韶關，再轉到桂林。

誰知道買好電船停在那裏之後，遇上日本人徵用船隻，凡是有馬達的船都要沒收。於是船主把發動機掉到海裏，剩下風帆。潘靜安只好安排兩位老人和他們的家屬坐這條風帆出海，由地下黨員謝一超護送到廣東東部的海豐去。這船出海後逆風逆水，走得很慢，花了八天才到達海豐上岸。所以以後沒有用這條路線。

除了這條路線之外，絕大部分文化人都是從香港先偷渡到九龍，由東江游擊區的交通員帶他們到新界元朗，登上大帽山，翻過梅林坳，到達寶安的游擊區的。當時香港沒有糧食，日軍要疏散一百萬人，驅趕港人經深圳回鄉。游擊隊遂因利乘便，乘着日軍疏散港人的時候，讓文化人化裝成為一般老百姓，從九龍半島走路到游擊區，這是到游擊區的主要路線。有一條水路，從新界大埔那邊坐木船，到游擊區的沙魚涌，那裏可以到惠陽，也可以到寶安游擊區，少數人走這條路。

東路和西路，都有短槍隊暗中保護。這支短槍隊在日本剛打九龍的

時候，就由曾生、王作堯派出來，跟着日本人的尾巴進入市區，目的是保護新界居民，收集槍枝，後來接到營救文化人工作，這些短槍隊的任務就改為秘密護送文化人。

　　東江游擊隊派出來的短槍隊，除了活動在西貢一帶由蔡國樑領導的黃冠芳、江水、劉黑仔的隊伍外，在新界元朗一帶活動的，領導人叫曾鴻文，他早年也是綠林好漢，土匪聽到他的名聲都害怕。日軍攻陷九龍後，大帽山曾出現過兩個土匪頭，都很厲害的，一個叫蕭天來，另一個叫黃慕容，分佔山的兩邊。曾鴻文於是派了一個得力助手鍾清跟他們談判，先禮後兵，請他們讓路。他們一聽見是曾鴻文這個綠林好漢，又已經參加游擊隊，游擊隊的力量當然比他們大得多，所以兩人都乖乖地率部離開。離開以後，元朗到大帽山這條路便安全了。不過，還有一些零星的土匪，三三兩兩，不歸這兩個大頭目土匪管的，有時會在路上搶點財物，討點買路錢。結果，1942 年 1 月 11 日茅盾和鄒韜奮那十多人就碰上幾個土匪，但是因為短槍隊護送，所有土匪全部被擒，文化人士有驚無險。

　　元朗大棠村楊家祠是部隊原有的交通站，平常都利用。文化人士路過就在秘密的交通站睡一晚，然後第二天走。新界一過了梅林坳，就是游擊區。短槍隊護送文化人士時並沒有踫上日軍，因日軍只能控制崗哨大路，管不了山路。12 月 25 日香港全部淪陷，1 月初便展開營救工作，到 2 月底就完成，沒有再護送文化人了。

（4）經澳門和廣州的特殊路線

　　在廖承志安排主要路線的同時，夏衍也在 1 月 5 日帶着司徒慧敏、金山、王瑩、蔡楚生，以及金仲華、郁風等二十一人經澳門輾轉回到內地去。陳紫秋是《救亡日報》的記者，香港人，哥哥在香港島開了一間

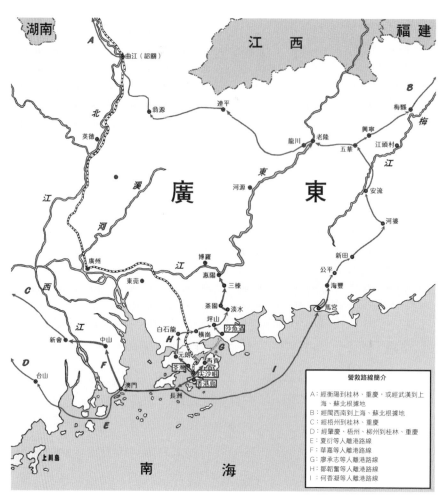

粵港地區營救路線圖

大中華酒店，他利用這個關係，開闢了先從香港島坐漁船經過長洲到澳門的水路。他們不用偷渡到九龍，從香港島的干諾道西坐船。那時港澳交通尚未恢復，到澳門後再分水路、陸路經過中山，或坐木船到江門，然後到廣西的梧州，再到桂林，前後約六七十人走這條路。

　　李少石和廖夢醒兩夫婦脫險，則是潘靜安安排的，離開得比較晚，2 月底才先到澳門。澳門有個地下老黨員柯麟醫生，很多人不知道，參加過廣州公社起義，失敗了便從廣州到了香港，再轉到澳門。李少石和妻子抵澳後，沒有住在他家裏。柯麟另外安排她住在一個香燭店的老闆娘家裏。那個老闆娘對她們很好，也大體上知道她們是重要人物，每天買些好的魚，煮湯給她們喝，所以後來廖夢醒寫文章稱讚這個老闆娘照顧她們很好。廖夢醒因患病，拖了兩三個月才離開澳門。李少石則留下在澳門、香港，繼續從事地下工作。

　　高士其是最後一個撤離香港的文化精英。他是科學家，早年在美國攻讀博士學位期間，因為做實驗時腦部中毒，留下後遺症，全身癱瘓，生活無法自理，不能走路，所以沒有辦法離開。到了 1942 年 4 月香港和廣州恢復客輪通航後，劉少文把營救高士其的重擔交給八路軍辦事處一位工作人員黃秋耘，他是一位作家，曾打進日本「鈴木機關」裏面，工作過一段時間，把日本特務機關情報提供給潘漢年。日本佔領香港後，留在香港。黃秋耘接受任務後，找了一些回內地的青年學生一起走，果然後來發現有用。經過崗哨檢查時還算順利，但到了廣州之後，沒有一間旅店收留他們。看到這個老頭病得不能走路，很緊張，神智又不清，怎麼辦？後來高士其本人提出來，到醫院去。高士其的話提醒了黃秋耘，於是送他到廣州岸邊的博濟醫院。那麼巧，踫到那個醫生知道高士其的，認出來。醫生問：這個不是高博士嗎？黃秋耘只好告訴他，真的是高士其，請讓他留下來。醫生於是寫入院報告說這個人「確有住院的

必要」。經過日本院長批准，終於讓高士其留院，住了兩三晚才出院。由幾個青年協助背他走路，離開廣州到廣東北部的清遠，最後轉往桂林。這算是最後一個脫險的中共朋友，營救工作到此便完全結束了。

（5）文化人在游擊區的生活

　　大營救的時候，楊奇已經在游擊區。文化人士到達的一天，楊奇便看到鄒韜奮、茅盾。楊奇負責的有二十二個人，要全面負責保證他們安全，供應伙食等等。不光是楊奇一個人，他報社所有人都負責照顧他們，只是由楊奇負責跟他們聯繫。

　　1942 年 1 月 11 日，楊奇在白石龍見到鄒韜奮、茅盾時還沒有司令部，總部在寶安白石龍村天主教堂那裏，部隊的首長介紹他們的時候，楊奇在場聽他們講話，鄒韜奮講得最好，他說：「你們是拿槍的游擊隊，我們是拿筆桿的文化游擊隊，筆桿子要跟槍桿子結合起來。」楊奇等人一聽，覺得真精彩，印象很深。

　　楊奇編輯完油印報，便到文化人住的山寮，聽他們聊天。鄒韜奮是最後離開的，約在 4 月份。鄒韜奮不光是替《東江民報》題報頭，而且寫過一篇社論，題目是〈惠博失陷的教訓〉，八百字，是楊奇請他到報社一張拜神的四方桌子上寫的，一下子就寫出來。楊奇小青年覺得很了不起，這情景一輩子都記得，內容就是呼籲國民黨團結抗戰。

　　還開過一次晚會，也是鄒韜奮最風趣，他扮演差利·卓別靈，事先別人都不知道。他問人借了一根手杖，一些道具，到晚會開始之後回到山寮裏面，穿了長皮靴和高帽，拿了手杖走出來，一看原來是鄒韜奮，大家鼓掌歡迎，高興極了。

　　文化群英的到達東江游擊區，成為指戰員一個難得的學習機會。當

時，部隊正好開辦了一個幹部訓練班，便請他們講課，鄒韜奮講中國民主政治問題，沈志遠講政治經濟學，黎澍講中國革命史，胡繩講哲學，戈寶權講社會主義蘇聯。這些課程對於提高大家的知識、激發革命鬥志，起了很好的作用。

這些文化精英被營救出來，如果沒有在游擊區立足，就不能回大後方繼續抗日活動。除了茅盾夫婦最早離開，其他人都住了兩到三個月，最晚離開的是鄒韜奮，住了四個月。東江游擊區的營救工作，從 1941 年 12 月 8 日開始，到 1942 年 4 月份離開游擊區止。

當年，部隊嚴重缺乏經費，後勤供應困難。為了營救文化人，部隊減少了一半菜金來節省開支。文化人士的菜金比戰士增加一倍，雖然如此，增加一倍後的標準仍然很差。一天兩頓飯，菜金兩毛錢，生油一兩。文化人沒有什麼要求。但是，日子久了，個別文化人真的有意見，原因是部隊不敢在山裏煮飯，害怕國民黨部隊遠遠看見有火煙上升，派人來偵查，引來掃蕩。所以在附近農村煮好飯才搬上山來，有時就難以飯熱菜香了。表現最好的是鄒韜奮，還盡量替部隊着想。例如，勸大家早上運動，說我們生病就增加部隊的醫藥困難，所以大家都要保證身體健康；另外部隊派他一個小鬼洗衣服、幫助日常生活等，他不要，說要讓小鬼多一點時間學習文化。鄒韜奮還天天自己在山溪旁邊洗衣服，令楊奇衷心敬佩！

（6）韜奮的教導令楊奇終生受用

令楊奇終生銘記的事，發生在 4 月份。鄒韜奮將要離開，主動來約楊奇說：一會洗衣服的時候，你有空便到溪邊找我。楊奇當然很高興。去到時，鄒韜奮剛好洗完衣服，楊奇坐下後。鄒韜奮告訴楊奇說他一生

的願望，是辦好一張報紙，一份日報。他不滿足於辦雜誌，而是辦一份日報。但是，無論過去寫幾多，被蔣介石一聲禁令，便化為烏有！出書也好，寫文章也好，辦生活書店也好，都禁止你出版發行。所以他要為民主奮鬥終身！最終目的都是要辦一張日報。接着他問楊奇，你現在年青，戰後是否也辦報紙？楊奇說是這樣想，但是自己水平很低。鄒韜奮鼓勵楊奇能把新聞事業作為終身事業！如果你要辦報，不但要提高自己的政治水平，還應該多點讀書，要具有廣博知識，並勸楊奇，戰後要想辦法到處走一走，不單全國各地，了解各地情況，有機會的話，出國。鄒韜奮說他到過很多地方，到過很多國家，很有好處。接着鄒韜奮說：辦報不單是要有正確的政治理念，而且要有廣博的知識。「你會體會到增加各方面知識對辦好一份報紙很重要。」到處走一走，就可以「增長知識，增廣見聞」。這是鄒韜奮的原話。

當時，楊奇很激動，因為沒有人對他說過這些話。一個老前輩，用這種方式教導你這個才二十歲的年青人，不特沒有擺架子，而且先說自己的心願，然之後勸你。所以，楊奇當時實在很激動，而且一生起了鞭策作用。楊奇之所以一輩子幹新聞出版工作，一個是因為讀過中國新聞學院，那時的新聞學院是喬冠華、楊剛、鄒韜奮、金仲華等人當老師，楊奇有機會聽這些老前輩講課，終生受用。雖然是夜校，但是對自己奠定基礎、鑽研理論、看書起很大作用。這是一個因素。第二個原因是鄒韜奮的這一番話，勉勵楊奇為人民新聞事業奮鬥了一輩子！

四、營救國際友人並與盟軍合作

香港淪陷之後，曾生、王作堯的抗日游擊隊在秘密營救文化群英和民主人士的同時，也開展了營救英國官兵和國際友人的工作。1942 年 7

月，英軍服務團在桂林成立後，抗日游擊隊也在港九大隊中成立國際工作組，配合英軍服務團營救國際友人，以及提供情報等工作。

據有書信證明的不完全統計，東江縱隊營救的國際友人共有八十九名，其中：英國官兵二十人，印度人和士兵五十四人，丹麥人三人，挪威人二人，俄國人一人，菲律賓人一人；特別是先後拯救了克爾中尉、威廉中尉、伊根中尉、克利漢少尉等八名飛行員，他們都是被日軍炮火擊中被迫跳傘，被游擊隊幾經艱險營救的。

楊奇接受訪問時說：在營救國際友人工作中，以及在同英美盟軍合作交換情報工作中，都有不少驚險，令人感動的事例，有些還在《前進報》登載過。他詳細談了三個事例。

（1）從啟德機場下水道營救英軍

香港淪陷後，日敵把部分英國戰俘拘禁在九龍啟德機場集中營內。短槍隊中隊長江水知道隊員廖添勝曾經在機場做工，又會講些日常英語，因而叫他化裝成賣香煙的小販，每天賣煙。廖添勝同機場修路的民工混熟了，便一起進出機場。他很快就發現機場南面有一條下水道，洞口直徑 80 厘米，下水道內很少積水，出口則在機場外的海邊。經過摸清日敵夜間巡邏的規律，終於與英軍戰俘的頭目湯姆生交談，約好營救他們的時間和暗號。到了營救行動的午夜，江水帶領廖添勝、賴章等短槍隊員在下水道出口處等候。但是，只見兩個中尉軍官從下水道爬出來。一問之下，才知道湯姆生不放心，先派他們兩人打頭陣，並說第二晚會有大批人出來。誰知第二天晚上接應到的，又是兩個中尉，這說明湯姆生還是不大放心。第三天，日軍發現少了四個戰俘，立即把下水道的洞口封鎖起來，短槍隊再也無法利用這條下水道營救戰俘了。

游擊隊護送腳傷未癒的克爾中尉到達土洋

（2）美國飛行員克爾中尉的脫險

　　1944 年 2 月 11 日，美國第十四航空隊派出二十架戰鬥機和十二架轟炸機，到達香港上空，轟炸啟德機場和日本艦艇。其中克爾中尉（Lt. Donald W. Kerr）的戰機在擊落一架敵機後，被三架敵機包圍，油箱被打中起火，克爾面部和腿部燒傷，被迫跳傘逃生。當他離地面不遠時，看見機場南面日軍在拍掌叫喊，心想：「一切都完了。」想不到突然一陣東南風，把他吹向機場北面，最後是降落在沙田觀音山的山坡上。

　　正在這時，東江縱隊港九大隊一個十四歲的交通員李石經過，立即上前扶助，並用手勢和克爾打招呼，帶他到附近一個小小的山洞躲藏起來，然後跑去附近向民運幹部李兆華大姐報告。隨後，他們兩人又帶了

食物、棉被和療傷的藥物。克爾隨身帶着一本紅皮小本子，內有中英兩種文字寫着他的名字、職務，以及「游擊隊在哪裏」等等發問說話。於是，李兆華、李石將情況向港九大隊作了匯報。

日軍明明看見美國飛行員降落在沙田地區，自然不會罷休，立即通知新界駐軍搜捕。幾天之後，因為還沒有結果，又從市區抽調兵力，擴大搜索範圍，蠔涌、北圍、大瑙等村都駐滿了日軍，最多時超過一千人，還派了一架軍機在沙田、西貢低空盤旋，並由海軍派出電扒在西貢附近海面巡邏，情況十分危急。港九大隊領導人研究之後，決定了營救克爾中尉的步驟：一方面，採取「圍魏救趙」的策略，包括派出小分隊偷襲啟德機場；潛入市區槍殺罪大惡極的漢奸；在中環街市張貼〈東江縱隊成立宣言〉等等，迫使敵人從新界抽調隊伍回防市區。另一方面，派出短槍隊劉黑仔帶領鄧賢、詹雲飛等人，將克爾中尉作了兩次轉移。在深涌村，蔡國樑大隊長與克爾會見後，還派了翻譯員譚天、「小鬼」陳明陪同他住在一起。到了 2 月 25 日，日軍經過兩個星期的搜索都一一撲空，終於停止了軍事行動。

2 月 28 日，蔡國樑決定：由海上中隊指導員陳志賢帶領一個班，護送克爾中尉到東江縱隊司令部去。在大鵬半島的土洋村，曾生司令員親切地與克爾交談，並將從日敵繳獲的一部照相機贈送給他。到了 3 月 9 日，克爾的腳傷已經痊癒，身體也康復了，曾生司令員與政委尹林平等領導人商量後，決定派出短槍隊護送他前往惠州市，然後由美方的人員陪同，經韶關前往桂林。臨行前，東江縱隊寫了一封信給克爾帶給陳納德將軍，介紹東江縱隊營救克爾中尉的有關情況，這封信由曾生、王作堯、尹林平三人署名，是由秘書長饒彰風擬稿的。克爾也在 3 月 8 日寫了一封感謝信給東江縱隊，他在信中稱讚：「我帶着日益增長的奇異來看你們這龐大組織的力量、機巧、認真、精神和勇敢。」最後他說：「我們

左起：克爾中尉、
曾生、明仔

美國人也以能與你們如兄弟般一同作戰而驕傲，我們將永久地，無論在和平中或者在戰爭中，都和你們同志般站在一起。」

　　克爾在東江縱隊司令部停留期間，楊奇派記者訪問他，寫了一篇題為〈克爾中尉的脫險〉的通訊。令記者意外高興的是：克爾把他自己繪作的關於如何從跳傘到脫險的五幅漫畫交給他帶回報社。後來，這五幅漫畫就由既是美術家又是油印能手的涂夫精確地在蠟紙上臨摹出來，連同克爾寫的感謝信，發表在 6 月 11 日的《前進報》上。楊奇講完這個故事之後，還饒有興趣地補充說：「2006 年 7 月 19 日，我國國防部部長郭伯雄訪問美國期間贈送的禮物，便有克爾中尉當年寫給東江縱隊的感謝信，以及克爾繪作的五幅漫畫的仿真件。」

（3）向美軍提供情報轟炸香港敵軍

　　由於東江縱隊營救了一批國際友人，又拯救和護送了八名美國飛行

員，美國盟軍決定加強同東江縱隊合作。1944 年 10 月 7 日，以歐戴義率領的觀察組到達東江游擊區。曾生司令把們安頓在羅浮山北面一個地下黨員家裏。與此同時，根據中共中央指示，相應地成立了聯絡處，主管廣東沿海各地以及香港等敵佔區的情報工作，任命袁庚為處長，黃作梅為首席聯絡翻譯官。自此以後，雙方密切合作，有效地為盟軍反攻太平洋作準備。

1944 年 12 月，美國第四艦隊和第十四航空隊決定要對香港的日軍進行聯合轟炸。事前，美方通過歐戴義的觀察組，要求東縱提供關於轟炸目標的準確資料。為此，袁庚的聯絡處先後送出了香港啟德機場圖例、太古船塢圖例、香港海防詳圖、日本艦艇停放地點等情報。隨後，美國觀察組又要求聯絡處在轟炸後第一時間提供轟炸效果的資料。

袁庚請示東縱司令部批准，在美國實施行動前一天，帶了兩名聯絡員從大鵬灣渡海，經塔門進入九龍半島。次日凌晨，攀上了啟德機場後面的鑽石山，隱藏在樹林中觀察。不久，就見到一群美國戰機從三門島上空進入香港。在日本炮台的高射炮和高射機槍猛烈開火的同時，只見維多利亞港海面黑煙滾滾，火光熊熊，那三艘日本艦艇被美機炸中了。啟德機場兩架敵機還未升空，就被美國戰機從高空俯衝下來射擊起火。接着，日本的高射炮陣地也被美機打得啞然無聲了。這一天，美國的戰鬥機和轟炸機進行了兩次襲擊行動，戰果輝煌，只有一架戰機不幸中彈，墜毀在昂船洲海面。

美機轟炸香港敵艦和機場的次日，袁庚和他帶領的聯絡員立即與港九大隊在香港和九龍的幾個聯絡點接頭，收集了各方反映的資料，然後返回界限街，趕緊寫成一份關於此次空襲效果的報告。當他們返抵大鵬灣屯洋村時，歐戴義已在那裏等候，並立即發電報向第四艦隊和十四航空隊報告。事後，袁庚收到美方兩次電報的讚揚。

五、新華社香港分社的創立及變更

　　新華社香港分社是新華總社在境外的第一個分社，過去全世界都沒有分社，先在香港成立，時間是 1947 年 2 月開始籌備，5 月 1 日開始發稿。楊奇參與了從籌備到創辦，直到 1947 年 8 月離開新華社到《華商報》工作，所以對早期的新華社了解較多。初期的新華社和後來作為中央駐香港的代表機構的新華社是不一樣的。簡單來說，新華社成立初期主要是通訊社，一般人以為一直都是中共香港工委，這並不正確。

（1）新華社香港分社的創辦經過

　　國共兩黨爆發內戰之後，中共中央考慮到要在境外成立一個宣傳機構，來打破國民黨的言論封鎖。為什麼要這樣做呢？

　　日本投降之前，毛澤東寫的〈論聯合政府〉，要求「聯合」。到了 1946 年 1 月各黨各派在重慶開舊政協，只要求共產黨能參加政府，保留共產黨軍隊，編制可以是國軍。國民黨和共產黨的軍隊都屬於國軍。

　　但《雙十協定》墨蹟未乾，蔣介石便一手把它撕毀了，而且積極準備大打內戰。國共談判最後破裂了，周恩來的談判代表團從南京撤退返延安之前，把一部分文化精英安排去香港。那時楊奇已經在香港，知道先後到達香港的有潘漢年、章漢夫、喬冠華、夏衍、邵荃麟、周而復、馮乃超等。其中的喬冠華，因經常寫國際論文，在香港很有名氣。舉個例，德蘇戰爭打起來之後，打到莫斯科近郊，他的論文標題是〈莫斯科的月亮是何等光亮！〉，論述蘇軍保衛國土的壯烈事跡，分析德國法西斯必敗，文采斐然，十分動人！

（2）港英政府批准新華社香港分社註冊的原因

　　1947年2月，喬冠華到達香港之後不久，便持新華通訊社總社社長范長江寫的公函，向香港政府申請成立分社。港英政府沒有刁難，很快便批准了。港英政府為何這樣大方？英國與國民黨政府有外交關係，國民黨在香港有十幾萬黨員，共產黨只有一個零頭的數目。而且內戰勝負未分，為什麼會容許共產黨的新華社成立？楊奇認為有幾個理由：

　　一是國際大背景。二戰之後，全世界解放運動蓬勃，很多國家獨立，民主呼聲比較高。英國和很多國家都先後取消新聞檢查制度。香港淪陷之前，報紙內容要事先檢查。戰後，楊奇辦《正報》時根本不用送審，所謂事後審查也很寬鬆。香港有很多通訊社，如路透社、美聯社、合眾社、法新社、日本的等等。全世界都知道新華社是共產黨的通訊社，無理由限制，所以准許新華社註冊。

　　第二個原因是港英政府對共產黨的政策從過去的一手變為兩手。過去的一手是控制、監視，甚至鎮壓，例如鎮壓羅素街工人運動、電車工人工會，這是一手。二戰之後改變，由一手改為兩手，既有鎮壓的一手，也有容忍的一手。兩手並舉。你不反英，不觸動港英政府的根本統治和利益，他便隻眼開隻眼閉。共產黨秘密活動可以，公開活動便不得。

　　為什麼會改變政策？因為香港淪陷之後，共產黨從香港救出了八十九個國際友人，其中英國官兵就有二十人，因此英國對共產黨不是那麼恐懼和憎恨，認為共產黨參加反法西斯戰爭，配合盟軍起了作用，所以改變了對共產黨的一手，變為既鎮壓又容忍的兩手。

　　第三個原因是中共本身採取正確的策略。1946年6月，中共中央南京局指示粵港工委稱：「《華商報》、《正報》與新華南通訊社應運用英美矛盾，爭取長期存在，對英不加刺激。」於是香港共產黨在戰後採取的

方針是不觸動港英的統治。《華商報》、《正報》都遵守香港法律，公公正正，沒有對港英政府不利，所以港英當局沒有藉口不批准新華分社註冊。

（3）新華社香港分社功能的變遷

　　新華分社利用原有的東江縱隊辦事處的地址，在九龍彌敦道 172 號三樓。三個人負責籌備，一個是延安搞報務電台的蕭群，全國解放後任宗教局局長，改名蕭賢法；一個是英文很好的譚幹，香港皇仁畢業，負責發英文稿；另一人便是楊奇，負責發中文稿。楊奇是新華社的支部書記。三個人歸喬冠華管，喬冠華從來沒有到新華社上班，他住在香港英皇道 173 號三樓，主要是負責香港工委的外事工作。新華分社有事則由蕭群前往匯報，有時由楊奇和譚幹前往。喬冠華時代的新華社，總的來說是真的通訊社，成立初期，只分為幾個小組獨立工作，一共只有十八個人。到 1947 年 8 月楊奇調往《華商報》工作時，全社還不到三十人。初期，只發總社的電訊，沒有採訪香港新聞的任務。1948 年 5 月以後，才編發一些有關中共和民主黨派在香港活動的新聞給總社。

　　為什麼有些人誤會新華分社與後來的新華分社一樣是中共黨組織？這是因為喬冠華是新華社香港分社社長，又是香港工委成員，而且是負責外事委員會的書記，於是有些人以為新華社就是中共香港工委，其實不是。當時香港另有香港工委，由章漢夫任書記。

　　變動最大的是 1958 年初，中央要加強香港工作，派梁威林到香港任新華社社長，實際上是中共港澳工作委員會書記，由中央和廣東省委共同管。原先，廣東省委在廣州設立第二辦公室和第八辦公室，專責香港事務。梁威林到香港之後，廣東省委的二辦和八辦慢慢變成聯絡部、後勤部。梁威林任職二十年之後，1978 年派王匡到港任第一書記，1983 年

中英街

許家屯接任。本來，確實是打算派原駐英國大使柯華接任的。在北京開會時，廖承志已介紹柯華給香港工委的人見面。柯華問楊奇：「春節前到香港好，還是節後到港好？」楊奇說：「春節很多活動，酒會、迎春會等，可以結識很多人；如春節後去，最好正月十五之後才去，因為各方面的頭面人物，往往利用春節假期旅行，所以十五之後去會好一點。」後來突然改為派許家屯，這是鄧小平和胡耀邦決定的。

　　香港回歸後，新華分社改用「中央政府駐香港特別行政區聯絡辦公室」，為什麼以前不能用這個名稱呢？

　　五十年代，英國外交部曾經向周恩來提出：你們可以在香港成立一個領事館，以便有一個中國的官方機構交涉。周恩來很敏銳，香港是

中國領土，若成立領事館，等於承認香港是殖民地。中國是從來不承認
的。港英實行殖民統治，但香港仍是中國領土。因此聯合國成立不久，
黃華已代表中央政府正式通知聯合國，香港不是殖民地，香港是中國
領土。

　　雙方談判，中國要用中央代表機構名稱，英國不同意；英國要中國
用領事館名稱，中國又不同意，結果談不成。於是只有對外稱新華社香
港分社，實質上是中國政府代表機構。總之，在 1958 年之前，香港新華
社主要是新聞機構的功能。梁威林時代和王匡時代，香港新華社內設立
一個新聞部，那才是真正的通訊社。

　　這說明香港新華社不是一開始就是中央駐港聯絡辦公室，亦不是從
來都是新聞機構。回歸之後便分開了，真正的通訊社機構，既有香港分
社，又有亞太地區總分社。中聯辦更好辦，名正言順是中央駐香港代表
機構，代表中央來聯絡香港特區政府。

六、二戰後中共在香港的組織機構

　　中國共產黨從 1924 年起，就正式建立起黨的組織機構。其後數十年
間，由於種種原因，變動很大。香港出了一些書，不盡不實。最常見的
錯誤，例如：把抗日戰爭期間設在重慶的中共中央南方局，與它屬下的
設在廣東的南方工作委員會混為一談；把解放戰爭期間的中共香港工委
和中共香港市委誤以為是同一個組織機構，等等。

　　解放戰爭時期，中共在香港的組織分三個層次。最高層是方方領導
的中共中央香港分局，第二層是三個平行的領導機構，即農村工作委員
會、城市工作委員會、香港工作委員會。第三層是農委、城委、香港工
委轄下的各個地方黨委或各個專業委員會。

楊奇（左）和陳達明 2006 年攝於寶安縣大鵬半島土洋村的東江縱隊司令部

　　1946 年 6 月東江縱隊北撤山東，原軍事調處執行部第八小組中共代表方方被派到香港，統一領導華南地區的中共黨組織工作。1947 年 1 月中共中央決定成立香港分局，5 月正式成立。書記方方，委員有：方方、尹林平、潘漢年、梁廣、連貫、章漢夫、夏衍。

　　香港分局直轄的農村工作委員會（簡稱農委），實際是管武裝鬥爭。農委書記黃松堅未到任，實際上由方方、尹林平直接領導閩粵贛邊區黨委、瓊崖區黨委、粵贛湘邊黨委、粵桂湘邊黨委、粵桂邊黨委、滇桂黔邊黨委、粵中臨時黨委，共七個戰略單位。

　　分局直轄的城市工作委員會（簡稱城委），由梁廣任書記，後由陳能興、鍾明分任正副書記，管轄香港、澳門、廣州、湛江、南寧、桂林、柳州等城市的地下工作。其中香港市委先後由馮燊、陳能興、李殷丹、

楊奇近照

黃施民任書記。

分局直轄的香港工作委員會（簡稱香港工委），負責人章漢夫。後來先後由夏衍、喬冠華、饒彰風任書記。

香港工委之下有八個機構：

組織由方方夫人蘇惠負責，管理黨員，收黨費，審查和批准新黨員。

統委，統戰工作委員會，書記連貫，統戰工作包括華僑，另有僑委。

報委，相當於宣傳工作委員會。章漢夫兼報委書記，後來由廖沫沙、林默涵接任。負責管理《大公報》、《文匯報》、《華商報》等等報刊，及以與其他朋友報紙的聯繫，被人稱為統戰工作就是由報委負責。

文委，全名是文化藝術委員會，馮乃超、邵荃麟先後任書記。

外委，書記喬冠華，負責外交事務，對美英交涉等等。

財經委，書記許滌新，負責發展經濟，方方要靠他籌錢做生意。

群委，群眾工作委員會，書記黃煥秋。只管青年運動和婦女運動，工人運動不屬香港工委管，屬秘密地下黨香港市委管。

新華社香港分社，是新聞傳播機構，社長喬冠華，副社長蕭群。

　　1949 年全國解放前夕，中共中央香港分局奉命改為華南分局，下屬的香港工委也奉命縮小機構，改為香港臨時工委，由張鐵生任書記；不久之後，張鐵生也調回北京了。

　　潘漢年是中共中央香港分局的委員，又是護送民主人士秘密北上參加人民政協五人領導小組的組長，但是，楊奇不屬潘漢年系統的人，所以，雖然見過幾次，但面對面交談的只有一次，那是在 1948 年 12 月護送民主名流離港北上期間。楊奇接受訪問時說：「12 月中旬，我已接受了陪同李濟深登上阿爾丹貨輪的任務，幾天後，饒彰風又通知我在 23 日下午 4 時到大道中中華百貨公司內的寰翠閣咖啡室去。當我依時抵達時，看到西裝畢挺的潘漢年也在座，可以想見他們兩人是商談了好一會的。饒彰風對我講了 26 日具體的接送方案，要我緊記時間、地點和程序；潘漢年隨即問了我的準備情況，一再強調任務重要，必須認真對待，高度保密，不容出錯。」潘漢年這次談話的時間不長，但給楊奇留下深刻的印象。

　　楊奇說他從老前輩、頂頭上司夏衍、饒彰風口中，早就知道潘漢年是一個很了不起的人物。在三十年代左聯時期，出版過小說，參加了共產黨，在周恩來直接領導下從事地下工作；曾任江西蘇區中央局宣傳部部長，出席遵義會議和參加長征。抗戰期間，大部分時間在上海、香港等地進行隱蔽戰線的對敵鬥爭，出生入死，屢建奇功，受過毛澤東主席的表揚。潘漢年在抗戰一開始，就到了香港，比廖承志還早，並且在銅鑼灣耀華街設了一個秘密電台，從未被港英發現。他的夫人董慧，原是香港道亨銀號（當年還未擴充為銀行）的千金小姐，後來到廣州讀大學，聽到抗日救亡的演講，出於革命激情，不顧生死，投奔延安，因而結識潘漢年，成為終生伴侶。

　　潘漢年在隱蔽戰線的對敵鬥爭中，既經歷了不少驚心動魄的事件，

也遭遇過一些令人難以置信的情況。汪精衛偽政府特工總部主任李士群，雖然當了大漢奸，卻又想為自己留條後路。他主動同潘漢年聯繫，表示願意向中共提供情報；潘漢年於是派了一個女地下黨員關露與他聯絡，果然獲得一些重要情報。到了 1943 年秋，潘漢年突然聽說，日敵和偽軍即將大規模掃蕩我方根據地。時間非常緊迫，潘漢年決定自己到南京與李士群面談一次。誰知一見面，李士群便說：「汪先生聽說你來，很高興，他很想和你談談。」潘漢年知道推辭不了，只好與汪精衛會見了個把小時。汪精衛的談話沒有什麼實質內容，主要是說他也要搞參政會，希望共產黨有人參加。事後，潘漢年把從李士群處了解的情況，發了一個電報，說明「日偽軍暫不會有大規模軍事行動」，可是，並沒有報告自己會見汪精衛的事。此後，解放戰爭期間，潘漢年奔波在香港、上海等地，忙於情報工作，沒有機會向中央報告這事。新中國成立之後，潘漢年有一次見到毛澤東主席，正要開口報告這事時，毛主席卻說：不用說了，我們的報紙已為你闢謠了。就這樣，潘漢年便沒有說下去。

1955 年 5 月，潘漢年到北京出席中共的代表會議，聽了毛主席關於高崗饒漱石反黨聯盟的講話後，當晚便寫了一份關於會見汪精衛經過的報告，交給陳毅市長轉送毛澤東主席。毛澤東看後大為不滿，批了「此人不可信用」六個大字。到了 1956 年 4 月 3 日，公安部部長羅瑞卿便帶着幾名幹警把潘漢年逮捕了！不久，他的夫人董慧和幾十個與潘漢年有工作關係的人也被隔離審查。到了 1963 年 2 月，潘漢年才以「刑釋管制份子」的身份走出秦城監獄。可是，誰也沒有料到，席捲全國的「文化大革命」一來，潘漢年再次被投進秦城監獄去。於是，他又在獄中度過了九年的悲慘時光。到了 1975 年，才被專案組改判為無期徒刑，送去湖南茶陵縣「勞動改造」。令人不勝感慨的是：當潘漢年再次坐牢和送去勞改時，董慧始終信任丈夫，不離不棄，還申請以「犯屬」的身份「陪監」。

消息傳來，楊奇被感動得流下眼淚，後來還在文章中用「含辛茹苦，相依為命，地老天荒，至死不悔」來讚揚董慧。

潘漢年被捕期間，中共情報部門的羅青長、李克農等人曾經共同寫了一個報告，從五個方面證明潘漢年沒有叛變，沒有成為特務，但是在沒有法治的時代，這自然不起作用。正如曾任最高法院的謝覺哉老人所說：「我們最高法院是奉命來辦案的，是辦法律手續，不負責案件事實的審查。」[1]

1976 年 10 月，「四人幫」被打倒了，潘漢年欣然寫道：「沉冤二十載，欣聞四害平。翹首望雲天，何日見清明。」然而，受到「兩個凡是」的影響，他這個冤案很難平反。潘漢年從此一病不起，捱到 1977 年 4 月，終於飲恨離開人間。直至 1982 年 9 月 1 日，中共十二大開幕之日，中共中央向全黨發出文件，正式為潘漢年平反，恢復黨籍，追認他的歷史功績。這一來，雖然潘漢年和董慧都不會知道，但是，他們的名字終於可以寫入黨史，令後人長久懷念了！

【本文承蒙楊奇先生撥冗接受訪問和提供大量參考資料（訪問日期為 2013 年 1 月 5 日、3 月 6、20 日、4 月 17 日、5 月 22 日），完稿之後又費神親自校閱，謹此致深切謝意】

1.　　見全國政協《縱橫》雜誌，2012 年第 2 期，頁 19。